高中数学

单元教学优化设计与评析

孙家和◎著

安徽师范大学出版社

ANHUI NORMAL UNIVERSITY PRESS

·芜湖·

图书在版编目（CIP）数据

高中数学单元教学优化设计与评析 / 孙家和著 . — 芜湖 : 安徽师范大学出版社，2023.12

ISBN 978-7-5676-6462-3

Ⅰ.①高… Ⅱ.①孙… Ⅲ.①中学数学课－教学设计－高中 Ⅳ.①G633.602

中国国家版本馆CIP数据核字（2023）第251389号

高中数学单元教学优化设计与评析

孙家和◎著

责任编辑：吴毛顺　　　　　　　　责任校对：孔令清　汪　元

装帧设计：王晴晴　冯君君　　　　责任印制：桑国磊

出版发行：安徽师范大学出版社

　　　　　芜湖市北京中路2号安徽师范大学赭山校区　　　邮政编码：241000

网　　　址：http://www.ahnupress.com/

发 行 部：0553-3883578　5910327　5910310（传真）

印　　　刷：苏州市古得堡数码印刷有限公司

版　　　次：2023年12月第1版

印　　　次：2023年12月第1次印刷

规　　　格：700 mm×1000 mm　　1/16

印　　　张：18

字　　　数：304千字

书　　　号：ISBN 978-7-5676-6462-3

定　　　价：68.00元

凡发现图书有质量问题，请与我社联系（联系电话：0553-5910315）

前　言

2020年《普通高中数学课程标准(2017年版2020年修订)》正式颁布,如何设计课堂教学使核心素养具体化,让核心素养真正落实于课堂教学中,是广大高中数学教师普遍面临和关注的问题。教学设计是实施课堂教学的基础,它的设计是否科学、合理,在很大程度上决定了教学实践能否取得成功。教学设计要关注学科知识的整体结构和内在逻辑,重视知识点之间的联结及运用。因此,学科核心素养的提出倒逼教学设计的变革,使得课堂教学从"课时"设计走向"单元"设计。

单元教学设计依据学生认知特点和单元教学内容,从单元全局出发来设计教学,它能够使教师从整体上把握该单元知识内容的数量、范围、深度、难度,从而对每节课"应该做什么,做到什么程度"有更为精准、理性、全面的认识。本书的每个课例都按照"单元—课时"进行设计,编写时,笔者认真领会课程标准的精神实质,深刻理解教科书编写意图,确保每个课例都符合单元教学理念,旨在帮助广大高中数学教师提高单元教学设计和教学实施能力,从而提高课堂教学效率,培养学生适应终身发展和社会发展需要的正确价值观、思维品质和关键能力。

笔者是一名基层中学数学教研员,经常帮助一线教师磨课赛课,改进教学设计,将近年来参与设计指导的17个课例,共计48个课时,重新整理、打磨设计,汇编成书,以期给更多一线教师提供借鉴和帮助。

本书收集了人教A版《数学》(必修第一册、第二册)很多典型课例,有的在省、市优质课比赛中获奖,有的被核心期刊刊发,有的被录入省市级资源库等。因此,它具有一定的学术价值和教学参考价值。

本书的教学课例在实际教学中,应考虑校情、生情等诸多因素的影响,请广大读者在参考使用时,因材施教,灵活处理。

由于个人水平有限,理论水平不高,对课例中的有些问题理解不透彻,对教材编写的意图理解不到位,对课例点评的高度不够,恳请专家学者及广大读者批评指正。

2023 年 10 月 18 日

目　录

第一章　代数课例

课例1　集合的概念及表示

一、单元内容和内容解析

1.内容

本单元主要学习集合的含义,元素与集合的关系及其表示,集合的表示方法.本单元知识结构如下:

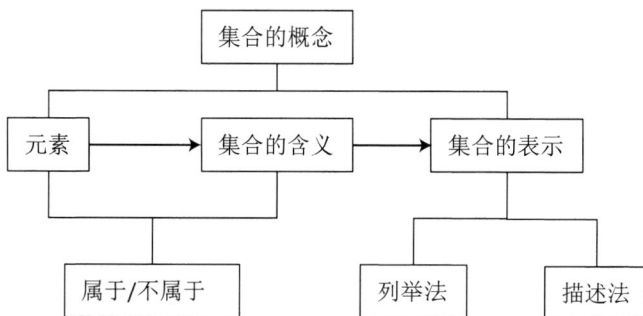

本单元建议用1课时.

2.内容解析

(1)内容的本质:集合是刻画一类事物的语言和工具,集合语言可以简洁、准确地表述数学对象及其研究范围,是学习和使用数学语言的基础.

(2)蕴含的数学思想和方法:从具体实例入手,由特殊到一般,通过对比分析共同特征,从中抽象概括出元素和集合的含义(描述性概念),学会运用分类讨论、化归与转化以及类比等数学方法判断集合.

(3)知识的上下位关系:本单元内容属于"预备知识",是学生初高中数学

学习的过渡.学生在初中已经接触过一些集合,如各种数集、不等式解集、点集等,在此基础上通过研究集合中元素的性质、元素与集合的关系等帮助学生深入了解集合的含义,为后续研究集合之间的关系和运算打好基础.通过对集合的研究经历一个完整的数学思考过程,向学生完整展示研究数学问题的"基本思路",为后续的数学学习提供思维方式及学习方法.

(4)育人价值:本单元从实例中抽象概括出元素和集合的含义,理解元素与集合的关系,并初步学会用集合语言简洁、准确地表述数学的研究对象,在渗透抽象概括思想的同时,提升数学抽象素养.

(5)教学重点:元素与集合的"属于"关系及用符号语言刻画集合.

二、单元目标和目标解析

1.目标

(1)了解集合的含义,了解集合中元素的确定性、无序性、互异性,发展数学抽象素养.

(2)理解元素与集合的属于关系,了解集合相等的含义.

(3)理解集合的表示方法,能够用符号语言刻画集合.

2.目标解析

达成上述目标的标志是:

(1)通过实例,了解集合的含义,能根据集合中元素的确定性、无序性和互异性判断一组对象能否构成一个集合.

(2)在具体情境中,认识全集和空集的含义;知道常用数集及其记法,会用这些表示法表示常用数集.

(3)理解元素与集合的关系,能够用符号表示元素与集合的关系.

(4)能举例说明集合的两种表示方法,即列举法和描述法;能根据元素特征选择恰当的方法表示集合.

三、单元教学问题诊断分析

集合是高中学习遇到的第一个数学概念,学生在初中阶段的学习中虽然接触过集合,但知识比较零散且偏向直观认识.进入高中,开始系统地学习集合论的知识,需要学生学会用集合语言简洁、准确地表述数学的研究对象.但是集合概念抽象、子概念多,而且符号术语也多,需要学生有较高的抽象思维能力.特别是描述法学习,对于"共同特征"的描述及符号表示,需要学生有较高的抽象概括能力.

基于上述分析,可以确定本单元的教学难点:用描述法表示集合.

因此,本单元在教学中一定要借助学生熟悉的具体实例,让学生经历由特殊到一般、由具体到抽象、由文字语言到符号语言表示的过程,帮助学生体会数学符号的简洁性.

四、单元教学支持条件分析

义务教育阶段对整数、有理数和实数的学习思路"数的认识—数的大小关系—数的运算"为本单元学习提供了研究思路,学生熟悉的自然数、整数、有理数和实数可以帮助学生更好地理解和掌握常用数集.

五、教学设计过程

1.创设情境,提出问题

问题1:(1)方程$\left(x+\dfrac{1}{3}\right)\left(x-\sqrt{2}\right)=0$在有理数范围内的解是什么? 在实数范围内呢?

(2)到定点的距离等于定长的点组成的图形是什么?

师生活动:学生思考、讨论交流后回答.学生可能发现在不同的情况下,会有不同的答案,教师针对学生的不同答案做出评价,引导学生发现明确研究对象、确定研究范围是研究数学问题的基础.对于数学对象与研究范围的表述,我们需要使用一种数学的语言与工具——集合.

预设答案:(1)有理数范围内的解是$-\dfrac{1}{3}$,实数范围内的解是$-\dfrac{1}{3}$,$\sqrt{2}$.

(2)在平面内是圆,在空间中是球面.

【设计意图】使学生在总体上对本单元的学习内容、目标和意义有一个大致的了解,帮助学生高屋建瓴地认识学习内容,感受集合学习的必要性.

2.探究新知——元素和集合的含义

问题2:观察下列例子,这些例子的研究范围和研究对象是确定的吗?

(1)1~10之间所有的偶数;

(2)我校今年入学的全体高一学生;

(3)所有的正方形;

(4)到直线 l 的距离等于定长 d 的所有点;

(5)方程 $x^2 - 3x + 2 = 0$ 的所有实数根;

(6)地球上的四大洋.

师生活动:师生共同分析(1)和(2)两个例子,教师引导学生说出(1)和(2)的研究对象和研究范围.(3)到(6)由学生自主分析,教师先让学生用自己的语言判断并说出各个例子的研究对象和研究范围,再在学生表述的基础上引导给出元素与集合的概念.

追问:上述例子有什么共同特征?

预设答案:研究对象和研究范围是确定的.

归纳总结:一般地,我们把研究对象统称为元素,把一些元素组成的总体叫做集合(简称为集).

【设计意图】从学生熟悉的例子出发,使学生在直观体验和感悟的基础上抽象概括生成元素与集合的概念,并在帮助学生深刻理解集合含义的同时,培养学生的抽象概括能力.

问题3:判断下列元素的全体是否组成集合,并说明理由.

(1)我班所有的高个子同学;

(2)合肥市所辖的县(市)区;

(3)单词"element"中的字母.

师生活动:学生独立思考,讨论交流后回答问题.教师引导学生明确(1)中的"高个子"判断的标准不明确;对于(2),可以让不同的学生回答,学生回答的顺序可能不同,教师引导学生思考两个不同顺序的回答是否表示同一个集合,理解集合的无序性;对于(3)中的元素,学生可能会产生不同的结论,教师引导学生明确集合元素之间的互异性.

追问1:集合中的元素具有哪些特征?

预设答案:确定性,无序性,互异性.

追问2:两个集合相等应满足什么条件?

预设答案:两个集合的元素完全一样.

追问3:你能举出一些集合的例子吗?

师生活动:学生举例,教师引导完善.

问题4:元素与集合之间有什么关系?

师生活动:学生思考并回答,教师引导学生得到集合与元素的从属关系.

教师总结:我们通常用大写拉丁字母$A,B,C,\cdots$表示集合,用小写拉丁字母$a,b,c,\cdots$表示集合中的元素.a是A的元素就说a属于A,记作$a\in A$;a不是A的元素就说a不属于A,记作$a\notin A$.

常用数集及其记法:

非负整数集或自然数集 **N**:自然数的英文 Natural number 的首写字母;

整数集 **Z**:德语中的整数 Zahlen 的首字母,德国女数学家艾米·诺特于1921年写出的《整环的理想理论》在引入整数环概念的时候,她将整数环记作 **Z**;

有理数集 **Q**:商的英文 Quotient 的首字母,任何一个有理数都是两个整数之比的结果(商);

实数集 **R**:实数的英文 Real number 首字母。

【设计意图】通过问题的研究,体会集合元素的确定性、无序性和互异性,加深学生对集合含义的理解,建立自然语言和符号语言之间的对应关系,初步体会集合语言表述知识的简洁性和严谨性.

3.探究新知——集合的表示

问题5:我们知道集合可以用自然语言来描述,那么集合是否有其他方法来表示? 观察下面集合,尝试用其他方法来表示.

(1)地球上的四大洋;

(2)不等式$x-2<3$的所有正整数解;

(3)不等式$x-2>3$的所有实数解;

(4)所有的奇数.

师生活动:学生思考并小组交流讨论,对于(1)和(2),学生容易想到使用列举的形式表示,而(3)和(4),学生容易发现利用列举的形式无法表示,但可以利用初中数学知识不等式和代数式的形式表示.教师要注意引导学生对(3)和(4)中元素的共同特征进行叙述,在学生回答的基础上对几个集合表示方式进行规范,进而得到集合的表示方法:列举法和描述法.

追问1:(3)中的元素能列举出来吗?

预设答案:不能.

追问2:(3)中的元素有什么共同特征? 如何表示?

预设答案:所有的解都大于5;$\{x|x > 5\}$.

追问3:类比(3)的表示,(4)中的元素如何表示?

预设答案:$\{x|x = 2k + 1, k \in \mathbf{Z}\}$.

教师总结:

列举法:把集合的所有元素一一列举出来,并用花括号"{ }"括起来表示集合的方法叫做列举法;

描述法:一般地,设A是一个集合,我们把集合A中所有具有共同特征$P(x)$的元素x所组成的集合表示为$\{x \in A|P(x)\}$,这种表示集合的方法称为描述法.其中x是这个集合的元素的代表形式,A是元素的取值(或变化)范围,$P(x)$是集合中元素所具有的共同特征.

【设计意图】通过具体实例的研究,由文字语言到符号语言表示,经历由特殊到一般、由具体到抽象,让学生讨论研究得出集合的列举法和描述法表示,体会列举法和描述法表示的特点和集合语言表述的简洁性和严谨性,培养学生的归纳概括能力.

4.例题讲解,初步运用

例1:用列举法表示下列集合.

(1)小于10的所有自然数组成的集合;

(2)方程$x^2 = x$的所有实数根组成的集合.

师生活动:学生独立完成并回答,教师巡视指导、点评并总结.

解:(1)设小于10的所有自然数组成的集合为A,那么

$A = \{0, 1, 2, 3, 4, 5, 6, 7, 8, 9\}$.

(2)设方程$x^2 = x$的所有实数根组成的集合为B,那么

$B = \{0, 1\}$.

追问:你能使用描述法表示这两个集合吗?

师生活动:引导学生思考、讨论,分析这两个集合中的元素及元素的共同特征,并用描述法表示.

【设计意图】通过例题巩固用列举法表示集合,再次说明集合的无序性,同时体会集合的两种表示方法.

例2:试分别用描述法和列举法表示下列集合.

(1)方程$x^2 - 2 = 0$的所有实数根组成的集合A;

(2)由大于10且小于20的所有整数组成的集合B.

师生活动:学生独立思考,教师引导学生分析集合中的元素及元素的共同特征并演示结果.

解:(1)设$x \in A$,x是一个实数,且$x^2 - 2 = 0$,因此,用描述法表示为:

$A = \{x \in \mathbf{R} | x^2 - 2 = 0\}$;

方程$x^2 - 2 = 0$有两个实数根$\sqrt{2}$,$-\sqrt{2}$,因此,用列举法表示为:

$A = \{\sqrt{2}, -\sqrt{2}\}$.

(2)设$x \in B$,x是一个整数,且$10 < x < 20$,因此,用描述法可表示为:

$B = \{x \in \mathbf{Z} | 10 < x < 20\}$;

大于10且小于20的所有整数有11,12,13,14,15,16,17,18,19,因此,用列举法表示为:

$B = \{11, 12, 13, 14, 15, 16, 17, 18, 19\}$.

【设计意图】深化用描述法和列举法表示集合,体会两种方法的特点.

5.巩固练习,深化应用

完成课本5页练习第1,2,3题.

6.梳理小结,形成结构

通过本节课的学习,你有哪些收获?试从知识、方法、数学思想、经验等方面谈谈.

(1)知识:

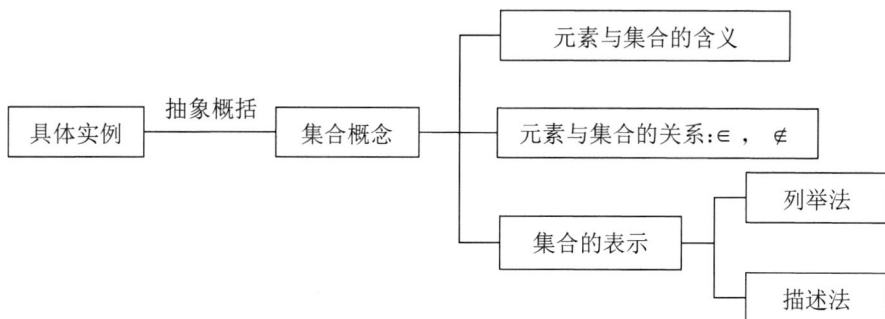

(2)思想方法:特殊与一般,分类与整合.

7.布置作业,应用迁移

课本5~6页习题1.1第1,3,4题.

六、教学设计评析

本单元是高中数学的第一单元,是高中数学学习的预备内容,应注重初高中知识的衔接.教学中以具体实例为载体,从特殊到一般,让学生体会集合的特征,理解集合的概念,具体实例可以多选取一些初中代数、几何中学生熟悉的基本知识,既能帮助学生打破思维局限性,又能让学生降低理解难度,感受集合在数学中的应用广泛性.本单元的一个重要任务是引导学生用集合语言表述数学研究对象,特别是描述法学习,对于"共同特征"的描述及符号表示学生可能会感觉较为困难,所以需要教师在实例教学中反复引导学生表述,让学生感受符号语言的简洁性和准确性.

课例2　充分条件与必要条件

一、单元内容和内容解析

1.内容

本单元主要学习充分条件、必要条件、充要条件,以及它们与判定定理、性质定理、数学定义之间的关系.本单元知识结构如下:

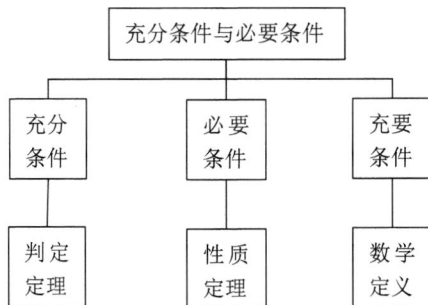

本单元建议用2课时.第1课时为充分条件与必要条件;第2课时为充要条件.

2.内容解析

(1)内容的本质:充分条件、必要条件和充要条件是数学中常用的逻辑用语,是数学语言的重要组成部分,是数学表达和交流的工具,也是逻辑思维的基本语言.

（2）蕴含的数学思想和方法：从具体实例入手，由特殊到一般，通过分析归纳概括出充分条件、必要条件和充要条件的定义，对充分条件和必要条件的理解和判断转化为对命题及其逆命题的真假的理解和判断，体现化归与转化的思想.

（3）知识的上下位关系：学生在初中阶段已经学习过命题的概念和一般形式"若 p，则 q"，知道真、假命题的概念，这为本单元的学习奠定了一定的基础.通过本单元的学习，学生学会用逻辑用语表达数学对象，为后续学习提供数学语言基础.

（4）育人价值：学生体会常用逻辑用语在表述数学内容和论证数学结论中的作用，提高交流的严谨性和准确性，提升数学抽象和逻辑推理素养.

（5）教学重点：充分条件、必要条件和充要条件的意义.

二、单元目标和目标解析

1.目标

（1）理解充分条件、必要条件和充要条件的意义.

（2）能正确判断充分条件、必要条件和充要条件.

（3）理解充分条件与判定定理、必要条件与性质定理、充要条件与数学定义之间的关系.

2.目标解析

达成上述目标的标志是：

（1）能举例说明充分条件的意义，理解充分条件与判定定理之间的关系.

（2）能举例说明必要条件的意义，理解必要条件与性质定理之间的关系.

（3）能举例说明充要条件的意义，理解充要条件与数学定义之间的关系.

（4）在具体情境中，能正确判别充分不必要条件、必要不充分条件、既不充分也不必要条件和充要条件.

三、单元教学问题诊断分析

学生在初中已经学习了命题、真命题、假命题等概念，会判断一些简单命题的真假.本单元以"若 p，则 q"形式的命题为载体，考查命题中条件 p 和结论 q 的关系，学习"充分条件""必要条件"以及"充要条件"这三个常用逻辑用语.

"若 p，则 q"为真命题，那么"p 是 q 的充分条件"，同时"q 是 p 的必要条件". 对于命题中"条件 p"是"结论 q"的充分条件，这与学生已有的推理经验是一致的，学生容易理解. 但是学生在判断必要条件时，对于命题的条件和结论容易混淆，如判断 q 是否为 p 的必要条件时，需要判断命题"若 p，则 q"的真假，而判断 p 是否为 q 的必要条件时，需要判断命题"若 q，则 p"的真假.

基于上述分析，可以确定本单元的教学难点：对必要条件意义的理解.

因此，本单元教学中可以借助学生初中学习过的知识，多举一些学生熟悉的实例，分析命题中条件和结论的关系，帮助学生理解必要条件的意义.

四、单元教学支持条件分析

初中阶段学生对命题的概念和形式的认识为本单元教学做好了铺垫，学生已学的大量定义、判定定理、性质定理为本单元的学习提供了丰富的实例，可以进一步帮助学生理解充分条件、必要条件和充要条件.

五、教学设计过程

第1课时

(一)课时教学内容

充分条件与必要条件.

(二)课时教学目标

(1)能举例说明充分条件的意义，理解充分条件与判定定理之间的关系.

(2)能举例说明必要条件的意义，理解必要条件与性质定理之间的关系.

(三)教学重点与难点

教学重点：充分条件和必要条件的意义.

教学难点：必要条件的意义.

(四)教学设计过程

1.复习回顾，引入新课

问题1：什么是命题、真命题和假命题？命题的一般形式是什么？

师生活动：学生独立思考并回答，教师对学生的回答规范完善.

预设答案：一般地，把用语言、符号或式子表达的，可以判断真假的陈述句称为命题；判断为真的语句是真命题，判断为假的语句为假命题；"若 p，则

q"的形式是数学命题的一般形式,其中称p为命题的条件,称q为命题的结论.

问题2:下列"若p,则q"形式的命题中,哪些是真命题,哪些是假命题?

(1)若平行四边形的对角线互相垂直,则这个平行四边形是菱形;

(2)若两个三角形的周长相等,则这两个三角形全等;

(3)若$x^2-4x+3=0$,则$x=1$;

(4)若平面内两条直线a和b均垂直于直线l,则$a//b$;

(5)若小明是安徽人,则小明是中国人.

师生活动:学生独立思考并判断,教师点评.

预设答案:(1)(4)(5)为真命题,(2)(3)为假命题.

【设计意图】复习初中学过的命题、真命题、假命题的概念,认识命题的条件和结论,会判断命题的真假,为后续学习做好铺垫.

2.探究新知,抽象概念

问题3:请同学们交流讨论问题2(5)中"小明是安徽人"与"小明是中国人"之间有什么逻辑关系,用自己的语言描述.

师生活动:学生先思考再讨论交流,学生可能得到:①"小明是安徽人"可以得出"小明是中国人",②"小明不是安徽人"可以得出"小明可能是中国人",③"小明不是中国人"可以得出"小明不是安徽人"等结论.学生对于①很容易理解,教师重点对于关系③进行解释.

预设答案:①"小明是安徽人"可以得出"小明是中国人";

②"小明不是安徽人"可以得出"小明可能是中国人";

③"小明不是中国人"可以得出"小明不是安徽人".

教师讲解:这就是说,要使"小明是安徽人"成立,则必须有"小明是中国人","小明是中国人"是"小明是安徽人"的必要前提.

追问1:真命题"若小明是安徽人,则小明是中国人"中条件p和结论q的关系如何表述?

预设答案:条件p可以推出结论q,结论q是条件p的必要前提.

教师归纳:一般地,"若p,则q"为真命题,是指由p通过推理可以得到q.我们就说,由p可以推出q,记作$p \Rightarrow q$,并且说,p是q的充分条件,q是p的必要条件.

追问2:问题2(1)(4)命题中,p是q的充分条件,q是p的必要条件吗?

预设答案:(1)"平行四边形的对角线互相垂直"是"这个平行四边形是菱

形"的充分条件;"这个平行四边形是菱形"是"平行四边形的对角线互相垂直"的必要条件.

(4)"平面内两条直线 a 和 b 均垂直于直线 l"是"$a//b$"的充分条件;"$a//b$"是"平面内两条直线 a 和 b 均垂直于直线 l"的必要条件.

(2)(3)为假命题.

【设计意图】通过生活中的实例,让学生充分讨论梳理条件 p 和结论 q 的关系,特别是对必要性的理解,抽象概括出充分条件和必要条件的概念.

3.例题讲解,深化应用

例1:下列"若 p,则 q"形式的命题中,哪些命题中的 p 是 q 的充分条件?

(1)若四边形的两组对角分别相等,则这个四边形是平行四边形;

(2)若两个三角形的三边成比例,则这两个三角形相似;

(3)若四边形为菱形,则这个四边形的对角线互相垂直;

(4)若 $x^2 = 1$,则 $x = 1$;

(5)若 $a = b$,则 $ac = bc$;

(6)若 x, y 为无理数,则 xy 为无理数.

师生活动:学生独立思考判断,教师给出命题(1)(2)的解答示范,然后根据学情逐次回答剩余问题,是真命题的说明充分条件,是假命题的要求举出反例.

追问1:"四边形的两组对角分别相等"是"四边形是平行四边形"的充分条件,是唯一的充分条件吗? 还有其他的充分条件吗?

预设答案:不唯一.

①若四边形的两组对边分别相等,则这个四边形是平行四边形;

②若四边形的一组对边平行且相等,则这个四边形是平行四边形;

③若四边形的对角线互相平分,则这个四边形是平行四边形.

"四边形的两组对边分别相等""四边形的一组对边平行且相等""四边形的对角线互相平分"也是"四边形是平行四边形"的充分条件,平行四边形的每一条判定定理都给出了"四边形是平行四边形"的一个充分条件.

追问2:命题(2)给出了"两个三角形相似"的一个充分条件,这样的充分条件唯一吗? 你能再给出几个不同的充分条件吗?

预设答案:不唯一.

"两个三角形的两角对应相等""两个三角形的两边对应成比例,夹角相等"也是"两个三角形相似"的充分条件,相似三角形的每一条判定定理都给出了"两个三角形相似"的一个充分条件.

教师归纳:一般地,数学中的每一条判定定理都给出了相应数学结论成立的一个充分条件.

例2:下列"若p,则q"形式的命题中,哪些命题中的q是p的必要条件?

(1)若四边形为平行四边形,则这个四边形的两组对角分别相等;

(2)若两个三角形相似,则这两个三角形的三边对应成比例;

(3)若四边形的对角线互相垂直,则这个四边形是菱形;

(4)若$x = 1$,则$x^2 = 1$;

(5)若$ac = bc$,则$a = b$;

(6)若xy为无理数,则x,y为无理数.

师生活动:学生独立思考后回答,教师引导学生将"q是否是p的必要条件"转化为"若p,则q"是否为真命题.

追问:命题(1)和(2)是初中学习的平行四边形和相似三角形的性质定理."四边形为平行四边形"的必要条件唯一吗? 类比例1的结论你能得到什么结论?

预设答案:不唯一.

得出结论:数学中的每一条性质定理都给出了相应数学结论成立的一个必要条件.

【**设计意图**】通过例题加深学生对充分条件和必要条件的理解,并通过交流分析得到充分条件和判断定理、必要条件和性质定理之间的关系.

4.梳理小结,形成结构

通过本节课的学习,你有哪些收获? 试从知识、方法、数学思想、经验等方面谈谈.

(1)知识:

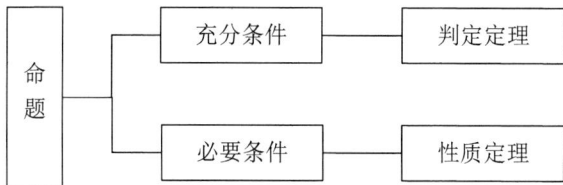

(2)思想方法:特殊到一般,化归与转化.

5.布置作业,应用迁移

课本22～23页习题1.4第1题(1)(2)题、第4题(1)(2)题.

第2课时

(一)课时教学内容

充要条件.

(二)课时教学目标

(1)能举例说明充要条件的意义,理解充要条件与数学定义之间的关系.

(2)会判断充要条件、充分不必要条件、必要不充分条件、既不充分也不必要条件.

(三)教学重点与难点

教学重点:充要条件的意义.

教学难点:充要条件的判断和证明.

(四)教学设计过程

1.复习回顾,引入新课

问题1:什么是充分条件和必要条件? 它们与判定定理和性质定理有什么关系?

师生活动:学生独立思考并回答,教师点评完善.

预设答案:一般地,"若p,则q"为真命题,是指由p通过推理可以得到q.我们就说,由p可以推出q,记作$p \Rightarrow q$,并且说,p是q的充分条件,q是p的必要条件.

数学中的每一条判定定理都给出了相应数学结论成立的一个充分条件.

数学中的每一条性质定理都给出了相应数学结论成立的一个必要条件.

【设计意图】复习充分条件和必要条件的概念及它们与判定定理和性质定理的关系,为本节课的学习做好铺垫.

2.探究新知,抽象概念

问题2:判断下列"若p,则q"形式的命题及其逆命题的真假,并用符号语言表示.

(1)若两个三角形的两角和其中一角所对的边分别相等,则这两个三角

形全等;

(2)若两个三角形全等,则这两个三角形的周长相等;

(3)若一元二次方程 $ax^2 + bx + c = 0$ 有两个不相等的实数根,则 $ac < 0$;

(4)若 $A \bigcup B$ 是空集,则 A 与 B 均是空集.

师生活动:让学生分组讨论并完成,教师巡视,对有困难的学生提供帮助.

预设答案:(1)原命题是真命题,逆命题也是真命题.

符号表示:$p \Rightarrow q$;$q \Rightarrow p$.

(2)原命题是真命题,逆命题是假命题.

符号表示:$p \Rightarrow q$;$q \nRightarrow p$.

(3)原命题是假命题,逆命题是真命题.

符号表示:$p \nRightarrow q$;$q \Rightarrow p$.

(4)原命题是真命题,逆命题也是真命题.

符号表示:$p \Rightarrow q$;$q \Rightarrow p$.

追问:命题(1)(4)中,$p \Rightarrow q$,$q \Rightarrow p$ 说明 p 是 q 的什么条件? q 是 p 的什么条件?

预设答案:p 是 q 的充分条件,p 是 q 的必要条件;q 是 p 必要条件,q 是 p 充分条件.

教师归纳:一般地,如果既有 $p \Rightarrow q$,又有 $q \Rightarrow p$,就记 $p \Leftrightarrow q$. 此时,我们说 p 是 q 的充分必要条件,简称充要条件. 显然,如果 p 是 q 的充要条件,那么 q 也是 p 的充要条件.

【设计意图】通过学生熟悉的数学命题,借助上节课学习的充分条件和必要条件,让学生理解充要条件的含义.

问题3:类比问题(2),你能说明命题(2)和(3)中 p 和 q 的关系吗?

师生活动:学生思考并交流讨论,由小组代表汇报讨论结果,教师先不作评价,对讨论结果加以肯定,活动完成后加以总结.

预设答案:命题(2)中 p 是 q 的充分不必要条件,q 是 p 的必要不充分条件;

命题(3)中 p 是 q 的必要不充分条件,q 是 p 的充分不必要条件.

教师归纳:一般地,如果既有 $p \Rightarrow q$,又有 $q \nRightarrow p$,就说 p 是 q 的充分不必要条件;如果既有 $p \nRightarrow q$,又有 $q \Rightarrow p$,就说 p 是 q 的必要不充分条件.

追问:若 $p \nRightarrow q$,$q \nRightarrow p$,p 和 q 是什么关系?

预设答案:p是q的既不充分也不必要条件.

【设计意图】让学生通过交流讨论、类比,理解充分不必要条件、必要不充分条件、既不充分也不必要条件的含义.

3.例题讲解,初步应用

问题4:如何判断"若p,则q"形式的命题中p是q的充要条件?

师生活动:学生独立思考并回答,教师引导学生根据定义思考充要条件的判断依据.

预设答案:p是q的充要条件等价于$p \Rightarrow q, q \Rightarrow p$,即原命题是真命题,逆命题也是真命题.

例1:下列各题中,p是q的什么条件?

(1)p:四边形是正方形,q:四边形的对角线互相垂直且平分;

(2)p:两个三角形相似,q:两个三角形三边对应成比例;

(3)p:$xy > 0$,q:$x > 0, y > 0$;

(4)p:$x = 1$是一元二次方程$ax^2 + bx + c = 0$的一个根,q:$a + b + c = 0(a \neq 0)$.

师生活动:学生独立思考,教师示范(1)的解答过程,其他由学生回答.

预设答案:(1)$p \Rightarrow q, q \nRightarrow p$,$p$是$q$的充分不必要条件;

(2)$p \Rightarrow q, q \Rightarrow p$,$p$是$q$的充要条件;

(3)$p \nRightarrow q, q \Rightarrow p$,$p$是$q$的必要不充分条件;

(4)$p \Rightarrow q, q \Rightarrow p$,$p$是$q$的充要条件.

【设计意图】让学生根据充要条件的定义归纳充要条件的判断方法,并通过具体实例巩固.

问题5:通过上面的学习你能给出"四边形是平行四边形"的充要条件吗?

师生活动:学生思考并讨论,教师点评指正.

预设答案:"四边形两组对边平行""四边形一组对边平行且相等""四边形两组对边相等""四边形对角线互相平分且相等".

追问:上面这些充要条件从不同的角度刻画了"平行四边形"这个概念,据此我们可以给出平行四边形其他形式定义.类比充分条件与判定定理的关系你能给出充要条件与数学定义的关系吗?

预设答案:数学中的每一条数学定义都给出了相应数学结论成立的一个

充要条件.

【设计意图】通过例题加深学生对充要条件的理解,并通过交流分析得到充要条件与数学定义之间的关系.

例2:如图1,已知⊙O的半径为r,圆心O到直线l的距离为d. 求证:$d = r$是直线l与⊙O相切的充要条件.

师生活动:学生独立思考,教师引导学生分析证明思路并让学生证明,教师巡视指导有困难的学生,并对学生回答的结果给予完善.

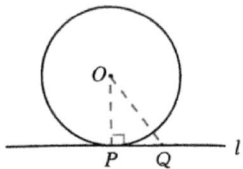

图1

预设答案:设p:$d = r$,q:直线l与⊙O相切.

(1)充分性($p \Rightarrow q$):如图,作$OP \perp l$于点P,则$OP = d$.若$d = r$,则点P在⊙O上.在直线上任取一点Q(异于点P),连接OQ.在Rt△OPQ中,$OQ > OP = r$.所以,除点P外直线l上的点都在⊙O外部,即直线l与⊙O仅有一个公共点P,所以直线l与⊙O相切.

(2)必要性($q \Rightarrow p$):若直线l与⊙O相切,不妨设切点为P,则$OP \perp l$. 因此,$d = OP = r$.

由(1)(2)可得,$d = r$是直线l与⊙O相切的充要条件.

【设计意图】通过例题明确充要条件的证明思路,引导学生规范证明过程,加深学生对充要条件的理解.

4.巩固练习,深化应用

完成课本22页练习第1,2,3题.

5.梳理小结,形成结构

通过本节课的学习,你有哪些收获? 试从知识、方法、数学思想、经验等方面谈谈.

(1)知识:

(2)思想方法:特殊到一般,类比,化归与转化.

6.布置作业,应用迁移

课本23页习题1.4第3题,4题(3),5题.

六、教学设计评析

本单元内容与学生以往熟悉的数学知识衔接较为紧密,但教学的重点不在判断命题的真假上,重点在充分条件、必要条件和充要条件的理解上,特别是必要条件的理解对于学生来说是存在一定困难的,因此教学中需要教师结合具体实例引导学生理解必要性的含义.另外,很多学生对数学中的判定定理、性质定理和定义的区别都不太清楚,混用情况经常发生,而运用逻辑用语表述,既可以帮助学生清晰理解三者之间的区别,又可以提升学生数学表述的准确性和严谨性,使学生可以更自然、更熟练地运用逻辑用语表达数学对象.

课例3　全称量词与存在量词

一、单元内容和内容解析

1.内容

本单元主要学习全称量词与存在量词,全称量词命题与存在量词命题的否定.本单元知识结构如下:

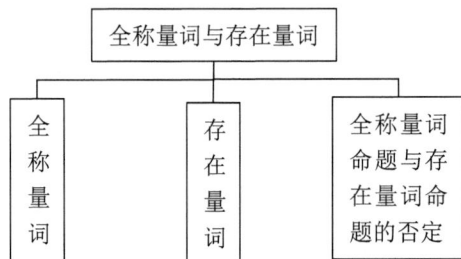

本单元建议用2课时.第1课时为全称量词与存在量词;第2课时为全称量词命题与存在量词命题的否定.

2.内容解析

(1)内容的本质:全称量词和存在量词是数学中常用的两类量词,也是常用的逻辑用语,是数学语言的重要组成部分,是逻辑思维的基本语言.

(2)蕴含的数学思想和方法:通过丰富的数学实例,由特殊到一般,归纳概括出全称量词的概念和全称量词命题的否定,再让学生类比得出存在量词的概念和存在量词命题的否定,体现从特殊到一般及类比的思想.

(3)知识的上下位关系:本单元是数学必修第一册第一章的最后一节,小学和初中的学习中已经接触了量词的使用,且学生在第一节已经学习了集合、充分条件和必要条件,熟悉了逻辑用语学习的一般思路,熟悉了用符号语言表示数学对象,这为本单元的学习奠定了学习基础.通过本单元的学习,学生进一步掌握用逻辑用语表达数学对象,为后续学习提供了数学语言基础.

(4)育人价值:学生进一步体会常用逻辑用语在表述数学内容和论证数学结论中的作用,提高数学交流的严谨性和准确性,提升数学抽象和逻辑推理素养.

(5)教学重点:全称量词和存在量词的意义和表示;使用存在量词对全称量词命题进行否定,使用全称量词对存在量词命题进行否定.

二、单元目标和目标解析

1.目标

(1)理解全称量词与存在量词.

(2)了解全称量词命题与存在量词命题的否定.

(3)培养学生的数学抽象、逻辑推理能力和严谨的科学态度.

2.目标解析

达成上述目标的标志是:

(1)能举例描述全称量词与存在量词的意义,可以区分全称量词与存在量词的概念与符号.

(2)能正确使用全称量词与存在量词描述相关数学命题,能将文字语言与符号语言的命题进行相互转化.

(3)能正确使用存在量词对含有一个量词的全称量词命题进行否定.

(4)能正确使用全称量词对含有一个量词的存在量词命题进行否定.

三、单元教学问题诊断分析

量词的使用在过往的数学学习中学生已经大量使用过了,因此对于概念的理解并不是特别困难,但很多含有量词的命题表现得并不是很明显,因此判断一个命题是否为含有量词的命题,如何把自然语句转化成标准的全称量

词命题和存在量词命题的形式并判断其真假,对于学生来说比较困难.另外在全称量词命题与存在量词命题的否定中,学生容易根据全称量词和存在量词的含义直接对原命题进行否定,得到这些命题的否定表述,但这些表述可能过于形式化,不自然也不符合日常语言表达习惯,因此需要引导学生将这些表述改成常用的表述形式.

本单元还引入了几个新的数学符号"∀""∃""¬",以及特定命题的数学符号表示:$\forall x \in M, p(x)$;$\exists x \in M, p(x)$;$\exists x \in M, \neg p(x)$;$\forall x \in M, \neg p(x)$.数学符号的特点是简洁、准确,但是形式化、抽象化程度比较高,对学生要求较高,容易出现不习惯使用或者混淆等情况.

基于上述分析,可以确定本单元的教学难点:判断全称量词命题和存在量词命题的真假,正确写出含有一个量词的全称量词命题和存在量词命题的否定.

因此,本单元教学中可以多选取一些数学实例,让学生去尝试感受,鼓励学生多使用符号语言,养成运用符号语言表达数学对象的习惯.

四、单元教学支持条件分析

为加强学生理解,可以借助多媒体呈现数学实例,利用信息技术促进教学互动,直观展示全称量词命题和存在量词命题的关系.

五、教学设计过程

第1课时

(一)课时教学内容

全称量词与存在量词.

(二)课时教学目标

(1)通过数学实例理解全称量词与存在量词的意义,熟悉常见的全称量词和存在量词.

(2)了解全称量词命题和存在量词命题的含义,会用符号语言表示并能判断命题真假.

（三）教学重点与难点

教学重点：全称量词与存在量词的意义．

教学难点：判断全称量词命题与存在量词命题的真假．

（四）教学设计过程

1.复习回顾，引入新课

问题1：（1）什么是命题？

（2）判断下列命题的真假．

①每个有理数都能写成分数的形式；

②任何可以被5整除的整数，末尾数字都是0；

③所有的三角形的内角和都等于180°；

④若$x \geq 1$，则$2x + 3 \geq 5$．

师生活动：学生独立思考完成，教师点评并完善．

预设答案：（1）一般地，把用语言、符号或式子表达的，可以判断真假的陈述句称为命题．

（2）真，假，真，真．

【设计意图】让学生回顾命题的概念，并判断一些在初中学习过的含有全称量词和存在量词命题的真假，为后面全称量词与存在量词的学习做好铺垫．

2.探究新知——全称量词与全称量词命题

问题2：下列语句是命题吗？

（1）$x > 3$；　　（2）$2x + 1$是整数．

追问1：你能找出一个短语对变量x的范围进行限定，使语句（1）（2）成为命题吗？

师生活动：对于问题2，学生容易判断，但要让学生充分交流并讨论，教师对学生的回答先不做判断，学生可能举出全称量词也可能举出存在量词，教师均给予肯定，并把学生回答结果归类展示．

教师归纳：短语"所有的""任意一个"在逻辑中通常叫做全称量词．常见的全称量词还有"一切""每一个""任给"等，记作"$\forall$"．

追问2：你还能举出一些全称量词吗？

师生活动：学生举例，教师点评．

教师讲解：含有全称量词的命题，叫做全称量词命题．例如：对所有的$x \in \mathbf{R}, x > 3$；对任意一个$x \in \mathbf{Z}, 2x + 1$是整数．

通常,将含有变量x的语句用$p(x)$, $q(x)$, $r(x)$…表示,变量x的取值范围用M表示,那么,全称量词命题"对M中任意一个x,$p(x)$成立"可用符号简记为:$\forall x \in M$, $p(x)$.

【设计意图】通过实例让学生理解全称量词和全称量词命题的意义,认识全称量词和全称量词命题的符号表示,并通过举例强化学生的理解.

问题3:你能判断下面两个命题的真假吗? 并说明判断方法.

(1)对所有的$x \in \mathbf{R}$, $x > 3$;

(2)对任意一个$x \in \mathbf{Z}$, $2x + 1$是整数.

师生活动:学生思考并判断,教师引导说出判断的依据,并归纳总结.

预设答案:(1)假命题,举反例;(2)真命题,证明.

例1:判断下列全称量词命题的真假.

(1)所有的素数都是奇数;

(2)$\forall x \in \mathbf{R}$, $|x| + 1 \geq 1$;

(3)对任意一个无理数x,x^2也是无理数.

师生活动:学生独立思考并回答,教师给出示范解答.

解:(1)假命题.举反例:2是素数但2不是奇数;

(2)真命题.证明:$\forall x \in \mathbf{R}$,总有$|x| \geq 0$,因而$|x| + 1 \geq 1$.

(3)假命题.举反例:$\sqrt{2}$是无理数,但$(\sqrt{2})^2 = 2$是有理数.

【设计意图】通过例题让学生掌握全称量词命题真假性的判断方法:真命题须证明,假命题可以举反例.

3.探究新知——存在量词与存在量词命题

问题4:类比全称量词及其命题的研究思路,存在量词及其命题如何研究?

师生活动:学生思考并回答,引导学生类比全称量词及其命题的研究思路,说出存在量词及其命题的研究思路.

预设答案:存在量词的定义,存在量词命题,存在量词命题的符号表示,存在量词命题真假判断.

【设计意图】让学生类比全称量词的研究思路,说出存在量词的研究思路,明确探究的内容和方法,为后面学生自主探究存在量词做好准备.

问题5:下列语句是命题吗?

(1)$2x + 1 = 3$;　　　　(2)x能被2和3整除.

追问1:你能类比问题2找出一个短语,对变量x的范围进行限定,使语句(1)(2)成为命题吗?

师生活动:让学生自主探索,教师对规范回答予以肯定即可.

教师总结:短语"存在一个""至少有一个"在逻辑中通常叫做存在量词,记作"∃".

追问2:你还能举出其他存在量词吗?

师生活动:学生举例,教师给予回复.

问题6:你能给出存在量词命题的定义和符号表示吗?

师生活动:学生交流讨论,由学生代表回答,教师巡视,对有困难的小组进行指点.

预设答案:含有存在量词的命题,叫做存在量词命题.

通常,将含有变量x的语句用$p(x)$,$q(x)$,$r(x)$…表示,变量x的取值范围用M表示,那么,存在量词命题"存在M中的元素x,$p(x)$成立"可用符号简记为:$\exists x \in M, p(x)$.

问题7:你能判断下面两个命题的真假吗? 并说明判断方法.

(1)存在一个$x > 2$,使$2x + 1 = 3$;

(2)至少有一个$x \in \mathbf{Z}$,x能被2和3整除.

师生活动:学生独立思考,类比全称量词命题真假判断方法,总结出存在量词命题的判断方法.

预设答案:(1)假命题,证明;(2)真命题,举特例.

【设计意图】让学生类比全称量词的探究思路和方法,自主探索存在量词的内容,培养学生的自主学习能力.

例2:判断下列存在量词命题的真假.

(1)有一个实数x,使$x^2 + 2x + 3 = 0$;

(2)平面内存在两条相交直线垂直于同一条直线;

(3)有些平行四边形是菱形.

师生活动:学生独立思考后回答并阐述判断方法.

预设答案:(1)假命题.证明:$\Delta = 2^2 - 4 \times 3 = -8 < 0$,所以方程无实根;

(2)假命题.平面内垂直于同一条直线的两条直线互相平行.

(3)真命题.举特例:正方形既是平行四边形又是菱形.

【设计意图】通过例题熟悉存在量词命题真假性判断,使学生进一步理解存在量词的含义.

4.巩固练习,深化应用

(1)若命题"$\exists x \in \mathbf{R}$, $x^2 - 2x - a = 0$"是真命题,求a的取值范围.

(2)若命题"$\forall x \in \mathbf{R}$, $x^2 - 2x - a \neq 0$"是真命题,求a的取值范围.

5.梳理小结,形成结构

通过本节课的学习,你有哪些收获? 试从知识、方法、数学思想、经验等方面谈谈.

(1)知识:

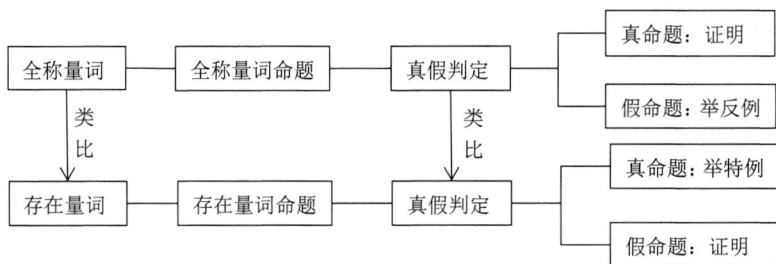

(2)思想方法:特殊到一般,类比.

6.作业布置,应用迁移

课本31页习题1.5第1,2题.

第2课时

(一)课时教学内容

全称量词命题与存在量词命题的否定.

(二)课时教学目标

(1)能正确使用存在量词对含有一个量词的全称量词命题进行否定.

(2)能正确使用全称量词对含有一个量词的存在量词命题进行否定.

(三)教学重点与难点

教学重点:使用存在量词对含有一个量词的全称量词命题进行否定;使用全称量词对含有一个量词的存在量词命题进行否定.

教学难点:正确写出含有一个量词的全称量词命题和存在量词命题的

否定.

（四）教学设计过程

1.复习回顾,引入新课

问题1:请同学们回顾一下什么是全称量词命题和存在量词命题? 命题真假如何判断?

师生活动:学生思考并回答,教师点评.

预设答案:

全称量词命题:含有全称量词的命题,叫做全称量词命题,记作:$\forall x \in M$，$p(x)$.

判断真假:真命题,证明;假命题,举反例.

存在量词命题:含有存在量词的命题,叫做存在量词命题,记作:$\exists x \in M$，$p(x)$.

判断真假:真命题,举特例;假命题,证明.

问题2:你能对下列命题进行否定吗?

(1)56是7的倍数;

(2)空集是集合$A = \{1$，2，$3\}$的真子集;

(3)若$x > 1$,则$2x + 1 > 5$.

师生活动:学生思考并判断,教师引导学生回答命题(1)和(2),对于命题(3)问而不答,激发学生求知欲,并引出新课.

预设答案:(1)"56不是7的倍数";

(2)"空集不是集合$A = \{1$，2，$3\}$的真子集".

教师归纳:一般地,对一个命题进行否定,就可以得到一个新的命题,这一新命题称为原命题的否定.

追问1:一个命题和它的否定的真假有什么关系?

预设答案:一个命题和它的否定不能同时为真命题,也不能同时为假命题,只能一真一假.

追问2:问题2中第(3)个命题的否定如何表述?

【设计意图】对上节课全称量词命题和存在量词命题进行回顾,通过实例认识命题的否定,为本节课的学习做好铺垫.

2.探究新知——全称量词命题的否定

问题3:写出下列命题的否定.

(1)所有的矩形都是平行四边形;

(2)每一个素数都是奇数;

(3)$\forall x \in \mathbf{R}, x + |x| \geq 0$.

师生活动:学生独立思考并回答,教师观察学生答案,出现问题及时指正.

预设答案:

(1)的否定:"存在一个矩形不是平行四边形";

(2)的否定:"存在一个素数不是奇数";

(3)的否定:$\exists x \in \mathbf{R}, x + |x| < 0$.

追问:它们与原命题在形式上有什么变化?

预设答案:全称量词命题"$\forall x \in M, p(x)$" $\xrightarrow{\text{否定}}$ 存在量词命题"$\exists x \in M, \neg p(x)$".

【设计意图】通过数学实例引导学生发现规律并抽象概括出全称量词命题的否定.

例1:写出下列全称量词命题的否定.

(1)所有能被3整除的整数都是奇数;

(2)每一个四边形的四个顶点在同一个圆上;

(3)对任意 $x \in \mathbf{Z}, x^2$ 的个位数字不等于3.

师生活动:学生独立思考并回答,教师引导学生归纳全称命题否定的步骤.

解:

(1)的否定:存在一个能被3整除的整数不是奇数.

(2)的否定:存在一个四边形,它的四个顶点不在同一个圆上.

(3)的否定:$\exists x \in \mathbf{Z}, x^2$ 的个位数字等于3.

追问:问题2中命题(3)"若 $x > 1$,则 $2x + 1 > 5$"的否定是什么?

预设答案:原命题可写为"$\forall x > 1, 2x + 1 > 5$".

命题的否定:$\exists x > 1, 2x + 1 \leq 5$.

【设计意图】通过例题巩固所学知识,引导学生归纳解题步骤,培养学生的归纳能力.

3. 探究新知——存在量词命题的否定

问题4: 写出下列命题的否定并观察它们与原命题在形式上有什么变化?

(1)存在一个实数的绝对值是正数;

(2)有些平行四边形是菱形;

(3)$\exists x \in \mathbf{R}, x^2 - 2x + 3 = 0$.

师生活动: 教师引导学生类比全称量词命题的否定,讨论交流后回答,教师对学生的回答梳理归纳.

预设答案:

(1)的否定:所有实数的绝对值不是正数;

(2)的否定:每一个平行四边形都不是菱形;

(3)的否定:$\forall x \in \mathbf{R}, x^2 - 2x + 3 \neq 0$.

存在量词命题"$\exists x \in M, p(x)$" $\xrightarrow{\text{否定}}$ 全称量词命题"$\forall x \in M, \neg p(x)$".

【设计意图】 结合实例让学生类比全称量词的否定自主探索学习,教师归纳总结,培养学生数学抽象和类比思维能力.

例2: 写出下列存在量词命题的否定.

(1)$\exists x \in \mathbf{R}, x + 2 \leqslant 0$;

(2)有的三角形是等边三角形;

(3)有一个偶数是素数.

师生活动: 学生独立思考并回答,教师点评.

解:

(1)的否定:$\forall x \in \mathbf{R}, x + 2 > 0$;

(2)的否定:所有的三角形都不是等边三角形;

(3)的否定:任意一个偶数都不是素数.

【设计意图】 通过例题让学生正确使用全称量词对存在量词命题进行否定.

例3: 写出下列命题的否定,并判断真假.

(1)任意两个等边三角形都相似;

(2)$\exists x \in \mathbf{R}, x^2 - x + 1 = 0$.

师生活动: 学生自主思考并完成,教师引导学生通过判断原命题的真假来判断它们的否定的真假.

解:

(1)的否定:存在两个等边三角形,它们不相似.这是一个假命题.

(2)的否定:$\forall x \in \mathbf{R}, x^2 - x + 1 \neq 0$.这是一个真命题.

【设计意图】巩固本节所学基础知识,熟悉全称量词命题和存在量词命题的否定,并会利用原命题来判断命题的否定的真假.

4.巩固练习,深化应用

完成课本31页练习第1,2题.

5.梳理小结,形成结构

通过本节课的学习,你有哪些收获?试从知识、方法、数学思想、经验等方面谈谈.

(1)知识:

全称量词命题 "$\forall x \in \mathbf{R}, p(x)$"	否定 →	存在量词命题 "$\exists x \in \mathbf{R}, \neg p(x)$"

类比 ↓

存在量词命题 "$\exists x \in \mathbf{R}, p(x)$"	否定 →	全称量词命题 "$\forall x \in \mathbf{R}, \neg p(x)$"

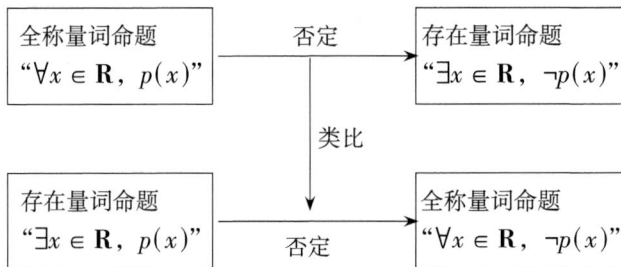

(2)思想方法:特殊到一般,类比.

6.作业布置,应用迁移

课本31~32页习题1.5第3,4题.

六、教学设计评析

本单元概念较多,学生容易混淆,教学中通过学生熟悉的数学命题得到全称量词、存在量词与全称量词命题、存在量词命题的概念;结合具体实例总结出判断全称量词命题和存在量词命题真假的方法;通过实例分析,概括出命题否定的写法以及判断其真假的方法.教学过程中要引导学生运用全称量词和存在量词对命题进行重新叙述,强化学生用形式化语言进行描述,熟练运用"等价语言"进行转化,提升学生数学表述的严谨性和准确性.

课例4　等式性质与不等式性质

一、单元内容和内容解析

1.内容

本单元主要学习相等关系和不等关系,等式性质和不等式性质.本单元的知识结构如下:

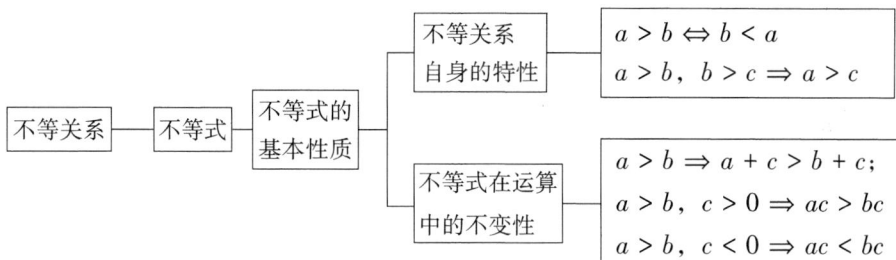

本单元建议用2课时.第1课时为相等关系和不等关系;第2课时为等式性质和不等式性质.

2.内容解析

(1)内容的本质:不等式是重要的数学工具,解决不等式需要利用不等式及其性质,它们在解决不等关系的问题中发挥着重要作用.

(2)蕴含的数学思想和方法:结合实例,用不等式表示不等关系,能将两个代数式大小问题转化为两个代数式的差与0的大小问题,体现化归与转化思想,类比等式的基本性质研究不等式的性质.

(3)知识的上下位关系:在初中,学生对等式有了比较深入的认识,本单元类比初中对等式的研究方法和内容对不等式展开研究,为进一步学习函数等相关内容做好铺垫和过渡.

(4)育人价值:本单元从实际情境出发,把不等关系用不等式表示,并类比等式的基本性质猜想论证不等式的基本性质,提升学生数学建模和逻辑推理的核心素养.

(5)教学重点:不等式的基本性质;等式与不等式的共性与差异.

二、单元目标和目标解析

1.目标

(1)理解不等式的概念.

(2)了解重要不等式 $a^2 + b^2 \geq 2ab$ 的发现和证明方法.

(3)掌握不等式的性质.

2.目标解析

达成上述目标的标志是:

(1)能类比等式表示不相等关系,用不等式表示不等关系.

(2)知道实数大小关系的基本事实,能根据基本事实,比较两个代数式的大小.

(3)学生能够从赵爽弦图中,抽象不等关系,并用不等式 $a^2 + b^2 \geq 2ab$ 表达.

(4)能类比等式的基本性质,猜想并证明不等式的基本性质.

(5)能根据实数大小关系的基本事实和不等式的性质证明简单不等式问题.

三、单元教学问题诊断分析

本单元是在初中等式学习的基础上,类比等式的学习内容和方法,研究不等式.学生熟知等式的基本性质,但对性质中所蕴含的思想方法缺乏思考.初中阶段研究等式性质的方法是从特殊到一般归纳,没有从根源上探索其成立的道理.高中阶段对于不等式的学习强调逻辑推理,学生不仅要类比等式基本性质猜想不等式的性质,还要能够利用两个实数大小关系的基本事实等去证明猜想的正确性,这对于学生会有一定的困难.

等式的基本性质反映了相等关系的特性和等式在运算中的不变性,不等式的基本性质也反映了不等式自身的特性和不等式在运算中的不变性,这是它们的共性;但与等号不同,不等号有方向性,所以不等式的基本性质与等式的基本性质又存在差异.学生既要能够类比等式性质研究明确不等式性质的研究方向,还要能够结合不等号的方向性得到不等式的性质,这对学生也是一个难点.

基于上述分析,可以确定本单元的教学难点:类比等式性质及其蕴含的思想方法,研究不等式基本性质;等式与不等式的共性和差异.

因此,本单元学习要类比等式性质对不等式性质进行归类,总结每类性质的特点,引导学生自主发现不等式的性质,加深学生对"代数性质"的认识.

四、单元教学支持条件分析

初中阶段等式基本性质的研究为本单元不等式基本性质的研究提供了研究思路,教学中可以利用信息技术促进教学互动,通过几何画板帮助学生直观探究不等式.

五、教学设计过程

第1课时

(一)课时教学内容

相等关系和不等关系.

(二)课时教学目标

(1)能从实际问题所蕴含的不等关系中抽象出不等式.

(2)理解两个实数大小关系的基本事实,能运用这个基本事实比较式的大小关系.

(3)了解重要不等式 $a^2 + b^2 \geqslant 2ab$ 及其发现和证明的过程.

(三)教学重点与难点

教学重点:从实际问题所蕴含的不等关系中抽象出不等式;两个实数大小关系的基本事实及其简单应用.

教学难点:两个实数大小关系的基本事实的应用.

(四)教学设计过程

1.复习回顾,引入新课

引导语:在现实世界和日常生活中,存在着大量的相等关系和不等关系,例如多与少、大与小、长与短等.这些问题反映在数量关系上,就是相等和不等.相等用等式表示,不等用不等式表示.本章我们将在初中学习的基础上深入地研究不等关系,首先我们来学习等式性质和不等式性质.

问题1:什么是等式? 你能回顾并梳理一下初中阶段等式学习的过程和内容吗?

师生活动:学生思考并交流讨论,完成后由小组代表回答,回答后教师梳理等式研究路径.

预设答案:用等号表示相等关系的式子.

研究路径:现实背景—相等关系和等式—等式性质—方程及其解法—应用.

追问1:什么是不等式?

预设答案:用不等号表示不等关系的式子.

追问2:你认为不等式如何研究?

预设答案:现实背景—不等关系和不等式—不等式性质—不等式的解法—应用.

追问3:常见的不等号有哪些?

预设答案:">",表述为"大于";"<",表述为"小于";"≥",表述为"大于或等于"或"不小于";"≤",表述为"小于或等于"或"不大于".

【设计意图】让学生回顾和总结初中等式学习的过程,并在此基础上,类比提出不等式的研究路径,为本章的研究指明方向.

2.探究新知——从不等关系中抽象不等式

问题2:你能用不等式或不等式组表示下列问题中的不等关系吗?

(1)某路段限速40 km/h;

(2)某品牌酸奶的质量检查规定,酸奶中脂肪的含量f应不少于2.5%,蛋白质的含量p应不少于2.3%;

(3)三角形两边之和大于第三边,两边之差小于第三边;

(4)连接直线外一点与直线上各点的所有线段中,垂线段最短.

师生活动:(1)和(2)由学生独立思考并回答,完成后由学生梳理用不等式表示不等关系的过程;(3)和(4)是几何问题,条件中没有给出符号,学生可能不知道如何表示,教师对于(3)可适当引导作图表示,(4)由学生独立完成.

预设答案:(1)$0 < v \leqslant 40$;(2)$\begin{cases} f \geqslant 2.5\%, \\ p \geqslant 2.3\%; \end{cases}$

(3)如图1,设$\triangle ABC$的三条边为a, b, c,则$a + b > c$,$a - b < c$;

(4)如图2,设C是直线AB外的任意一点,$CD \perp AB$于点D,E是直线AB上不同于D的任意一点,连接线段CE,则$CD < CE$.

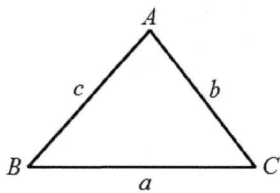

图1

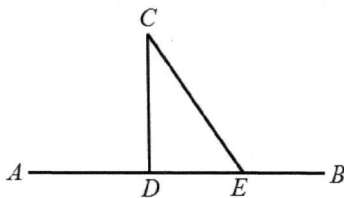

图2

追问:用不等式表达不等关系时,你经历了怎样的思考过程?

预设答案:从实际问题找到不等关系—用字母表示不等关系中的量—建立不等式(组).

【设计意图】让学生经历从实际问题中抽象不等关系,然后用不等式来表达的过程,提升从问题中抽象出数学模型的能力.

问题3:你能用不等式表示并解决下面的问题吗?

某种杂志原以每本2.5元的价格销售,可以售出8万本,据市场调查,杂志的单价每提高0.1元,销售就可能减少2 000本.如何定价才能使提价后的销售总收入不低于20万元?

师生活动:学生独立思考,分析数量关系,并用不等式表达.这个问题对部分学生可能较为困难,教师可先引导学生先设提价后每本杂志的定价为 x 元,然后把提价后每本杂志增加价钱、提价后杂志销售量、提价后的销售总收入不低于20万等关键信息,让学生依次用含 x 的式子表示,最后帮助学生列出不等式.

预设答案:$(8 - \dfrac{x - 2.5}{0.1} \times 0.2)x \geq 20$.

追问:解方程的主要依据是等式性质,那么解不等式的主要依据是什么?

预设答案:不等式性质.

【设计意图】此问题使学生在问题解决中产生矛盾,将不等式与等式进行对比,类比等式引出不等式性质研究的必要性.

3.探究新知——两个实数大小关系的基本事实

问题4:要研究不等式的性质,就要依据两个实数(式)的大小关系的基本事实,那么如何比较两个实数的大小关系呢?

师生活动:学生独立思考并回答,学生可能使用数轴比较,也可能使用作差法表示,教师引导学生说清比较过程,并归纳总结.

预设答案: (1)利用数轴进行比较(课件展示);(2)作差法:把"比较两个实数大小"转化为"差与0的大小比较". 关于实数 a, b 大小比较的基本事实: $a - b > 0 \Leftrightarrow a > b; a - b = 0 \Leftrightarrow a = b; a - b < 0 \Leftrightarrow a < b.$

【设计意图】 让学生自主探究两个实数大小比较的基本事实,并体会此方法使数学运算参与大小比较中,为不等式论证提供了方法,也为研究不等式的性质奠定了基础.

例1: 比较 $(x + 2)(x + 3)$ 和 $(x + 1)(x + 4)$ 的大小.

师生活动: 学生板书,其余学生独立思考并完成,教师订正指导.

解: 因为 $(x + 2)(x + 3) - (x + 1)(x + 4) = (x^2 + 5x + 6) - (x^2 + 5x + 4) = 2 > 0$,所以 $(x + 2)(x + 3) > (x + 1)(x + 4)$.

【设计意图】 通过例题展示两个实数大小关系的基本事实的简单应用,体会此方法在比较大小中的应用.

问题5: 如图3是在北京召开的第24届国际数学家大会的会标,会标是根据中国古代数学家赵爽的弦图设计的,颜色的明暗使它看上去像一个风车,代表中国人民热情好客.你能在图中找出一些相等关系和不等关系吗?

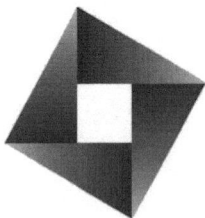

师生活动: 学生思考并小组讨论,小组代表汇报结果,学生可能从边、角、周长、面积等角度找到等量关系和不等关系,合理均予以肯定.

图3

预设答案: 学生回答,合理即可.

追问1: 如果直角三角形的两个直角边长分别为 a, b,大正方形的面积与4个三角形的面积和有何关系? 如何表示?

预设答案: 大正方形的面积≥4个三角形的面积和. $a^2 + b^2 \geq 2ab.$ (可利用几何画板演示,直观体现不等关系)

追问2: 对 $\forall a, b \in \mathbf{R}$, $a^2 + b^2 \geq 2ab$ 是否恒成立呢?

预设答案: ∵ $a^2 + b^2 - 2ab = (a - b)^2 \geq 0$, ∴ $a^2 + b^2 \geq 2ab$,当且仅当 $a = b$ 时等号成立.

教师总结: $a^2 + b^2 \geq 2ab.$ (当且仅当 $a = b$ 时等号成立)

【设计意图】 通过实际问题对相等关系和不等关系总结,并利用完全平方公式和两个实数大小关系的基本事实证明,体现数学知识间的联系,体现两个实数比较大小基本事实在解决不等式问题中的应用价值.

4.梳理小结,形成结构

通过本节课的学习,你有哪些收获? 试从知识、方法、数学思想、经验等方面谈谈.

(1)知识:

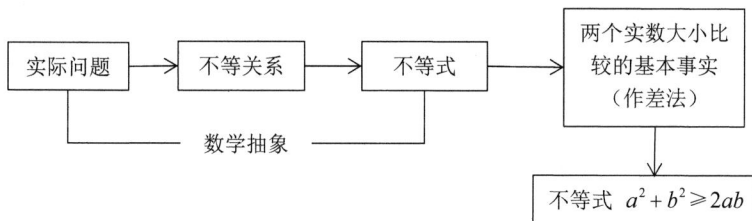

(2)思想方法:类比,化归与转化.

5.作业布置,应用迁移

课本42页习题2.1第2,3,4题.

第2课时

(一)课时教学内容

等式性质和不等式性质.

(二)课时教学目标

(1)类比等式的基本性质,猜想并证明不等式的基本性质.

(2)根据实数大小关系的基本事实和不等式的性质证明简单不等式问题.

(三)教学重点与难点

教学重点:类比等式的基本性质探究不等式的基本性质.

教学难点:类比等式的基本性质及其蕴含的思想方法,研究不等式的基本性质.

(四)教学设计过程

1.复习回顾,导入新课

引导语:解不等式要先掌握不等式的性质,关于两个实数大小关系的基本事实为研究不等式的性质奠定了基础,不等式和等式一样都是对大小关系的刻画.所以,我们可以从等式的性质及其研究方法中获得启发来研究不等式的基本性质.

问题1:(1)如何比较两个实数a,b大小?

(2)等式的基本性质有哪些?

师生活动:学生思考并回答,教师对学生的回答进行梳理,把等式的基本性质在黑板上板书,并说明性质1,2为等式自身的特性,性质3,4为等式在运算中的不变性.

预设答案:

(1)方法1:利用数轴(PPT展示);

方法2:作差法,利用两个实数大小比较的基本事实.

$a-b>0 \Leftrightarrow a>b; a-b=0 \Leftrightarrow a=b; a-b<0 \Leftrightarrow a<b.$

(2)等式的基本性质:

性质1:如果$a=b$,那么$b=a$;

性质2:如果$a=b,b=c$,那么$a=c$;

性质3:如果$a=b$,那么$a±c=b±c$;

性质4:如果$a=b$,那么$ac=bc$;如果$a=b,c≠0$,那么$\dfrac{a}{c}=\dfrac{b}{c}$.

【设计意图】回顾两数大小比较的方法和等式的基本性质,强化比较大小的原理保障,帮助学生加深对等式性质的认识,为本节课不等式性质的猜想和证明提供保障.

2.探究新知——不等式性质

问题2:类比等式的性质1和性质2,你能猜想出不等式的性质吗?

师生活动:学生独立思考并回答.

预设答案:

猜想1:如果$a>b$,那么$b<a$;如果$b<a$,那么$a>b$.

猜想2:如果$a>b,b>c$,那么$a>c$.

追问1:猜想1如何证明?

预设答案:

方法1:利用数轴(PPT展示,如图1);

方法2:$a>b \Rightarrow a-b>0 \Rightarrow -(a-b)<0 \Rightarrow b-a<0 \Rightarrow b<a.$

追问2:类比猜想1的证明,你能证明猜想2吗?

预设答案:

方法1:利用数轴(PPT展示,如图2);

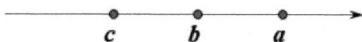

图1　　　　　　　　　　　图2

方法2：$\left.\begin{array}{l}a > b \Rightarrow a - b > 0 \\ b > c \Rightarrow b - c > 0\end{array}\right\} \Rightarrow (a - b) + (b - c) > 0 \Rightarrow a - c > 0 \Rightarrow a > c.$

师生总结：

性质1：如果$a>b$，那么$b<a$；如果$b<a$，那么$a>b$.

性质2：如果$a>b$，$b>c$，那么$a>c$.

【设计意图】让学生类比等式自身的性质，猜想得到不等式自身的性质，并利用数轴和作差法证明猜想，为后面学习不等式运算的性质打好基础，并发展学生的逻辑推理和数学运算素养.

问题3：类比等式的性质3，你能猜想不等式的性质并证明吗？

师生活动：学生思考并交流讨论，完成后由小组代表回答，类比等式性质学生可能会猜想$a \pm c > b \pm c$，教师可引导学生把两个运算合并为$a + c > b + c$.

预设答案：

猜想3：如果$a > b$，那么$a + c > b + c$.

证明：

方法1（如图3）：

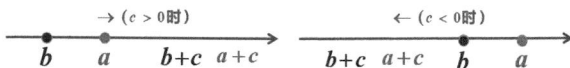

图3

方法2：$(a + c) - (b + c) = a - b > 0 \Rightarrow a + c > b + c$.

师生总结：

性质3：如果$a > b$，那么$a + c > b + c$.

追问1：不等式的性质3用文字语言如何表达？

预设答案：不等式的两边都加上同一个实数，所得不等式与原不等式同向.

追问2：由不等式性质3可得$a + b > c \Rightarrow a + b + (-b) > c + (-b) \Rightarrow a > c - b$，用文字语言如何表述呢？

预设答案：不等式的任何一项可以改变符号后移到不等式的另一边.

问题4：类比等式性质4，你能得到不等式的性质并用文字语言表述吗？

师生活动:学生思考并分组交流完成.有了性质3的研究过程,对于性质4的猜想证明过程放手给学生完成,完成后学生代表回答,教师点评.

预设答案:

猜想4:如果 $a > b, c > 0$,那么 $ac > bc$;如果 $a > b, c < 0$,那么 $ac < bc$.

证明: $\left.\begin{array}{l} a > b \Rightarrow a - b > 0 \\ c > 0 \end{array}\right\} \Rightarrow (a - b)c > 0 \Rightarrow ac > bc$;

$\left.\begin{array}{l} a > b \Rightarrow a - b > 0 \\ c > 0 \end{array}\right\} \Rightarrow (a - b)c < 0 \Rightarrow ac < bc$.

文字语言表述:不等式两边同乘一个正数,所得不等式与原不等式同向;不等式两边同乘一个负数,所得不等式与原不等式反向.

归纳不等式的基本性质:

性质1:如果 $a > b$,那么 $b < a$;如果 $b < a$,那么 $a > b$;

性质2:如果 $a > b, b > c$,那么 $a > c$;

性质3:如果 $a > b$,那么 $a + c > b + c$;

性质4:如果 $a > b, c > 0$,那么 $ac > bc$;如果 $a > b, c < 0$,那么 $ac < bc$.

【设计意图】通过不等式性质的推导,让学生经历"猜想—证明—得出性质"的研究数学问题的过程,发展学生逻辑推理的素养.

问题5:在等式的学习中我们利用等式的基本性质还能得到一些常用的性质.例如:

(1)若 $a = b, c = d$,那么 $a + c = b + d$;

(2)若 $a = b, c = d$,那么 $ac = bd$.

追问:你能根据不等式的基本性质得到不等式的常用性质吗?

师生活动:学生交流讨论,容易猜想并证明得到性质5,但对于性质6,学生容易产生分歧,教师引导学生对范围加以限制,使得猜想成立,交流完成后学生展示.

预设答案:

性质5:如果 $a > b, c > d$,那么 $a + c > b + d$;

性质6:如果 $a > b > 0, c > d > 0$,那么 $ac > bd$.

追问1:如果 $a > b > 0$,那么能得到什么结论?

预设答案: $a^2 > b^2$.

追问2:如果 $a > b > 0, a^2 > b^2 > 0$,那么又能得到什么结论?

预设答案：$a^3 > b^3$.

追问3：依此类推，可以得出什么结论？

预设答案：$a^n > b^n (n \in \mathbf{N}, \ n \geqslant 2)$.

性质7：如果 $a > b > 0$，那么 $a^n > b^n (n \in \mathbf{N}, \ n \geqslant 2)$.

【设计意图】证明性质5~7的过程可以看作不等式的基本性质的初步应用，通过不等式基本性质的推导，让学生经历"猜想—证明—修正再证明—得出性质—理解"的研究数学问题的过程，体会事物的联系与变化的辩证思想.

3.不等式性质的简单应用

例1：已知 $a > b > 0, c < 0$，求证：$\dfrac{c}{a} > \dfrac{c}{b}$.

师生活动：学生独立思考，教师引导学生分析.要证明 $\dfrac{c}{a} > \dfrac{c}{b}$，因为 $c < 0$，所以可以先证明 $\dfrac{1}{a} < \dfrac{1}{b}$. 利用已知 $a > b > 0$ 和性质3，即可证明 $\dfrac{1}{a} < \dfrac{1}{b}$.

证明：因为 $a > b > 0$，所以 $ab > 0, \dfrac{1}{ab} > 0$.

于是 $a \cdot \dfrac{1}{ab} > b \cdot \dfrac{1}{ab}$，即 $\dfrac{1}{b} > \dfrac{1}{a}$.

由 $c < 0$，得 $\dfrac{c}{a} > \dfrac{c}{b}$.

追问：还有其他证明方法吗？

预设答案：可以用作差法.

【设计意图】通过本题向学生示范了应用不等式的性质证明命题的一般思路，从结论出发，结合已知条件，寻求使当前命题成立的充分条件，而这个充分条件是容易由已知条件证明的，这实际上综合运用了"综合法"和"分析法".

4.梳理小结，形成结构

通过本节课的学习，你有哪些收获？试从知识、方法、数学思想、经验等方面谈谈.

(1)知识：

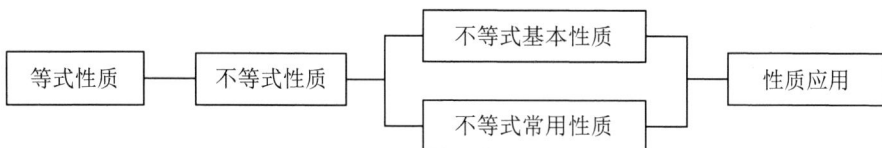

（2）思想方法：类比.

5.作业布置,应用迁移

课本42~43页习题2.1第5,6,8题.

六、教学设计评析

本单元是初高中衔接的内容,学生对本单元的很多内容并不陌生,教学中不能仅仅只注重知识的讲授,更重要的是引导学生学会类比初中等式的学习路径与方法,自主构建不等式的研究路径与方法,不仅要知道学什么,更要知道如何学.通过本单元的学习,学生掌握不等式的性质,提高对等式性质和不等式性质的共性和差异的理解,提升自主提出问题和解决问题的能力,通过问题串的形式逐步形成在"一般观念"引领下进行自主探究和发现的理念,为我们以后的数学研究提供借鉴和参考.

课例5 基本不等式

一、单元内容和内容解析

1.内容

本单元主要学习基本不等式,内容包括:基本不等式的定义、几何解释、证明方法和应用.本单元的知识结构如下:

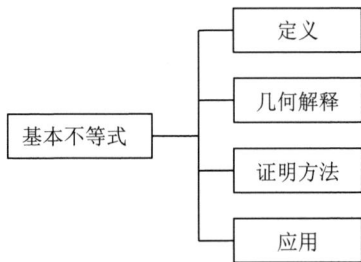

```
                 ┌─── 定义
                 │
                 ├─── 几何解释
        基本不等式 ┤
                 ├─── 证明方法
                 │
                 └─── 应用
```

建议用2课时完成教学.第1课时为基本不等式;第2课时为基本不等式的应用.

2.内容解析

（1）内容的本质:基本不等式是一种重要的不等式形式,它反映了两个正数的算术平均数和几何平均数之间的大小规律,是实际问题中处理最值问题的常用工具.

(2)蕴含的数学思想和方法:从上节的重要不等式 $a^2 + b^2 \geq 2ab$ 出发,由一般到特殊得到基本不等式 $\sqrt{ab} \leq \dfrac{a + b}{2}$,利用作差法和分析法证明基本不等式.与重要不等式类比,从几何图形的角度探究不等式的几何解释,体现研究方法的一致性.

(3)知识的上下位关系:以不等式的性质为基础,研究基本不等式并利用基本不等式解决实际问题,为后续函数最值问题的研究奠定基础,起到承上启下的作用.

(4)育人价值:通过严谨的证明活动,发展学生逻辑推理的素养;通过展示基本不等式的几何解析,培养学生直观想象素养;在运用基本不等式解决实际问题中,发展学生数学运算和数学建模核心素养.

(5)教学重点:基本不等式的定义、几何解释和证明方法,用基本不等式解决简单的最值问题.

二、单元目标和目标解析

1.目标

(1)掌握基本不等式 $\sqrt{ab} \leq \dfrac{a + b}{2}(a > 0,\ b > 0)$.

(2)结合具体实例,能用基本不等式解决简单的最值问题.

2.目标解析

达成上述目标的标志是:

(1)能描述基本不等式的内容并利用不等式的性质证明基本不等式.

(2)能理解基本不等式的几何解释.

(3)能结合实例,用基本不等式解决简单的求最大(小)值的问题.

三、单元教学问题诊断分析

基本不等式是学生学习了不等式性质之后接触的第一个较为抽象的不等式模型,由于学生缺少代数式证明的经验,会产生畏惧心理.基本不等式的几何解释也是学生不容易想到的,需要数形结合去理解,所以这是本节课的

一个难点.此外,在利用基本不等式研究最值问题时,学生容易疏忽其使用的前提条件,不验证等号是否成立等问题,这也是学生思维不够严谨的表现.

基于上述分析,可以确定本节的教学难点:基本不等式的证明和几何解释,利用基本不等式求最值问题.

因此,教学中要做好引导和适当的知识铺垫,通过典型错例的对比教学,让学生理解基本不等式三个条件的不可或缺性.

四、单元教学支持条件分析

通过集合的逻辑连接词的学习,学生有了一定的字母运算能力,为证明基本不等式提供了技能储备.应用几何画板可以直观展现基本不等式的数值和图形表现,增强教学效果.

五、教学设计过程

第1课时

(一)课时教学内容
基本不等式.

(二)课时教学目标
(1)能描述基本不等式的内容,理解基本不等式的推导过程.
(2)经历基本不等式的证明过程,掌握分析法证明基本不等式.
(3)能说明基本不等式的几何解释.

(三)教学重点与难点

教学重点:从不同角度探索基本不等式 $\sqrt{ab} \leqslant \dfrac{a+b}{2}$ 的证明过程,会用基本不等式求某些简单问题的最值.

教学难点:基本不等式 $\sqrt{ab} \leqslant \dfrac{a+b}{2}$ 的证明.

(四)教学设计过程
1.复习回顾,导入新课

引导语:我们知道,乘法公式在代数式的运算中有重要作用,那么,是否也有一些不等式,它们在解决不等式问题时有着与乘法公式类似的作用呢?

下面就来研究这个问题.

问题1:如图1,在前面的学习中我们利用赵爽弦图得到了一类重要不等式,这个重要不等式是什么? 我们如何证明?

师生活动:学生思考并回答,教师对学生的回答规范化.

预设答案:

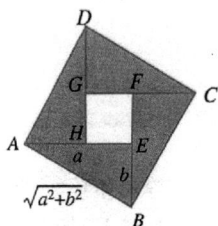

图1

重要不等式:对于任意实数 a, b 有 $a^2 + b^2 \geq 2ab$,当且仅当 $a = b$ 时,等号成立.

证明方法:作差法.

【设计意图】通过复习导入,帮助学生回忆已学知识,明确将要学习的内容,为后续教学做铺垫.

2.探究新知——基本不等式

折纸活动:请同学们将准备好的两张面积分别为 a, b 的正方形卡纸沿着对角线折叠,拼接到一起,根据图形,你能得到它们面积之间的不等关系吗? (如图2)什么情况下相等?

预设答案:$\dfrac{a + b}{2} \geq \sqrt{ab}\,(a > 0,\ b > 0)$,当且仅当 $a = b$ 时,等号成立.

师生活动:学生分组讨论后回答.

问 题 2:不 等 式 $a + b \geq 2\sqrt{ab}$ $(a > 0,\ b > 0)$ 与不等式 $a^2 + b^2 \geq 2ab$ 之间有何联系?

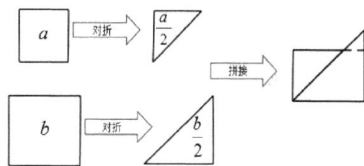

图2

师生活动:学生独立思考并回答.

预设答案:当 $a > 0, b > 0$ 时,我们用 $\sqrt{a}$, $\sqrt{b}$ 分别代替上式中 a, b 就得到 $a + b \geq 2\sqrt{ab}$.

教师总结:对于 $a > 0, b > 0$,我们有 $a + b \geq 2\sqrt{ab}$,变形为 $\sqrt{ab} \leq \dfrac{a + b}{2}$ ①,当且仅当 $a = b$ 时,等号成立.通常我们称不等式①为基本不等式,其中 $\dfrac{a + b}{2}$ 叫做正数 a, b 的算术平均数,$\sqrt{ab}$ 叫做 a, b 的几何平均数.基本不等式表明两个正数的算术平均数不小于它们的几何平均数.

【设计意图】通过前面学习的重要不等式 $a^2 + b^2 \geqslant 2ab$,设计动手操作活动,得到基本不等式 $\sqrt{ab} \leqslant \dfrac{a+b}{2}$,激发学生学习的兴趣,同时建立两个不等式之间的联系,分析基本不等式的代数结构特征,得到基本不等式的代数解释,加深对基本不等式的认识.

3.探究新知——基本不等式证明

问题3:你还能给出基本不等式的其他证明方法吗?

师生活动:学生思考并交流讨论,可以根据两个实数大小关系的基本事实,直接用作差比较法证明上式,也可用平方后作差比较法证明上式,教师在肯定学生的做法之后,引导学生写出证明过程.

预设答案:

方法1:$\because \dfrac{a+b}{2} - \sqrt{ab} = \dfrac{a - 2\sqrt{ab} + b}{2} = \dfrac{(\sqrt{a} - \sqrt{b})^2}{2} \geqslant 0$,

$\therefore \sqrt{ab} \leqslant \dfrac{a+b}{2}$,当且仅当 $a = b$ 时,等号成立.

方法2:$\because (\dfrac{a+b}{2})^2 - (\sqrt{ab})^2 = \dfrac{a^2 + 2ab + b^2}{4} - ab = \dfrac{(a-b)^2}{4} \geqslant 0$,

$\therefore (\sqrt{ab})^2 \leqslant (\dfrac{a+b}{2})^2$,

$\therefore \sqrt{ab} \leqslant \dfrac{a+b}{2}$,当且仅当 $a = b$ 时,等号成立.

追问1:能否直接利用不等式的性质推导出基本不等式呢?

预设答案:要证 $\sqrt{ab} \leqslant \dfrac{a+b}{2}$,　　①

只要证 $2\sqrt{ab} \leqslant a + b$,　　②

即证 $2\sqrt{ab} - a - b \leqslant 0$.　　③

只要证 $-(\sqrt{a} - \sqrt{b})^2 \leqslant 0$,　　④

即证 $(\sqrt{a} - \sqrt{b})^2 \geqslant 0$.　　⑤

显然,⑤成立,当且仅当 $a = b$ 时,⑤中的等号成立.

只要把上述过程倒过来,就能用不等式的性质直接推导出基本不等式了.

教师:分析法是一种"执果索因"的证明方法,即从要证明的结论出发,逐步寻求使它成立的充分条件,直至最后把要证明的结论归结为判定一个明显成立的条件(已知条件、定理、定义、公理)为止.

追问2:根据我们的证明过程,说说分析法的证明格式是怎样的?

师生活动:学生思考并讨论交流后回答,教师归纳梳理.

教师总结:分析法从要证明的结论出发,逐步寻求使它成立的充分条件,分析法在书写过程中必须有相应的文字说明:一般每一步的推理使用"要证……""只要证……"的格式,当推导到一个明显成立的条件之后,指出……显然成立.

【设计意图】掌握基本不等式的证明方法,学会用分析法证明基本不等式,引导学生认识分析法的证明过程和格式,为推理和证明提供了更丰富的策略.

4.探究新知——基本不等式的几何性质

问题4:如图3,AB是圆的直径,点C是AB上一点,$AC=a$,$BC=b$,过点C作垂直于AB的弦DE,连接AD,BD,你能利用这个图形得到基本不等式的几何解释吗?

师生活动:学生思考并小组讨论,完成后由小组代表回答,教师引导学生思考$\sqrt{ab}$,$\dfrac{a+b}{2}$分别表示哪条线段,两条线段的关系如何,并通过几何画板动态演示,加强学生直观感受.

预设答案:半径为$\dfrac{a+b}{2}$,$CD=\sqrt{ab}$,圆中直径不小于任意一条弦,当且仅当弦过圆心时,二者相等.

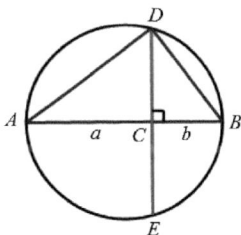
图3

【设计意图】学生发现基本不等式的几何解释比较困难,因此教师引导学生将$\sqrt{ab}$和$\dfrac{a+b}{2}$与给定图中的几何元素建立起联系,观察这些几何元素的大小关系,从而得到基本不等式的几何解释.利用几何画板演示可以增强直观感受,体会研究方法的一致性.

5.例题讲解,初步应用

例1:已知$x>0$,求$x+\dfrac{1}{x}$的最小值.

师生活动:学生思考后回答,教师引导学生理解最小值的含义,从所求不等式与基本不等式在形式上的联系入手,$x+\dfrac{1}{x}$是x与$\dfrac{1}{x}$的算术平均数的2倍,

而后者的几何平均数 $\sqrt{x \cdot \dfrac{1}{x}}$ 是一个定值,确定可以利用基本不等式求解.

解: $\because x > 0, \therefore x + \dfrac{1}{x} \geqslant 2\sqrt{x \cdot \dfrac{1}{x}} = 2,$

当且仅当 $x = \dfrac{1}{x}$,即 $x^2 = 1, x = 1$ 时,等号成立,因此所求的最小值为2.

追问1: 在上述解答过程中,是否必须说明"当且仅当 $x = \dfrac{1}{x}$,即 $x = 1$ 时,等号成立?

预设答案: 必须说明,这是为了说明2是 $x + \dfrac{1}{x}$ 的一个取值.

追问2: 当 $y_0 < 2$ 时,$x + \dfrac{1}{x} \geqslant y_0$ 成立吗?这时能说 y_0 是 $x + \dfrac{1}{x}(x > 0)$ 的最小值吗?

预设答案: 当 $y_0 < 2$ 时,$x + \dfrac{1}{x} \geqslant y_0$ 成立,但不能说 y_0 是 $x + \dfrac{1}{x}(x > 0)$ 的最小值,因为找不到对应的 x 可以取到 y_0.

追问3: 满足什么条件的代数式能够利用基本不等式求最小值?

预设答案: 如果两个正数的积为定值,当这两个数相等时,可以求得它们的和的最小值.

【设计意图】 使学生掌握根据所求代数式的形式判断是否能够利用基本不等式解决问题,同时强调代数式的最值必须是代数式能取到的值,为求解代数式的最值问题提供示范.

例2: 已知 x, y 都是正数,求证:

(1)如果积 xy 等于定值 P,那么当 $x = y$ 时,和 $x + y$ 有最小值 $2\sqrt{P}$;

(2)如果和 $x + y$ 等于定值 S,那么当 $x = y$ 时,积 xy 有最大值 $\dfrac{S^2}{4}$.

师生活动: 学生独立思考并回答,教师板演,完成后让学生用自己的语言表达,以利于进一步理解结论.

证明: (1)因为 x, y 都是正数,所以 $\dfrac{x + y}{2} \geqslant \sqrt{xy}$,当积 xy 等于定值 P 时,$\dfrac{x + y}{2} \geqslant \sqrt{P}$,所以 $x + y \geqslant 2\sqrt{P}$,当且仅当 $x = y$ 时,$x + y$ 有最小值 $2\sqrt{P}$.

（2）当和 $x + y$ 等于定值 S 时，$\sqrt{xy} \leqslant \dfrac{x + y}{2} \leqslant \dfrac{S}{2}$，所以 $xy \leqslant \dfrac{S^2}{4}$，当且仅当 $x = y$ 时，xy 有最大值 $\dfrac{S^2}{4}$.

追问1：你能说说用基本不等式能够解决什么样的问题吗？

预设答案：两个正数的积为定值，可以求它们的和的最小值，或者两个正数的和为定值，可以求它们的积的最大值.

追问2：你能说说用基本不等式解决问题时要注意什么吗？

预设答案：一正、二定、三相等.

【设计意图】让学生利用基本不等式证明两类最值问题，形成求解最值问题的数学模型，进一步发展模型思想，为基本不等式的应用做好铺垫.

6. 梳理小结，形成结构

通过本节课的学习，你有哪些收获？试从知识、方法、数学思想、经验等方面谈谈.

（1）知识：

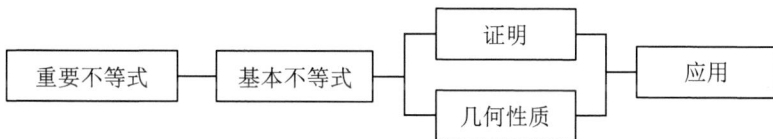

（2）思想方法：数形结合.

7. 作业布置，应用迁移

课本48页习题2.2第1,2,4题.

第2课时

（一）课时教学内容

基本不等式的应用.

（二）课时教学目标

（1）在具体数学情境中，能够利用基本不等式求简单的最值问题，发展数学运算、逻辑推理核心素养.

（2）能求解一些简单最优化问题，解决实际问题中的最值，发展数学运算、数学建模核心素养.

(三)教学重点与难点

教学重点:运用基本不等式解决简单的最值问题.

教学难点:对实际问题进行分析并建立数学模型.

(四)教学设计过程

1.复习回顾,导入新课

问题1:基本不等式的内容是什么? 如何利用基本不等式求最值? 需要注意什么?

师生活动:学生思考并回答,引导学生梳理上节课的知识.

预设答案:

基本不等式:当 $a > 0, b > 0$ 时, $\sqrt{ab} \leqslant \dfrac{a+b}{2}$, 当且仅当 $a = b$ 时等号成立.

已知 x, y 都是正数,则:

①如果积 xy 等于定值 P(积为定值),那么当 $x = y$ 时,和 $x + y$ 有最小值 $2\sqrt{P}$.

②如果和 $x + y$ 等于定值 S(和为定值),那么当 $x = y$ 时,积 xy 有最大值 $\dfrac{S^2}{4}$.

教师总结:基本不等式在解决实际问题中有广泛的应用,是解决最大(小)值问题的有力工具.

【设计意图】回顾上节课所学知识,熟悉基本不等式的形式及其使用条件,为解决实际问题做好准备.

2. **不等式应用**

例1:(1)用篱笆围成一个面积为 $100 \ \mathrm{m}^2$ 的矩形菜园,当这个矩形的边长为多少时,所用篱笆最短? 最短篱笆的长度是多少?

(2)用一段长为 $36 \ \mathrm{m}$ 的篱笆围成一个矩形菜园,当这个矩形的边长为多少时,菜园的面积最大? 最大面积是多少?

师生活动:学生审题并思考,教师引导学生设出变量,并观察是否符合基本不等式两种求最值的形式.

追问1:设矩形的相邻两边长分别为 x, y,那么篱笆的长度和菜园面积如何表示?

预设答案:

篱笆的长度为 $2(x + y)$,菜园的面积为 xy.

追问2:前面我们总结了能用基本不等式解决的两类最值问题,本例的两个问题分别属于哪类问题?

预设答案:(1)已知菜园面积 xy 为定值,求篱笆的长度 $2(x+y)$ 的最小值,实际上就是已知两个正数的积为定值,求当这两个数取什么值时,它们的和有最小值;(2)已知篱笆的长度 $2(x+y)$ 为定值,求菜园面积 xy 的最大值,实际上就是已知两个正数的和为定值,求当这两个数取什么值时,它们的积有最大值.

解:(1)设矩形菜园的相邻两条边的长分别为 x,y,篱笆的长度为 $2(x+y)$.

由 $\dfrac{x+y}{2} \geqslant \sqrt{xy}$,可得 $x+y \geqslant 2\sqrt{xy} = 20$,

所以 $2(x+y) \geqslant 40$,

当且仅当 $x=y=10$ 时,上式等号成立.

所以,当这个矩形菜园是边长为 10 m 的正方形时,所用篱笆最短,最短篱笆的长度为 40 m.

(2)由已知得 $2(x+y)=36$,矩形菜园的面积为 xy.

由 $\sqrt{xy} \leqslant \dfrac{x+y}{2} = \dfrac{18}{2} = 9$,可得 $xy \leqslant 81$,

当且仅当 $x=y=9$ 时,上式等号成立.

因此,当这个矩形菜园是边长为 9 m 的正方形时,菜园的面积最大,最大面积是 81 m².

【设计意图】帮助学生理解如何用基本不等式模型理解和识别简单的实际问题,发展学生的数学建模核心素养.

例2:某工厂要建造一个长方体形无盖贮水池,其容积为 4 800 m³,深为 3 m.如果池底每平方米的造价为150元,池壁每平方米的造价为120元,那么怎样设计水池能使总造价最低?最低总造价是多少?

师生活动:学生审题并思考,教师引导学生思考水池的造价受哪些因素影响,如何建立数学模型,帮助学生将实际问题转化为熟悉的数学模型来解决.

追问1:水池的总造价由哪些量来确定?

预设答案:由池底的相邻边长确定.

追问2:如何求水池总造价?

预设答案:设贮水池池底相邻两条边的边长分别为 x,y,水池的总造价为 z.

$$z = 150 \times \frac{4\,800}{3} + 120(2 \times 3x + 2 \times 3y) = 240\,000 + 720(x + y).$$

追问3:此问题可以用基本不等式的数学模型求解吗?为什么?

预设答案:可以.已知 $3xy = 4\,800$,求 $x + y$ 的最小值,即已知两个正数的积为定值,求当这两个数取什么值时,它们的和有最小值.

解:设贮水池池底相邻两条边的边长分别为 x,y,水池的总造价为 z.

由题意可得 $z = 150 \times \dfrac{4\,800}{3} + 120(2 \times 3x + 2 \times 3y) = 240\,000 + 720(x + y)$.

由容积为 $4\,800\ \mathrm{m}^3$,可得 $3xy = 4\,800$,即 $xy = 1\,600$.

$\therefore z \geqslant 240\,000 + 720 \times 2\sqrt{xy}$,

当且仅当 $x = y = 40$ 时,上式等号成立,此时 $z = 297\,600$.

所以,将贮水池设计成边长为 40 m 的正方形时总造价最低,最低总造价是 297 600 元.

【设计意图】引导学生学会对背景更加复杂问题进行简化,再用基本不等式模型求解,进一步培养学生用数学的思维分析问题的能力,发展学生的数学建模核心素养.

3.巩固练习,深化理解

完成课本48页练习第 2,3 题.

4.梳理小结,形成结构

通过本节课的学习,你有哪些收获?试从知识、方法、数学思想、经验等方面谈谈.

(1)知识:

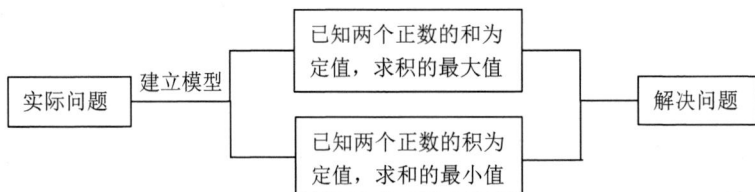

(2)思想方法:化归与转化,特殊与一般.

5.作业布置,应用迁移

课本48页习题2.2第3,6题.

六、教学设计评析

本单元是在研究不等式性质的基础上研究一种具体的不等式——基本不等式,它是反映两个正数在运算中出现的大小关系的变化规律,教师可以从基本不等式的引入、定义、几何解释、证明方法与应用等多角度引导学生对"基本"进行理解.教学中要引导学生利用基本不等式解决某些满足一定条件的代数式的最值问题,教材中的4个例子可以看作基本不等式的"数学模型",让学生经历数学建模的过程,学会根据具体问题中量之间的关系构建相应的基本不等式模型,进而解决实际问题.

课例6　函数的概念及其表示

一、单元内容和内容解析

1.内容

本单元主要学习函数的概念和函数的表示.本单元的知识结构如下:

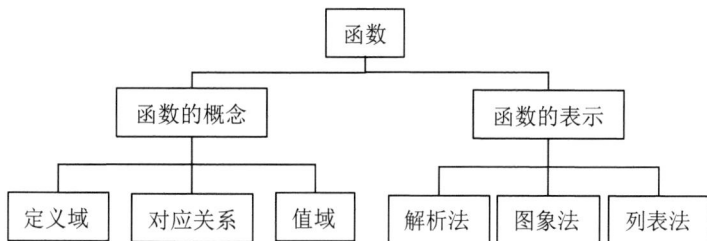

建议用4课时完成教学.第1课时为函数的概念(1);第2课时为函数的概念(2);第3课时为函数的表示法(1);第4课时为函数的表示法(2).

2.内容解析

(1)内容的本质:函数是在两个数集之间建立对应关系(单射),是描述客观世界中变量关系和规律的最基本的数学语言与工具.

(2)蕴含的数学思想和方法:从具体问题出发,从特殊到一般抽象概括出

函数的概念;能利用解析式与图象表示函数,体现数形结合的思想方法.

(3)知识的上下位关系:初中学习的函数"变量说"概念和"预备知识"中集合和二次函数等知识都是本单元学习的基础.本单元是高中函数主线的起始,也是后面函数性质及应用、方程、不等式、数列、导数等内容学习的基础.

(4)育人价值:函数源于对现实世界的抽象,通过从不同情境中抽象概括出函数的概念,发展数学抽象核心素养;通过求简单函数的定义域,根据函数表示法,求出给定自变量对应的函数值,发展数学运算核心素养;学会用函数的图象表示函数,刻画函数描述对象的运动和变化规律,发展直观想象核心素养.

(5)教学重点:建立"对应关系说"观点下用集合语言表述的函数概念;选择适当的方法表示函数.

二、单元目标和目标解析

1.目标

(1)理解函数的概念,发展数学抽象核心素养.

(2)理解区间的概念,会求具体函数的定义域,发展数学运算核心素养.

(3)会用三种表示法表示函数,发展数学抽象和直观想象核心素养.

(4)了解分段函数,并能简单应用,发展数学建模核心素养.

2.目标解析

达成上述目标的标志是:

(1)从具体实例出发,能用集合语言和对应关系抽象出函数的概念,能分清函数的定义域、对应关系与值域三个要素.

(2)知道区间是特殊的集合,能用区间正确表示函数的定义域和值域.

(3)知道解析式、图象和表格是函数表示的三种常用方法,对于具体函数能选择适当方法表示,对于一些简单函数能根据解析式画出函数图象.

(4)知道分段函数是一种重要的函数模型,能用分段函数正确表示一些相关函数问题.

三、单元教学问题诊断分析

初中学习的"变量说"函数概念依赖于实际背景,没有涉及自变量与函数值的取值范围,对"对应关系"的抽象要求较低,学生不知道为何要研究变量的取值范围,因此需要引导学生先用初中的函数概念解释,再通过问题激发认知冲突,感受自变量、函数值取值范围的必要性,这在函数学习中是一个难点.

如何认识函数的对应关系是函数概念的第二个难点.学生较容易理解表格和解析式作为对应关系,对于图象作为对应关系,学生不太容易理解,所以需要在不同情境中分析"对应关系",让学生理解"对应关系"的本质,明确"对应关系"f的形式是多样的.

在对四个实例分析的基础上,学生认识到了函数自变量的取值范围、对应关系和函数值的取值范围对于函数的重要性,但是如何让学生归纳出共同特征,从而抽象出函数概念,是教学中的第三个难点.

在认识函数表示法的三种常用方法以后,如何根据具体问题选择恰当的表示法表示函数,是教学中的第四个难点.教学中,要让学生理解不同表示法之间的差异与优劣,体会如何结合具体问题选择恰当的表示法表示函数.

基于上述分析,可以确定本节的教学难点:从不同的问题情境中提炼出函数要素,抽象出函数的概念;理解函数的"对应关系"f;能选择恰当的表示法表示具体函数.

因此,教学中要引导学生对具体情境进行分析,从中找出共同特征,归纳出函数的概念;学会分析具体问题,选择恰当的表示法表示函数.

四、单元教学支持条件分析

在初中阶段学生对函数已经有了初步认识,这为本单元对函数概念的精准描述做好了铺垫,借助信息技术可以直观展示相关情境、函数值的计算、图象的应用及分析等,让学生有更多的时间用于观察与思考函数的基本要素和抽象概念.

五、教学设计过程

第1课时

(一)课时教学内容

函数的概念(1).

(二)课时教学目标

(1)从具体实例出发,能用集合语言和对应关系抽象出函数的概念.

(2)对于具体函数,能分清函数的定义域、对应关系与值域三个元素.

(三)教学重点与难点

教学重点:建立"对应关系说"观点下用集合语言表述的函数概念.

教学难点:从不同的问题情境中提炼出函数要素,抽象出函数的概念;理解函数的"对应关系"f.

(四)教学设计过程

引导语:同学们知道,客观世界中有各种各样的运动变化.例如,天宫二号发射过程中,离发射点的距离s随时间t的变化;我国高速铁路运营里程逐年增加,已突破4万公里……这些变化常常用函数模型来描述,通过研究函数模型就可以把握相应的变化规律.

1.复习回顾,引入课题

问题1:初中已经接触过函数的概念,我们是如何定义函数的?

师生活动:学生思考并回答,但对函数的概念叙述可能不到位,教师梳理完成.

预设答案:设在一个变化过程中有两个变量x与y,如果对于x在它允许取值范围内的每一个值,y都有唯一确定的值与它对应,那么就说x是自变量,y是x的函数.

【设计意图】回顾初中函数的概念,为后面探究问题打下基础.

2.创设情境,抽象概念

情境1:某"复兴号"高速列车加速到350 km/h后保持匀速运行半小时.

问题2:这段时间内,列车行进的路程s(单位:km)与运行时间t(单位:h)的关系如何表示? 这是一个函数吗? 为什么?

师生活动:学生独立思考,写出对应关系,教师引导学生对照初中函数定义确定这是一个函数.

预设答案:对应关系是$s=350t$,并且对于任意的时刻t,都有唯一确定的路程s与它对应.因此,这是一个函数.

追问1:有人说:"根据对应关系$s=350t$,这趟列车加速到350 km/h后,运行1 h就前进了350 km".你认为这个说法正确吗?

预设答案：由于无法确认在 0.5 h 之后列车速度,所以这种说法不正确.

追问 2：你认为如何表述 s 与 t 的对应关系更准确?

师生活动：学生思考并小组讨论,小组代表汇报,教师引导学生写出自变量 t 和函数值 s 的集合表示.

预设答案：

对于任意的时刻 t,都有唯一确定的路程 s 与它对应.

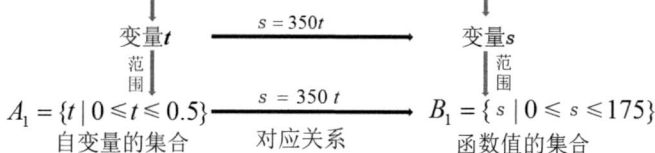

$$变量t \xrightarrow{\quad s=350t \quad} 变量s$$

$$A_1=\{t\,|\,0 \leq t \leq 0.5\} \xrightarrow[对应关系]{\quad s=350t \quad} B_1=\{s\,|\,0 \leq s \leq 175\}$$

自变量的集合　　对应关系　　函数值的集合

师生总结：对于数集 A_1 中的任意一个时间 t,按照对应关系 $s=350t$,在数集 B_1 中都有唯一确定的路程 s 与它对应.

【设计意图】通过具体的情境和问题设置,让学生发现原有初中的函数概念不严谨,产生认知上冲突,然后初步学会用集合语言进行精确的描述,体现研究函数的必要性.

情境 2：某电气维修公司要求工人每周工作至少 1 天,至多不超过 6 天,如果公司确定的工资标准是每人每天 350 元,而且每周付一次工资.

问题 3：你认为该怎样确定一个工人的每周所得? 一个工人的工资 w 是他工作天数 d 的函数吗?

师生活动：学生写出工资 w 和工作天数 d 的关系式,并根据初中的函数概念判断是否为函数.

预设答案：设工作天数为 d,工资为 w,则 $w=350d$,w 是 d 的函数.

追问 1：自变量 d 和函数值 w 的取值范围是什么?

预设答案：自变量 d 的取值范围是 $A_2=\{1,\ 2,\ 3,\ 4,\ 5,\ 6\}$,

因变量 w 的取值范围是 $B_2=\{350,\ 700,\ 1\,050,\ 1\,400,\ 1\,750,\ 2\,100\}$.

追问 2：你能仿照问题 1 中 s 与 t 的对应关系的精确表示,给出这个问题中 w 与 d 对应关系的精确表示吗?

预设答案：对于数集 A_2 中任意一个工作天数 d,按照对应关系 $w=350d$,在数集 B_2 中都有唯一确定的工资 w 与它对应.

【设计意图】通过具体的情境和问题设置,让学生初步形成函数概念的精确表示,并试着通过集合语言来精确表示具体的函数.

情境3：图1是北京市2016年11月23日的空气质量指数变化图.

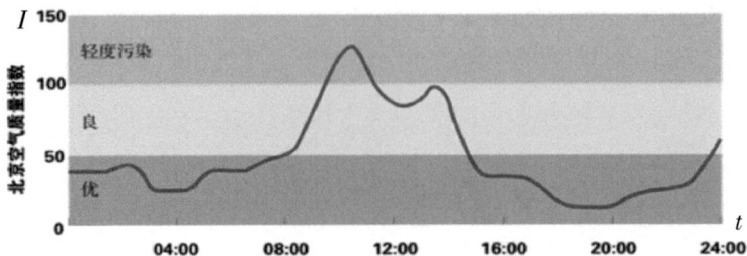

图1

问题4：你认为这里的I是t的函数吗？

师生活动：学生思考并小组交流，教师引导学生举例说明，取不同的时间t，由于误差学生回答的I值可能不同，但实际对应的I值是唯一存在的.

预设答案：I是t的函数.

追问1：自变量t和函数值I的取值范围是什么？

预设答案：自变量t的取值范围是$A_3 = \{t|0 \leqslant t \leqslant 24\}$，

函数值I的取值范围在图中难以得到准确数值，可以设为$C_3 = \{I|m \leqslant I \leqslant n\}$，其中$m$，$n$分别是图象的最低点和最高点对应的函数值.

追问2：对应关系是什么？

预设答案：图1.

追问3：你能仿照前面的方法描述I与t的对应关系吗？

预设答案：对于数集A_3中任意一个时刻t，按照对应关系图1，在数集C_3中都有唯一确定的I与它对应.

追问4：将上述对应关系中的数集$C_3 = \{I|m \leqslant I \leqslant n\}$用数集$B_3 = \{I|0 < I < 150\}$进行替换可以吗？数集$C_3 = \{I|m \leqslant I \leqslant n\}$与数集$B_3 = \{I|0 < I < 150\}$是什么关系？

预设答案：数集$C_3 = \{I|m \leqslant I \leqslant n\}$可以用数集$B_3 = \{I|0 < I < 150\}$进行替换且$C_3 \subseteq B_3$.

教师总结：数集B_3叫做函数值所在集合.

对于数集A_3中任意一个时间t，按照对应关系图1，在数集B_3中都有唯一确定的I与它对应.

【设计意图】引导学生理解用图象描述对应关系,特别是在值域不能确定时,通过引入一个较大范围的集合,使函数值成为其子集,使自变量的集合与函数值所在集合形成对应关系.

情境4:国际上常用恩格尔系数$r(r = \dfrac{食物支出金额}{总支出金额} \times 100\%)$反映一个地区人民生活质量的高低,恩格尔系数越低,生活质量越高. 下表是我国某省城镇居民恩格尔系数变化情况,从中可以看出,该省城镇居民的生活质量越来越高.

我国某省城镇居民恩格尔系数变化情况

年份y	2006	2007	2008	2009	2010	2011	2012	2013	2014	2015
恩格尔系数r	36.69%	36.81%	38.17%	35.69%	35.15%	33.53%	33.87%	29.89%	29.35%	28.57%

问题5:你认为上表给出的对应关系,恩格尔系数r是年份y的函数吗? 如果是,你能仿照前面的方法给出精确的刻画吗?

师生活动:学生思考并小组讨论,由小组代表给出结果,教师巡视,对有困难的学生给予指导.

预设答案:恩格尔系数r是年份y的函数.

y的取值范围:

$A_4 = \{2006,2007,2008,2009,2010,2011,2012,2013,2014,2015\}$,

r的取值范围:

$C_4 = \{36.69\%,36.81\%,38.17\%,35.69\%,35.15\%,35.53\%,$
$\qquad 33.87\%,29.89\%,29.35\%,28.57\%\}$.

对于数集A_4中任意一个y,按照对应关系表1,在数集C_4中都有唯一确定的r与它对应.

追问:如果我们引入数集$B_4 = \{r|0 < r \leqslant 1\}$,将对应关系表述为"对于任何一个年份$y$,都有$B_4$中唯一确定的$r$与之对应",你认为可以吗?

预设答案:可以. 数集C_4是函数值所在的集合,且$C_4 \subseteq B_4$.

【设计意图】类比前面的探究,让学生用集合语言和对应关系描述函数关系,进一步理解对于函数值的集合没有特别的要求,只要是函数值所在的集合即可,这为后面抽象出一般函数的概念做好铺垫.

问题6:上述情境1至情境4中的函数有哪些共同特征?

师生活动:学生充分思考并小组讨论,引导学生按照前面用集合语言与对应关系刻画函数的过程完成表格,并归纳概括出函数的概念.

情境	自变量的集合	对应关系	函数值所在集合	函数值的集合
情境1	$A_1 = \{t \mid 0 \leqslant t \leqslant 0.5\}$	$s = 350t$	$B_1 = \{s \mid 0 \leqslant s \leqslant 150\}$	B_1
情境2	$A_2 = \{1, 2, 3, 4, 5, 6\}$	$w = 350d$	$B_2 = \{350,\ 700,$ $1\ 050,\ 1\ 400,$ $1\ 750,\ 2\ 100\}$	B_2
情境3	$A_3 = \{t \mid 0 \leqslant t \leqslant 24\}$	图1	$B_3 = \{I \mid 0 < I < 150\}$	$C_3 (C_3 \subseteq B_3)$
情境4	$A_4 = \{2006,\ 2007,\ 2008,$ $2009,\ 2010,\ 2011,$ $2012,\ 2013,\ 2014,$ $2015\}$	情境4 中表	$B_4 = \{r \mid 0 < r \leqslant 1\}$	$C_4 = \{36.69\%,\ 36.81\%,$ $38.17\%,\ 35.69\%,$ $35.15\%,\ 35.53\%,$ $33.87\%,\ 29.89\%,$ $29.35\%,\ 28.57\%\} \subseteq B_4$

预设答案:

共同特征:

(1)都包含两个非空数集,用A,B来表示;

(2)都有一个对应关系,引进符号f统一表示;

(3)对于数集A中的任意一个数,按照对应关系f,在数集B中都有唯一确定的数与它对应.

教师总结:设A,B是非空的数集,如果按照某种确定的对应关系f,对于集合A中的任意一个数x,在集合B中都有唯一确定的数y和它对应,那么就称$f: A \rightarrow B$为从集合A到集合B的一个函数,记作:$y = f(x)$,$x \in A$.

其中,x叫做自变量,x的取值范围A叫做函数的定义域;与x的值相对应的y值叫做函数值,函数值的集合$\{f(x) \mid x \in A\}$叫做函数的值域.

【设计意图】通过归纳四个实例中函数的共同特征,抽象概括出用集合与对应语言刻画的一般性函数概念.

3.辨析概念,初步应用

问题7:情境1和情境2中函数的对应关系相同,你认为它们是同一个函数吗?为什么?

师生活动:学生思考并回答,教师点评.

预设答案:不相同,因为它们的定义域和值域都不同.

追问1:你认为函数的要素包括哪些?

预设答案:定义域、对应关系、值域.

追问2:概念中数集B是函数的值域吗?

预设答案:数集B不一定是函数的值域,它是值域所在的集合.

【设计意图】通过对比两个有相同的对应关系的函数,发现定义域不同,两个函数不同,进一步理解函数的三要素:定义域、对应关系、值域.

问题8:你能用函数的概念重新表述一次函数、二次函数与反比例函数的对应关系吗?

师生活动:学生思考后回答,教师示范一次函数,师生共同完成二次函数,学生用反比例函数进行练习.

函数	一次函数	二次函数	反比例函数
对应关系	$y = ax + b(a \neq 0)$	$y = ax^2 + bx + c(a \neq 0)$	$y = \dfrac{k}{x}\ (k \neq 0)$
定义域	**R**	**R**	$\{x \mid x \neq 0\}$
值域	**R**	$\left\{y \mid y \geqslant \dfrac{4ac - b^2}{4a},\ a > 0\right\}$ $\left\{y \mid y \leqslant \dfrac{4ac - b^2}{4a},\ a < 0\right\}$	$\{y \mid y \neq 0\}$

【设计意图】用函数概念重新认识已学函数,加深对函数定义的理解,进一步体会函数三要素:定义域、对应关系与值域.

4.例题讲解,深化理解

例:你能构建一个问题情境,使其函数的对应关系为$y = x(10 - x)$吗?

师生活动:学生思考后回答,教师引导学生对构建的问题情境的定义域和值域进行分析.

【设计意图】让学生在完成上例的过程中,加深对函数三要素的认识.

解:把$y = x(10 - x)$看成二次函数,那么它的定义域是**R**,值域是$B = \{y \mid y \leqslant 25\}$.对应关系$f$把**R**中的任意一个数$x$,对应到$B$中唯一确定的数$x(10 - x)$.

如果对x的取值范围作出限制,例如$x \in \{x \mid 0 < x < 10\}$,那么可以构建如下情境:

长方形的周长为20,设一边长为x,面积为y,那么$y = x(10 - x)$.其中x的取值范围是$A = \{x \mid 0 < x < 10\}$,$y$的取值范围是$B = \{y \mid 0 < y \leqslant 25\}$.对应关系$f$把每一个长方形的边长$x$,对应到唯一确定的面积$x(10 - x)$.

5.梳理小结,形成结构

通过本节课的学习,你有哪些收获?试从知识、方法、数学思想、经验等

方面谈谈.

(1)知识:

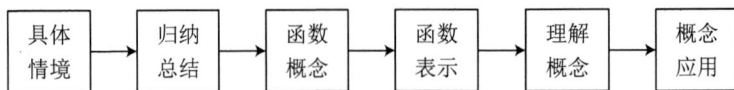

(2)思想方法:特殊与一般,数形结合.

6.作业布置,应用迁移

课本72~73页习题3.1第3,8题.

第2课时

(一)课时教学内容

函数的概念(2).

(二)课时教学目标

(1)理解区间的概念,知道区间是特殊的集合.

(2)会求一些简单函数的定义域,并会用区间正确表示.

(3)会判断两个函数是否为同一函数,理解定义域对函数的限定性作用.

(三)教学重点与难点

教学重点:简单函数的定义域和值域,理解相同函数的含义.

教学难点:判断函数是否为同一函数.

(四)教学设计过程

1.复习回顾,引入新课

问题1:函数是如何定义的? 函数的三要素是什么?

师生活动:学生独立思考并回答,教师点评.

预设答案:设 A,B 是非空的实数集,如果按照某种确定的对应关系 f,对于集合 A 中的任意一个数 x,在集合 B 中都有唯一确定的数 y 和它对应,那么就称 $f:A \rightarrow B$ 为从集合 A 到集合 B 的一个函数,记作:$y = f(x)$,$x \in A$.

函数的三要素:定义域,对应关系,值域.

追问:定义域和值域都是非空数集.在数学中有没有刻画非空数集的简单方式呢?

【设计意图】回顾函数的概念和三要素,为本节课利用函数概念判断两个函数是否为同一函数做好铺垫.

2.探究新知——区间

阅读课本第64页相关内容,完成下表.

定义	名称	符号	数轴表示
$\{x|a \leqslant x \leqslant b\}$	闭区间	$[a, b]$	
$\{x|a < x < b\}$			
$\{x|a \leqslant x < b\}$			
$\{x|a < x \leqslant b\}$			
$\{x|x \geqslant a\}$			
$\{x|x > a\}$			
$\{x|x < b\}$			
$\{x|x \leqslant b\}$			

问题2:区间是一个数集,是不是所有的数集都可以用区间来表示?

师生活动:学生思考并讨论,小组代表汇报,教师引导学生举例说明.

预设答案:不是所有的集合都可以用区间来表示.例如不连续数集 $\{1, 2, 3\}$,∅等都不能用区间表示.

追问1:区间端点 a, b 有什么要求?端点的括号如何选择?

预设答案: a, b 是两个实数,且 $a < b$;端点能取到时用中括号,取不到时用小括号.

追问2:以"$-\infty$"或"$+\infty$"为区间的一端时应该用什么括号?为什么?

预设答案:以"$-\infty$"或"$+\infty$"为区间的一端时应该用小括号.因为"$-\infty$"或"$+\infty$"都只是数学符号,不是一个数,是取不到的.

追问3:实数集 **R** 用区间如何表示?

预设答案:$(-\infty, +\infty)$.

【设计意图】引导学生自学,从阅读学习中发现问题、分析问题、解决问题,培养学生自主学习和思维能力.

3.探究新知——求函数定义域与函数值

例1:已知函数 $f(x) = \sqrt{x + 3} + \dfrac{1}{x + 2}$,求:

(1)函数 $f(x)$ 的定义域;

(2)$f(-3)$,$f\left(\dfrac{2}{3}\right)$ 的值;

(3)当 $a > 0$ 时, $f(a)$, $f(a-1)$ 的值.

师生活动：教师引导学生理解当对应法则确定后,如何求解函数的定义域和函数值,并思考如何用区间表示定义域,进一步体会符号的含义.学生回答后,教师板书示范.

追问1：当对应法则确定后,怎样求函数的定义域?

预设答案：当对应法则确定后,函数的定义域是指能使这个式子有意义的实数 x 的集合.

追问2：给定一个函数 $f(x)$,则 $f(-3)$, $f(a)$ 的含义分别是什么?

预设答案： $f(-3)$ 表示当 $x = -3$ 时的函数值; $f(a)$ 表示当 $x = a$ 时的函数值.

解：(1)使根式 $\sqrt{x+3}$ 有意义的实数 x 的集合是 $\{x|x \geqslant -3\}$,使分式 $\dfrac{1}{x+2}$ 有意义的实数 x 的集合是 $\{x|x \neq -2\}$. 所以,这个函数的定义域是 $\{x|x \geqslant -3\} \bigcap \{x|x \neq -2\} = \{x|x \geqslant -3 且 x \neq -2\}$,即 $[-3, -2) \bigcup (-2, +\infty)$.

(2)将 -3 与 $\dfrac{2}{3}$ 代入解析式,有

$$f(-3) = \sqrt{-3+3} + \dfrac{1}{-3+2} = -1;$$

$$f\left(\dfrac{2}{3}\right) = \sqrt{\dfrac{2}{3}+3} + \dfrac{1}{\dfrac{2}{3}+2} = \sqrt{\dfrac{11}{3}} + \dfrac{3}{8} = \dfrac{3}{8} + \dfrac{\sqrt{33}}{3}.$$

(3)因为 $a > 0$,所以 $f(a)$, $f(a-1)$ 有意义.

$$f(a) = \sqrt{a+3} + \dfrac{1}{a+2};$$

$$f(a-1) = \sqrt{a-1+3} + \dfrac{1}{a-1+2} = \sqrt{a+2} + \dfrac{1}{a+1}.$$

【设计意图】通过例题使学生会求简单函数的定义域,会由给定的自变量和函数解析式计算函数值,进一步体会函数符号的含义.

4.探究新知——判断两个函数是否为同一个函数

问题3：在上节课的情境1和情境2中, $s = 350t$, $w = 350d$ 是同一个函数吗?

师生活动：学生思考后判断并说明理由,教师梳理点评.

预设答案： $s = 350t$, $w = 350d$ 不是同一个函数,它们的对应关系相同但定

义域不同.

追问1:判断两个函数是同一个函数的依据是什么?

预设答案:函数的定义域和对应关系均相同时它们才是同一个函数.

追问2:是否需要判断值域?

预设答案:不需要判断值域,值域由定义域和对应关系决定.

例2:下列函数中,哪个与函数$y = x$是同一个函数?

$(1)y = (\sqrt{x})^2$; $(2)y = \sqrt[3]{v^3}$; $(3)y = \sqrt{x^2}$; $(4)y = \dfrac{n^2}{n}$.

师生活动:学生充分思考后回答,教师引导学生从对应关系和定义域两方面去分析.

解:$(1)y = (\sqrt{x})^2 = x(x \in \{x | x \geqslant 0\})$,它与函数$y = x(x \in \mathbf{R})$虽然对应关系相同,但是定义域不相同,所以这个函数与函数$y = x(x \in \mathbf{R})$不是同一个函数.

$(2)y = \sqrt[3]{v^3} = v(v \in \mathbf{R})$,它与函数$y = x(x \in \mathbf{R})$不仅对应关系相同,而且定义域也相同,所以这个函数与函数$y = x(x \in \mathbf{R})$是同一个函数.

$(3)y = \sqrt{x^2} = |x| = \begin{cases} -x, & x < 0, \\ x, & x \geqslant 0, \end{cases}$　它与函数$y = x(x \in \mathbf{R})$定义域都是实数集$\mathbf{R}$,但是当$x < 0$时,它的对应关系与函数$y = x(x \in \mathbf{R})$不相同,所以这个函数与函数$y = x(x \in \mathbf{R})$不是同一个函数.

$(4)y = \dfrac{n^2}{n} = n(n \in \{n | n \neq 0\})$,它与函数$y = x(x \in \mathbf{R})$的对应关系相同但定义域不相同,所以这个函数与函数$y = x(x \in \mathbf{R})$不是同一个函数.

【设计意图】通过判断函数是否为同一个函数来认识函数的定义域和对应关系,使学生进一步加深对函数概念的理解.

问题4:我们在初中学习的基础上,进一步运用集合语言和对应关系刻画了函数,并引进了符号$y = f(x)$,明确了函数的构成要素.比较函数的两种定义,你对函数有什么新的认识?

师生活动:学生思考并小组讨论,小组代表回答,教师梳理总结.

预设答案:初中给出的定义是从运动变化的观点出发,高中给出的定义是从集合、对应的观点出发.两个函数概念在本质上是一致的,不同点在于表述的方式不同,高中的定义进一步明确了集合、对应的方法,引入了抽象符

号,使得概念与初中概念相比更具有一般性.

【设计意图】通过对比初、高中函数的两个定义,理解引入新定义的必要性,提升学生对函数的认识.

5.巩固练习,深化理解

完成课本67页练习第1,2,3题.

6.梳理小结,形成结构

通过本节课的学习,你有哪些收获? 试从知识、方法、数学思想、经验等方面谈谈.

(1)知识:

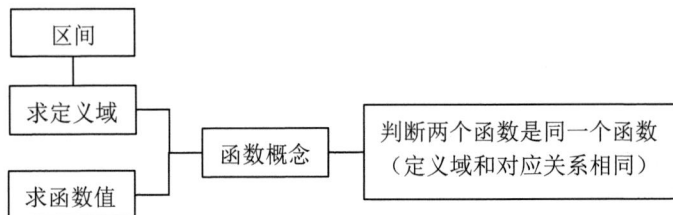

(2)思想方法:化归与转化.

7.作业布置,应用迁移

课本72~73页习题3.1第4,6,17题.

第3课时

(一)课时教学内容

函数的表示法(1).

(二)课时教学目标

(1)通过研究实例,掌握函数的三种表示方法:解析法、图象法、列表法.

(2)会根据不同实际情境选择合适的方法表示函数,促进对函数概念的理解.

(3)了解分段函数的概念,明确分段函数是一个函数,会用分段函数表示函数关系.

(三)教学重点与难点

教学重点:函数的三种表示方法,分段函数的概念.

教学难点:根据不同的需要选择恰当的方法表示函数,了解分段函数的表示及其图象.

(四)教学过程设计

1.复习回顾,引入新课

引导语:上一节我们已经学习过了函数的概念,那么函数的具体表示方法有哪些呢? 在不同的情境中函数如何表示呢? 本节课我们一起来研究函数的表示法.

问题1:初中我们学过哪几种表示函数的方法?

师生活动:学生独立思考后回答,PPT展示课本3.1.1"函数的概念"中的问题1~4,帮助学生体会三种表示法并一起完善.

预设答案:①解析法,用数学表达式表示两个变量之间的对应关系;

②列表法,列出表格表示两个变量之间的对应关系;

③图象法,用图象表示两个变量之间的对应关系.

下面通过具体实例来说明三种表示法的应用.

【设计意图】结合具体情境,复习初中所学函数的表示方法,引入本节新课,构建知识间的联系,为后面的学习奠定基础.

2.探究新知,辨析内涵

问题2:结合课本3.1.1问题1~4,思考是否所有函数都能用解析法表示? 列表法与图象法呢?

预设答案:不是(学生结合情境说明).

追问:比较函数的三种表示法,它们各自的特点是什么?

预设答案:

表示法	优点	缺点
解析法	简明、全面地概括了变量间的关系;可以通过用解析式求出任意一个自变量所对应的函数值	不够形象、直观,而且并不是所有的函数都可以用解析式表示
列表法	不通过计算就可以直接看出与自变量的值相对应的函数值	它只能表示自变量取值较少的有限值的对应关系
图象法	直观形象地表示出函数的变化情况,有利于通过图象研究函数的某些性质	只能近似地求出自变量所对应的函数值,有时误差较大

【设计意图】通过具体实例帮助学生认识三种函数表示法的优缺点.

例1:某种笔记本的单价是5元,买$x(x \in \{1, 2, 3, 4, 5\})$本笔记本需要$y$元,试用函数的三种表示法表示函数$y = f(x)$.

师生活动:学生独立思考后,口答并描述对三种表示法的理解.

解:这个函数的定义域是数集{1，2，3，4，5}.

用解析法可将函数$y = f(x)$表示为$y = 5x, x \in \{1，2，3，4，5\}$.

用列表法可将函数$y = f(x)$表示为:

笔记本数 x	1	2	3	4	5
金额 y	5	10	15	20	25

用图象法可将函数$y = f(x)$表示为图1.

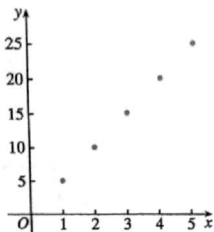

图1

追问:函数$y = 5x, x \in \{1，2，3，4，5\}$与函数$y = 5x, x \in \mathbf{R}$的图象相同吗?

预设答案:函数$y = 5x, x \in \{1，2，3，4，5\}$的图象是离散的点,函数$y = 5x, x \in \mathbf{R}$是一条直线.

【设计意图】通过具体实例让学生体会三种函数表示法各自的优缺点.

问题3:函数图象既可以是连续的曲线,也可以是直线、折线、离散的点等.那么如何判断一个图形是不是函数图象?

师生活动:学生思考并小组讨论,小组代表汇报,教师梳理总结.

预设答案:若垂直于x轴的直线与图象至多有一个交点,则这个图象可以作为某个函数的图象.

【设计意图】通过讨论进一步加深学生对函数概念的理解.

例2:画出函数$y = |x|$的图象.

师生活动:学生独立思考,教师引导学生根据绝对值概念对解析式分段表示后画出图象,理解分段函数的概念.

解:由绝对值的概念,我们有$y = \begin{cases} -x, & x < 0, \\ x, & x \geq 0. \end{cases}$ 所以,函数$y = |x|$的图象如图2所示.

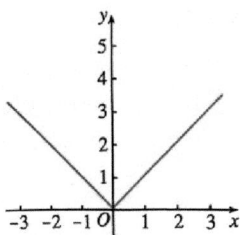

图2

教师归纳: $y = \begin{cases} -x, & x < 0, \\ x, & x \geqslant 0 \end{cases}$ 这样的函数称为分段函数. 生活中, 有很多可以用分段函数描述的实际问题. 如出租车的计费、个人所得税纳税额等.

巩固练习1: 画出函数 $y = |x - 2|$ 的图象.

师生活动: 学生在草稿纸上自己作图, 然后交流.

【**设计意图**】使学生理解分段函数的概念及其表示, 让学生通过函数的不同表示形式, 加强数形结合观念, 培养直观想象能力.

例3: 函数 $f(x) = x + 1, g(x) = (x + 1)^2, x \in \mathbf{R}$,

(1)在同一直角坐标系中画出函数 $f(x), g(x)$ 的图象;

(2)$\forall x \in \mathbf{R}$, 用 $M(x)$ 表示 $f(x), g(x)$ 中的较大者, 记为

$$M(x) = \max\{ f(x), \ g(x) \}.$$

例如, 当 $x = 2$ 时, $M(2) = \max\{ f(2), \ g(2) \} = \max\{3, \ 9\} = 9.$

请分别用图象法和解析法表示函数 $M(x)$.

师生活动: 学生思考并分组讨论后回答. 教师可以引导学生从代数运算的角度寻求函数的解析式表示.

解: (1)在同一直角坐标系中画出函数 $f(x), g(x)$ 的图象, 如图3.

(2)由图3中函数取值的情况, 结合函数 $M(x)$ 的定义, 可得函数 $M(x)$ 的图象(图4).

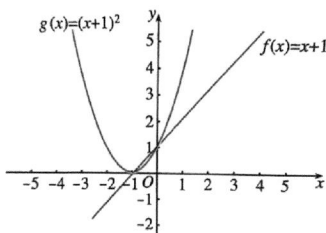

图3

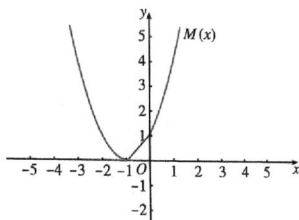

图4

由 $(x + 1)^2 = x + 1$ 得 $x(x + 1) = 0$,解得 $x = -1$,或 $x = 0$.

结合图4得出函数 $M(x)$ 的解析式为 $M(x) = \begin{cases} (x + 1)^2, & x \leqslant -1, \\ x + 1, & -1 < x \leqslant 0, \\ (x + 1)^2, & x > 0. \end{cases}$

追问:你能用其他方法求出 $M(x)$ 的解析式吗?

预设答案:将函数 $f(x)$,$g(x)$ 作差,求出较大者.

【设计意图】引导学生从形到数认识函数,加强数形结合观念和直观想象能力,通过对数学符号的进一步认识,提升学生抽象思维能力.

巩固练习2:函数 $f(x) = -x + 1$,$g(x) = (x - 1)^2$,$x \in \mathbf{R}$,

(1)在同一直角坐标系中画出函数 $f(x)$,$g(x)$ 的图象;

(2)$x \in \mathbf{R}$,用 $M(x)$ 表示 $f(x)$,$g(x)$ 中的较小者,记为

$$M(x) = \min\{f(x), \ g(x)\}.$$

例如,当 $x = 2$ 时,$M(2) = \min\{f(2), \ g(2)\} = \min\{-1, \ 1\} = -1$.

请分别用图象法和解析法表示函数 $M(x)$.

师生活动:学生独立思考并完成,教师点评.

3.梳理小结,形成结构

通过本节课的学习,你有哪些收获?试从知识、方法、数学思想、经验等方面谈谈.

(1)知识:

函数表示 —— 列表法 / 解析法 —— 分段函数 —— 应用 / 图象法

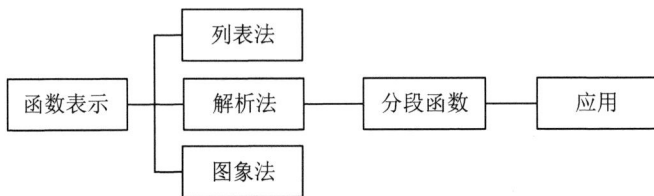

(2)思想方法:数形结合.

4.作业布置,应用迁移

课本72~73页习题3.1第5,7,12题.

第4课时

(一)课时教学内容

函数的表示法(2).

(二)课时教学目标

(1)在实际情境中,根据不同的需要选择恰当的方法表示函数.

(2)通过将实际问题数学化,应用函数解决实际问题,加深对函数概念的理解.

(三)教学重点与难点

教学重点:选择恰当的方法表示具体问题中的函数关系.

教学难点:将实际问题数学化,并选择恰当的方法表示相应的函数关系.

(四)教学设计过程

1.复习回顾,引入新课

问题1:函数的表示方法有哪些? 各有什么优缺点?

师生活动:学生思考并回答,教师展示PPT.

预设答案:

表示法	优点	缺点
解析法	简明、全面地概括了变量间的关系;可以通过用解析式求出任意一个自变量所对应的函数值	不够形象、直观,而且并不是所有的函数都可以用解析式表示
列表法	不通过计算就可以直接看出与自变量的值相对应的函数值	它只能表示自变量取较少的有限值的对应关系
图象法	直观形象地表示出函数的变化情况,有利于通过图象研究函数的某些性质	只能近似地求出自变量所对应的函数值,有时误差较大

通过上节课我们已经了解了表示函数的三种方法,那么对于一个具体的函数问题,你会选择恰当的方法表示问题中的函数关系吗?

【设计意图】引导学生回顾函数的三种表示方法,为本节课根据具体情况选择合适的函数表示方法做好铺垫.

2.例题讲解,初步应用

例1:下表是某校高一(1)班三名同学在高一学年度六次数学测试的成绩及班级平均分.

姓名	测试成绩					
	第1次	第2次	第3次	第4次	第5次	第6次
王伟	98	87	91	92	88	95
张城	90	76	88	75	86	80
赵磊	68	65	73	72	75	82
班级平均分	88.2	78.3	85.4	80.3	75.7	82.6

请你对这三位同学在高一学年的数学学习情况做一个分析.

师生活动:学生思考并小组讨论,教师引导学生先利用函数定义确定函数的自变量和定义域,再分析对比三种表示法,最终确定使用图象法更好,并结合图象对成绩进行分析.

追问1:上表反映了几个函数关系?这些函数的自变量是什么?定义域是什么?

预设答案:反映了4个函数关系;自变量是测试序号;定义域是{1,2,3,4,5,6}.

追问2:分析比较三位同学在高一学年的数学学习情况选用哪种表示法更好呢?为什么?

预设答案:用图象法较好,可以直观地观察三位同学在高一学年数学学习的总体情况和变化趋势.

解:从表中可以知道每位同学在每次测试中的成绩,但不太容易分析每位同学的成绩变化情况.如果将每位同学的"成绩"与"测试序号"之间的函数关系分别用图象(6个离散点)表示出来,那么就能直观地看到每位同学成绩变化的情况(图1).

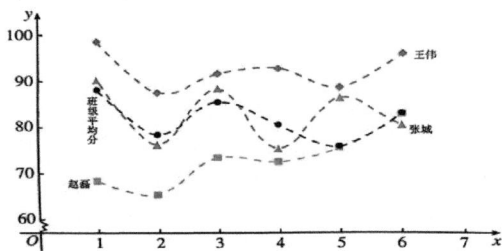

图1

从图中可以看到,王伟同学的数学成绩始终高于班级平均水平,学习情况比较稳定而且成绩优异.张城同学的数学成绩不稳定,总是在班级平均水平上下波动,而且波动幅度较大.赵磊同学的数学成绩低于班级平均水平,但他的成绩变化呈上升趋势,表明他的数学成绩在稳步提升.

【设计意图】让学生进一步理解函数的概念,并体会如何能更好地表示出每位同学成绩变化情况,培养学生将实际问题转化成数学问题的能力,训练作图与表达能力.

例2:依法纳税是每个公民应尽的义务,个人取得的所得应依照《中华人民共和国个人所得税法》向国家缴纳个人所得税(简称个税).2019年1月1日起,个税税额根据应纳税所得额、税率和速算扣除数确定,计算公式为:

个税税额 = 应纳税所得额×税率−速算扣除数.①

应纳税所得额的计算公式为:

应纳税所得额 = 综合所得收入额−基本减除费用−专项扣除−专项附加扣除−依法确定的其他扣除.②

其中,"基本减除费用"(免征额)为每年60 000元.税率与速算扣除数见下表.

级数	全年应纳税所得额所在区间	税率	速算扣除数
1	[0, 36 000]	3%	0
2	(36 000, 144 000]	10%	2 520
3	(144 000, 300 000]	20%	16 920
4	(300 000, 420 000]	25%	31 920
5	(420 000, 660 000]	30%	52 920
6	(660 000, 960 000]	35%	85 920
7	(960 000, +∞)	45%	181 920

(1)设全年应纳税所得额为t,应缴纳个税税额为y,求$y = f(t)$并画出图象;

(2)小王全年综合所得收入额为189 600元,假定缴纳的基本养老保险、基本医疗保险、失业保险等社会保险费和住房公积金占综合所得收入额的比例分别是8%,2%,1%,9%,专项附加扣除是52 800元,依法确定其他扣除是4 560元,那么他全年应缴纳多少综合所得个税?

师生活动:学生思考并小组讨论,教师引导学生建立函数模型,通过解析

式和图象法表示函数,最后分析得到结论.

追问1:你认为$y = f(t)$是什么函数?

预设答案:分段函数.

追问2:小王全年综合所得收入额为189 600元,那他个人全年应纳税所得额是多少,处于第几级?

预设答案:个人应纳税所得额34 320元,处于第一级.

解:(1)根据上表可得函数$y = f(t)$的解析式为:

$$y = \begin{cases} 0.03t, & 0 \leqslant t \leqslant 36\,000, \\ 0.1t - 2\,520, & 36\,000 < t \leqslant 144\,000, \\ 0.2t - 16\,920, & 144\,000 < t \leqslant 300\,000, \\ 0.25t - 31\,920, & 300\,000 < t \leqslant 420\,000, \qquad ③ \\ 0.3t - 52\,920, & 420\,000 < t \leqslant 660\,000, \\ 0.35t - 85\,920, & 660\,000 < t \leqslant 960\,000, \\ 0.45t - 181\,920, & t > 960\,000. \end{cases}$$

函数图象如图2所示:

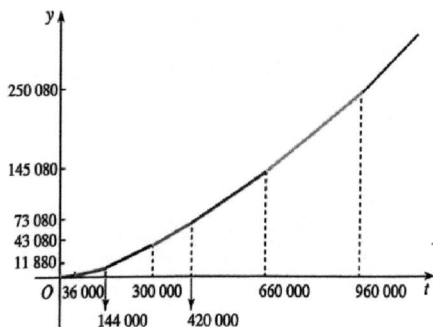

图2

(2)根据②,小王全年应纳税所得额为:

$t = 189\,600 - 60\,000 - 189\,600(8\% + 2\% + 1\% + 9\%) - 52\,800 - 4\,560$

$\quad = 0.8 \times 189\,600 - 117\,360$

$\quad = 34\,320.$

将t的值代入③,得

$y = 0.03 \times 34\,320 = 1\,029.6.$

所以,小王应缴纳的综合所得个税税额为1 029.6元.

【设计意图】本题是个热点问题——个税的新计算方式.通过本题可以让学生尝试用函数模型去表达实际问题,培养用数学的眼光观察、分析、解决身边的问题,让学生进一步体会根据问题特点选择合适的函数表示法,进一步学习分段函数的表示,体会分段函数在实际应用中的价值.

3.巩固练习,深化理解

完成课本71~72页练习第1,2题.

4.梳理小结,形成结构

通过本节课的学习,你有哪些收获? 试从知识、方法、数学思想、经验等方面谈谈.

(1)知识:

```
┌──────────┐   ┌──────────┐   ┌────────────────┐   ┌──────────┐
│ 实际问题 │──▶│ 具体函数 │──▶│ 选择合适的表示法 │──▶│ 解决问题 │
└──────────┘   └──────────┘   └────────────────┘   └──────────┘
     │                                                    │
     │              ┌──────────────┐                      │
     └──────────────│   数学建模   │──────────────────────┘
                    └──────────────┘
```

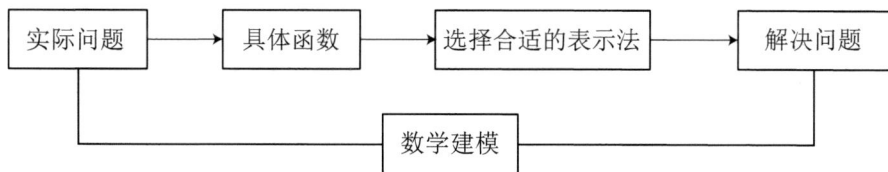

(2)思想方法:数形结合.

5.作业布置,应用迁移

课本73~74页习题3.1第9,10,15题.

六、教学设计评析

函数是高中数学的四大主题之一,函数的概念是高中函数研究的基石.初中阶段学生已经通过"变量说"初步认识了函数的概念及其表示,教学中可以充分利用这些认知基础,按照"实际情境—变量说判断—对应关系说描述—归纳共性特征—函数概念—函数的表示—应用"的基本路径展开研究,引导学生利用"变量说"对具体事件进行分析,感悟用"集合—对应说"定义函数的必要性,通过具体实例层层递进,让学生把自然语言描述的对应关系转化为用严谨的集合语言描述,并对共性进行归纳,最终抽象出函数概念.在函数表示法的教学中,应该结合实例使学生体会不同函数表示法的特点,学会选择合适的表示法表示函数,重视解析法与图象法的相互转化,更好地理解函数概念的本质.

课例7 函数的基本性质

一、单元内容和内容解析

1.内容

本单元主要学习函数的基本性质,内容包括借助函数图象,会用符号语言表达函数的单调性、最大(小)值,理解它们的作用和实际意义;结合具体函数,了解奇偶性的概念和几何意义.本单元的知识结构如下:

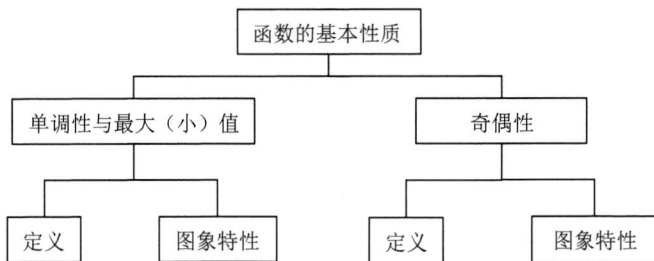

```
                    函数的基本性质
            ┌──────────┴──────────┐
    单调性与最大(小)值              奇偶性
      ┌─────┴─────┐          ┌─────┴─────┐
    定义      图象特性        定义      图象特性
```

本单元内容用3课时完成.第1课时为函数的单调性;第2课时为函数的最大(小)值;第3课时为函数的奇偶性.

2.内容解析

(1)内容的本质:函数的基本性质的本质是用代数运算和几何直观揭示函数的主要性质,并用严格的数学符号语言精确地刻画出来,了解函数性质是掌握事物变化规律的重要手段.

(2)蕴含的数学思想和方法:研究思路,图象特征→自然语言→符号语言→抽象定义,用数形结合和类比的思想,从具体函数出发,尝试用严格的数学符号语言精确地刻画函数性质,让学生掌握研究函数性质的基本方法(几何直观和代数运算).

(3)知识的上下位关系:初中学习的一次函数、二次函数、反比例函数,以及上一节学习的函数的概念和表示法是学习函数基本性质的基础,函数的基本性质也是函数概念的拓展和深化;下一节的幂函数,以及后续的指数函数、对数函数、三角函数将研究具体函数的基本性质.

(4)育人价值:函数的基本性质教学是从具体函数出发,让学生经历从图象特征→自然语言→符号语言→抽象定义的过程,培养学生数形结合、类比、从特殊到一般等数学思想,发展学生的数学抽象、直观想象、逻辑推理等核心素养.

(5)教学重点:函数单调性、最大(小)值和奇偶性的符号语言刻画.

二、单元目标和目标解析

1.目标

(1)经历用符号语言刻画函数的单调性、最大(小)值、奇偶性的探究过程,理解它们的作用和实际意义,积累用数形结合、类比、从特殊到一般等方法研究函数性质的经验,发展直观想象和数学抽象素养.

(2)体验用定义证明函数单调性、判断函数奇偶性的作用,理解用定义证明函数单调性、判断函数奇偶性的基本步骤,发展数学运算和逻辑推理素养.

(3)会根据问题的实际意义,求解具体函数的最大(小)值,发展数学运算素养.

2.目标解析

达成上述目标的标志是:

(1)学生能借助具体函数,自主讨论探究,学会用精确的符号语言刻画函数的单调性、最大(小)值、奇偶性,经历从几何直观到自然语言描述再到符号语言刻画的过程,感悟借助符号语言可以把含有"无限"的问题转化为一种"有限"方式表示,感受数学符号语言的作用.

(2)学生能利用单调性的定义,按一定的步骤证明函数的单调性.

(3)学生能利用最大值、最小值的定义,按一定的步骤求解函数的最大值、最小值.

(4)学生能利用奇偶性的定义,按一定的步骤判断函数的奇偶性.

三、单元教学问题诊断分析

学生在初中阶段已经学习了一次函数、二次函数、反比例函数,对于每一类函数都研究了函数值随自变量的增大而变化的规律,能够理解函数图象从左到右上升或下降这一性质,能观察出函数图象是否有最高点、最低点,理解最大值、最小值与最高点、最低点的关系,也学习过轴对称、中心对称的图形,能够观察函数图象关于y轴或原点对称这一性质.高中阶段,要通过引入符号

语言,对函数的单调性、最大(小)值和奇偶性进行定量刻画,这样的语言学生第一次接触,是一个很大的难点.

教学中,要充分利用一次函数、二次函数、反比例函数,借助几何画板等多媒体,向学生展示函数图象、函数值的变化情况,给学生设置一条从定性到定量、从粗糙到精确的归纳过程,引导学生逐步抽象出单调性、最大(小)值和奇偶性的定义,再通过辨析、练习帮助学生理解定义.

根据以上分析,确定本单元教学的难点是:用符号语言表示函数的性质;利用定义证明函数的单调性.

四、单元教学支持条件分析

借助几何画板等信息技术手段绘制函数图象,采用动态方式展现函数值的变化情况,让学生体会自变量取值的任意性,帮助学生更好地理解函数基本性质,降低归纳函数基本性质的难度.

五、教学设计过程

第1课时

(一)课时教学内容

函数的单调性.

(二)课时教学目标

(1)经历函数单调性的探究过程,理解并掌握函数单调性的定义,积累从特殊到一般和数形结合的思想方法,发展直观想象和数学抽象的核心素养.

(2)掌握利用定义判断函数单调性的方法,提高数学运算素养,发展逻辑推理素养.

(三)教学重难点

教学重点:理解函数单调性的定义,掌握用定义判断函数单调性的方法.

教学难点:函数单调性定义的形成过程.

(四)教学设计过程

1.创设情境,提出问题

引导语:前面我们学习了函数的定义和表示法,知道函数是刻画客观世界事物变化规律的重要模型,而客观事物变化中的不变性和规律性就是性质.

本节课,我们研究函数的基本性质,从而把握客观世界中事物变化的规律.

问题1:观察下面三个函数的图象(图1、图2、图3),说一说图象的特征.

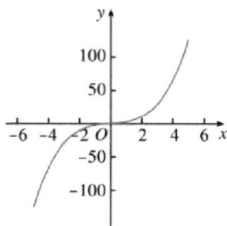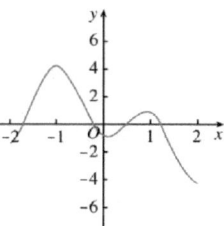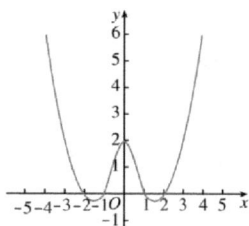

图1　　　　　　　图2　　　　　　　图3

师生活动:学生独立思考并回答,教师引导学生从不同角度作出回答,梳理总结并指出图象特征与后面学习内容的联系,体现本单元内容的整体性与联系性.

预设答案:(1)第一个图象是上升的,第二个和第三个图象有升也有降.

(2)第一个图象关于原点对称,第三个图象关于 y 轴对称.

(3)第二个图象有最高点,第三个图象有最低点,等.

教师总结:函数图象反映的这些特点就是函数的性质,也是我们即将要学习的单调性、最大(小)值和奇偶性.其中,图象在某个区间保持上升或下降的特点就是函数的单调性,也是本节课要学习的内容.

【设计意图】让学生观察函数图象并从不同角度得出图象特征,为函数性质的研究提供方向,体现内容的连续性、思维的连贯性和方法的一致性,提升直观想象核心素养.

2.探究新知,概念形成

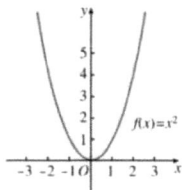

图4

问题2:如图4,观察函数 $f(x)=x^2$ 的图象,如何描述图象在 y 轴左侧的变化趋势? 能不能从数量的角度进行刻画呢?

师生活动:学生独立思考并回答,教师引导学生自左向右描述变化趋势,并利用几何画板让学观察图象上动点自左向右移动过程中点坐标的变化情况,进而形成数量关系的变化情况.

预设答案:图象自左向右下降;函数值 y 随自变量 x 的增大而减小.

【设计意图】通过图象观察变化趋势,并从数量的角度进行描述,发展学生的直观想象素养,为后面的以数解形得出相应的符号语言做好准备.

问题3:如何用符号语言刻画"当 $x < 0$ 时,函数值 y 随自变量 x 的增大而减小"?

师生活动:学生思考并小组讨论,小组代表汇报.教师引导学生在 y 轴左侧图象上选取一点 A,记坐标为 $(x_1, f(x_1))$,也就是在 $(-\infty, 0)$ 上取一个数 x_1,相应函数值为 $f(x_1)$,$f(x_1)$ 随自变量 x 的增大而减小,也就是从左向右,在 A 点右侧选取一点 B,记坐标为 $(x_2, f(x_2))$,显然 $x_1 < x_2$,而函数值减小,便是 $f(x_1) > f(x_2)$.

预设答案:$x_1 < x_2$,$f(x_1) > f(x_2)$.

追问1:两个点 A,B 能否刻画函数值的变化规律?

预设答案:不行(可以请学生上黑板画出两点 A,B 之间可能的图象).

追问2:无穷多个点满足当 $\cdots < -6 < -5 < -4 < \cdots$ 时, 有 $\cdots > f(-6) > f(-5) > f(-4) > \cdots$,能否刻画函数值的变化规律?

预设答案:不行.

追问3:无穷多个点应换成什么?

预设答案:所有的点(或任意一个点).

追问4:所有的(或任意一个)用符号如何表示?

预设答案:$\forall$.

教师总结:$\forall x_1$,$x_2 \in (-\infty, 0)$,当 $x_1 < x_2$ 时,都有 $f(x_1) > f(x_2)$.此时我们称函数 $f(x) = x^2$ 在区间 $(-\infty, 0)$ 上单调递减.

追问5:类比上述过程,你能用符号语言刻画 $f(x) = x^2$ 图象在 y 轴右侧的变化趋势吗?

预设答案:$\forall x_1, x_2 \in (0, +\infty)$,当 $x_1 < x_2$ 时,都有 $f(x_1) < f(x_2)$.

【设计意图】经历从具体到抽象的过程,引导学生学会用严格的符号语言刻画函数变化趋势,初步形成函数单调性的概念.

问题4:函数 $f(x) = |x|$,$f(x) = -x^2$ 各有怎样的单调性?

师生活动:教师可利用几何画板呈现图象,学生结合图象说出函数在区间上的单调性,并用符号语言进行描述.

【设计意图】从数形结合的角度进一步感悟函数图象的变化趋势和符号语言的刻画.

问题5:一般函数$y=f(x)$的单调递增如何定义?

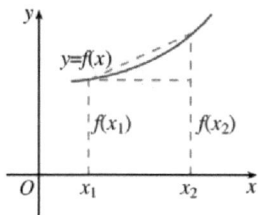

图5

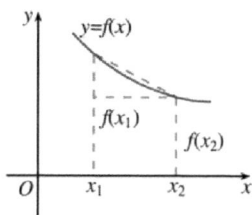

图6

师生活动:学生分组讨论后回答,教师梳理后给出严格定义.

教师总结:一般地,设函数$f(x)$的定义域为I,区间$D\subseteq I$.

如果$\forall x_1,\ x_2\in D$,当$x_1<x_2$时,都有$f(x_1)<f(x_2)$,那么就称函数$f(x)$在区间D上单调递增(如图5).

如果$\forall x_1,\ x_2\in D$,当$x_1<x_2$时,都有$f(x_1)>f(x_2)$,那么就称函数$f(x)$在区间D上单调递减(如图6).

注意:①学生在归纳定义时可能出现遗漏在某个区间上,教师可引导学生观察$f(x)=x^2$的单调性;②完善了单调递增定义后,让学生类比给出单调递减定义.

追问:函数的单调性是对定义域内某个区间而言的,你能举出在整个定义域内单调递增或单调递减的函数吗?

预设答案:一次函数.

特别地,当函数$f(x)$在它的定义域上单调递增时,我们就称它是增函数.

当函数$f(x)$在它的定义域上单调递减时,我们就称它是减函数.

如果函数$y=f(x)$在区间D上单调递增或单调递减,那么就说函数$y=f(x)$在这一区间具有(严格的)单调性,区间D叫做$y=f(x)$的单调区间.

【设计意图】从特殊到一般抽象出函数单调性的定义,让学生充分参与到概念的建构过程中,切身体验数学概念如何从直观到抽象、从文字到符号、从粗疏到严密的过程,充分感悟到数学概念符号化的路径.

3.例题讲解,深化理解

例1:根据函数单调性的定义,研究函数 $f(x) = kx + b(k \neq 0)$ 的单调性.

师生活动:学生独立完成证明过程,教师引导学生联系一次函数两种情况的图象简图,结合函数单调性的定义,考查 $\forall x_1 < x_2$ 时,$f(x_1)$ 与 $f(x_2)$ 的大小关系,即考查 $f(x_1) - f(x_2)$ 与 0 的大小关系.教师板书示范证明过程.

解:函数 $f(x) = kx + b(k \neq 0)$ 的定义域为 $\mathbf{R}$. $\forall x_1, x_2 \in \mathbf{R}$,且 $x_1 < x_2$,则

$$f(x_1) - f(x_2) = (kx_1 + b) - (kx_2 + b) = k(x_1 - x_2).$$

由 $x_1 < x_2$,得 $x_1 - x_2 < 0$. 所以,

① 当 $k > 0$ 时,$k(x_1 - x_2) < 0$,于是 $f(x_1) - f(x_2) < 0$,即 $f(x_1) < f(x_2)$.

这时,$f(x) = kx + b$ 是增函数.

② 当 $k < 0$ 时,$k(x_1 - x_2) > 0$,于是 $f(x_1) - f(x_2) > 0$,即 $f(x_1) > f(x_2)$.

这时,$f(x) = kx + b$ 是减函数.

追问:用定义证明函数单调性的步骤是什么?

预设答案:(1)取值;(2)作差;(3)变形;(4)结论.

【设计意图】利用定义通过严格的逻辑推理证明一次函数的单调性,不仅体现了定义的作用,而且通过推理过程,让学生理解用单调性定义考查函数单调性的基本方法.

例2:物理学中的玻意耳定律 $p = \dfrac{k}{V}(k > 0)$ 告诉我们,对于一定量的气体,当其体积 V 减小时,压强 p 将增大.试对此用函数的单调性证明.

师生活动:学生独立作答,教师巡视,对有困难的学生适当引导.

证明:$\forall V_1, V_2 \in (0, +\infty)$,且 $V_1 < V_2$,则

$$p_1 - p_2 = \frac{k}{V_1} - \frac{k}{V_2} = k \frac{V_2 - V_1}{V_1 V_2}.$$

由 $V_1, V_2 \in (0, +\infty)$,得 V_1, V_2 均大于 0;由 $V_1 < V_2$,得 $V_2 - V_1 > 0$.

又 $k > 0$,于是 $p_1 - p_2 > 0$,即 $p_1 > p_2$.

所以,根据函数单调性的定义,函数 $p = \dfrac{k}{V}(k > 0)$,$V \in (0, +\infty)$ 是减函数.也就是说,当体积 V 减小时,压强 p 将增大.

【设计意图】类比例1证明单调性的步骤,进一步熟悉利用定义证明函数单调性的方法与步骤,培养学生数学表达的严谨性和书写过程的规范性.

例3：根据定义证明函数 $y = x + \dfrac{1}{x}$ 在区间 $(1, +\infty)$ 上单调递增.

师生活动：学生板演，教师点评.

证明：$\forall x_1, x_2 \in (1, +\infty)$，且 $x_1 < x_2$，有

$$y_1 - y_2 = \left(x_1 + \dfrac{1}{x_1}\right) - \left(x_2 + \dfrac{1}{x_2}\right) = (x_1 - x_2) + \left(\dfrac{1}{x_1} - \dfrac{1}{x_2}\right)$$

$$= (x_1 - x_2) + \dfrac{x_2 - x_1}{x_1 x_2} = \dfrac{x_1 - x_2}{x_1 x_2}(x_1 x_2 - 1).$$

由 $x_1, x_2 \in (1, +\infty)$，得 $x_1 > 1, x_2 > 1$. 所以 $x_1 x_2 > 1, x_1 x_2 - 1 > 0$.

又由 $x_1 < x_2$，得 $x_1 - x_2 < 0$，于是 $\dfrac{x_1 - x_2}{x_1 x_2}(x_1 x_2 - 1) < 0$，即 $y_1 < y_2$.

所以函数 $y = x + \dfrac{1}{x}$ 在区间 $(1, +\infty)$ 上单调递增.

师生总结：作差后变形的方法有哪些？——因式分解、通分、配方法等.

【设计意图】积累利用单调性概念证明函数单调性的解题经验，促进学生对单调性定义理解，并为后续学习做好铺垫.

4.梳理小结，形成结构

通过本节课的学习，你有哪些收获？试从知识、方法、数学思想、经验等方面谈谈.

（1）知识：

具体函数	→	图象特征	→	自然语言	→	符号语言	→	单调性定义	→	应用

（2）思想方法：特殊与一般，数形结合，分类讨论.

5.作业布置，应用迁移

课本86页习题3.2第2,3题.

第2课时

（一）课时教学内容

函数最大（小）值.

（二）课时教学目标

（1）借助函数的单调性研究经验，结合函数图象，掌握函数的最大（小）值的概念，发展数学抽象和直观想象核心素养.

（2）会利用函数图象及单调性求一些函数的最大（小）值，发展直观想象、

数学运算和逻辑推理核心素养.

(三)教学重点与难点

教学重点:函数最大(小)值的概念,会求函数的最大(小)值.

教学难点:函数最大(小)值定义的形成.

(四)教学设计过程

1.复习引入,建立体系

引导语:大家知道,我们可以通过研究函数的变化规律来把握客观世界中事物的变化规律.前面几节课我们依次学习了函数的概念及其表示,知道函数有三要素和三种表示方法.上节课,我们又学习了函数的第一个重要的性质——单调性,通过对函数图象特征的探究抽象出了函数单调性的定义.

问题1:请同学们回忆一下函数单调性的定义.

一般地,设函数 $f(x)$ 的定义域为 I,区间 $D \subseteq I$.

如果 $\forall x_1,\ x_2 \in D$,当 $x_1 < x_2$ 时,都有 $f(x_1) < f(x_2)$,那么就称函数 $f(x)$ 在区间 D 上单调递增.

如果 $\forall x_1,\ x_2 \in D$,当 $x_1 < x_2$ 时,都有 $f(x_1) > f(x_2)$,那么就称函数 $f(x)$ 在区间 D 上单调递减.

追问:函数单调性定义的探究过程是什么?

预设答案:具体函数→图象特征→自然语言→符号语言→抽象定义→应用.

我们知道有的函数在定义域上不存在单调性,例如我们熟悉的二次函数、反比例函数,但是它们有单调区间,说明函数的单调性是函数的一个局部性质.接下来两节课,我们的视角从局部转向整体,从整体上观察函数的特点,以便我们全面掌握函数的性质.本节课我们来研究函数的第一个整体性质——函数的最大(小)值.

【设计意图】通过对前面函数概念及表示和单调性定义的复习,厘清知识脉络,让学生回忆函数单调性的研究方法,为本节课的研究做好准备.

2.探究新知,抽象概念

问题2:如图1,观察函数 $y = -x^2$ 图象,从整体上看,你观察到了什么?

师生活动:学生观察图象并回答,教师梳理.

预设答案:图象有最高点(或关于轴对称,教师指出此条性质以后再研究).

追问1:你能用自然语言描述"最高点"吗?

预设答案:在定义域 **R** 上,函数 $f(x)$ 有最大值0.

追问2:你能用符号语言进行描述吗?

预设答案:$\forall x \in \mathbf{R}$,都有 $f(x) \leq 0$.

追问3:$f(x) \leq 1$ 成立吗? $f(x)$ 的最大值是1吗?

预设答案:成立,但1不是函数最大值.

追问4:函数的最大值要满足什么条件?

预设答案:函数最大值要能取到.

追问5:你能用符号语言来描述"函数最大值要能取到"吗?

预设答案:$\exists x_0 \in \mathbf{R}$, 使得 $f(x_0) = 0$.

问题3:结合上面的探究过程,请同学们给出最大值的定义.

师生活动:学生分组讨论后回答,教师梳理.

预设答案:

函数最大值定义:一般地,设函数 $y = f(x)$ 的定义域为 I,如果存在实数 M 满足:①$\forall x \in I$,都有 $f(x) \leq M$;(不大于)

②$\exists x_0 \in I$,使得 $f(x_0) = M$.(取得到)

那么,就称 M 是函数 $y = f(x)$ 的最大值.

【设计意图】从特殊到一般,通过简单的例子,帮助学生突破难点.将图形语言和自然语言转化为符号语言,获得函数最大值概念,提升学生数学抽象核心素养.

问题4:你能梳理一下函数最大值定义的探究过程吗?

师生活动:学生回顾探究过程,教师帮助用规范语言叙述.

预设答案:具体函数→图象特征→自然语言→符号语言→抽象定义.

问题5:以函数 $f(x) = x^2$ 为例,类比上面的讨论,你能概括出最小值的定义吗?

师生活动:学生分组讨论,由小组代表给出函数最小值定义.

预设答案:

函数最小值定义:一般地,设函数 $y = f(x)$ 的定义域为 I,如果存在实数 M 满足:

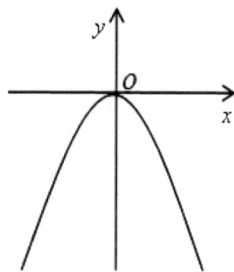

①$\forall x \in I$，都有$f(x) \geqslant M$；(不小于)

②$\exists x_0 \in I$，使得$f(x_0) = M$.(取得到)

那么，就称M是函数$y = f(x)$的最小值.

【设计意图】让学生学会用类比的方法独立获得函数最小值的概念，熟悉归纳定义方法，提升数学思维能力.

练习:判断正误.

(1)任何函数都有最大值和最小值. （　　）

(2)如果函数有最大值,则最大值是唯一的. （　　）

(3)如果函数有最值,则最值一定是其值域中的一个元素. （　　）

【设计意图】深入理解函数最值的概念，强调最大(小)值是整体概念，所以可以不存在,如果存在必然唯一,明确函数的最值和值域的联系和区别.

3.例题讲解,初步应用

例1:已知函数$f(x) = x^2 - 2x - 1$,求满足下列条件时的最值.

(1)$x \in \mathbf{R}$;(2)$x \in (1, \ 3]$;(3)$x \in [-1, \ 2]$.

师生活动:学生独立完成,教师巡视指导.

解:

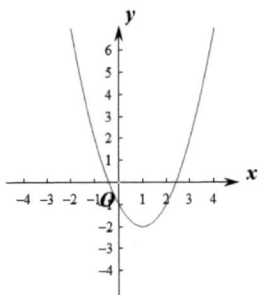 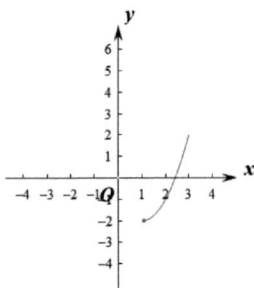 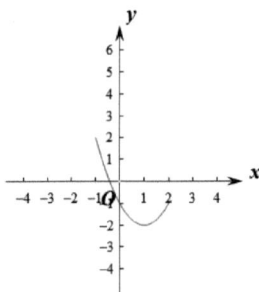

图2　　　　　　　　图3　　　　　　　　图4

(1)画出函数图象(图2),由图象可得:当$x = 1$时函数有最小值-2,无最大值.

(2)画出函数图象(图3),由图象可得:函数无最小值,当$x = 3$时函数有最大值2.

(3)画出函数图象(图4),由图象可得:当$x = 1$时函数有最小值-2,当$x = -1$时函数有最大值2.

追问1:(2)小题的最小值为什么不存在?

预设答案:不满足定义的条件②.

追问2:(3)小题中最大值你是如何找到的?

预设答案:根据端点离对称轴的距离确定.

追问3:你能根据我们解决问题的过程,总结利用函数图象求最值的过程吗?

预设答案:图象法,作图象→找最高(低)点→得最值.

【设计意图】通过例1教学让学生理解函数最值存在的两个条件缺一不可,初步掌握利用函数的图象求函数最值,并为后面的例2教学做好铺垫。

例2:"菊花"烟花是最壮观的烟花之一,制造时一般是期望它在达到最高点爆裂.如果烟花离地面的高度h(单位:m)与时间t(单位:s)之间的关系为$h(t) = -4.9t^2 + 14.7t + 18$,那么烟花冲出后什么时刻爆裂是最佳时刻?这时离地面的高度是多少(精确到1 m)?

师生活动:先由学生思考,然后PPT展示,师生共同完成.

解:画出函数$h(t) = -4.9t^2 + 14.7t + 18$的图象(图5),显然,函数图象的顶点就是烟花上升的最高点,顶点的横坐标就是烟花爆裂的最佳时刻,纵坐标就是这时距地面的高度.

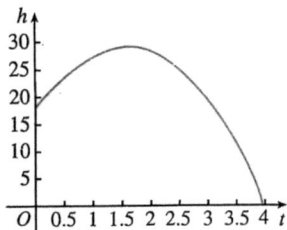

图5

由二次函数的知识,对于函数$h(t) = -4.9t^2 + 14.7t + 18$,我们有:

当$t = -\dfrac{14.7}{2 \times (-4.9)} = 1.5$时,函数有最大值$h = \dfrac{4 \times (-4.9) \times 18 - 14.7^2}{4 \times (-4.9)} \approx 29$.

于是,烟花冲出后1.5 s是它爆裂的最佳时刻,这时距地面的高度约为29 m.

【设计意图】用函数最值的图象解决实际问题,提升学生数学建模的素养. 本题中的函数是定义在一个闭区间上的二次函数,可以画出函数图象求二次函数最值,让学生进一步掌握这种方法.

例3:已知函数 $f(x) = \dfrac{2}{x-1}$ ($x \in [2, 6]$),求函数的最大值和最小值.

师生活动:分析方法,可以借助函数图象找到函数的最值,也可以借助函数的单调性求函数的最大值和最小值,强调证明函数单调性的重要性,只有证明了函数在给定区间上是单调递减的,才能说明函数在区间端点取到的函数值是函数的最大(小)值.

解:$\forall x_1, x_2 \in [2, 6]$,且 $x_1 < x_2$,则

$$f(x_1) - f(x_2) = \dfrac{2}{x_1 - 1} - \dfrac{2}{x_2 - 1} = \dfrac{2[(x_2 - 1) - (x_1 - 1)]}{(x_1 - 1)(x_2 - 1)}$$
$$= \dfrac{2(x_2 - x_1)}{(x_1 - 1)(x_2 - 1)}.$$

由 $2 \leqslant x_1 < x_2 \leqslant 6$,得 $x_2 - x_1 > 0, (x_1 - 1)(x_2 - 1) > 0$,

于是 $f(x_1) - f(x_2) > 0$,即 $f(x_1) > f(x_2)$.

所以,函数 $f(x) = \dfrac{2}{x-1}$ 在区间 $[2, 6]$ 上单调递减(如图6).

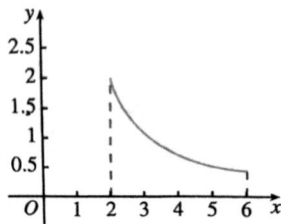

图6

因此,函数 $f(x) = \dfrac{2}{x-1}$ 在区间 $[2, 6]$ 的两个端点上分别取得最大值和最小值. 在 $x = 2$ 时取得最大值,最大值是2;在 $x = 6$ 时取得最小值,最小值是0.4.

【设计意图】掌握借助函数单调性求函数最值的方法步骤,注意数学的严谨性,解题的规范性,强调只有证明了函数在给定区间上的单调性才能说明函数在区间端点处取最值.

4.梳理小结,形成结构

我们本节课学习了哪些知识? 你获得了怎样研究问题的经验呢?

(1)知识:

函数的最大(小)值 ── 函数的图象
函数的最大(小)值 ── 函数的单调性

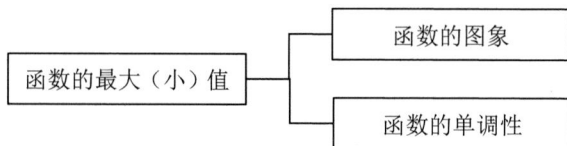

(2)思想方法:数形结合,类比.

5.作业布置,应用迁移

课本86页习题3.2第4,7,10题.

第3课时

(一)课时教学内容

函数的奇偶性.

(二)课时教学目标

(1)类比单调性和最大(小)值,借助函数图象,会用符号语言刻画函数的奇偶性,理解奇偶性的几何意义,渗透类比和数形结合的思想,发展数学抽象素养.

(2)会用定义并按一定的步骤判断函数的奇偶性,发展数学运算和逻辑推理素养.

(3)在奇偶性定义的形成过程中,感悟数学概念的抽象过程及符号表示的作用.

(三)教学重点与难点

教学重点:奇偶性定义的形成和函数奇偶性的判断.

教学难点:对定义中$f(-x)=f(x),f(-x)=-f(x)$的理解.

(四)教学设计过程

1.创设情境,提出问题

引导语:在上一节中,我们学习了函数的局部性质单调性和整体性质最大(小)值.研究思路为:具体函数→图象特征→自然语言→符号语言→抽象定义.下面,我们类比单调性和最大(小)值,研究函数的另一个整体性质——奇偶性.

(观看一段视频)从建筑到剪纸艺术再到自然界中的动植物,无一不在体现对称美,而奇偶性就是函数的对称美.

问题1:你能给下面的函数图象分类吗?(如图1)

师生活动:学生先独立思考,再小组讨论交流,教师引导学生回顾单调性、最大(小)值的定义.

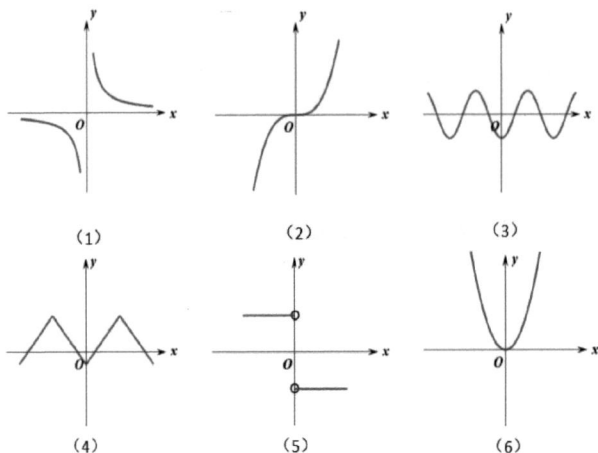

图1

预设答案:按单调区间分,(1)(2)(3)(4)(6)和(5);按对称性分,(1)(2)(5)和(3)(4)(6).

追问1:你是如何判断函数$f(x) = x^2$的对称性的呢?

预设答案:将它的图象沿着y轴折叠后,图象可以完全重合.

追问2:函数$f(x) = \dfrac{2}{x^2 + 11}$具有怎样的对称性呢?

预设答案:不知道图象,不能确定.

追问3:对于无法画出函数图象的函数,如何判断它的对称性?

预设答案:类比单调性,用符号语言精确地刻画"函数图象关于y轴对称"这一特征.

【设计意图】通过具体的函数图象,初步感知对称性,以函数$f(x) = \dfrac{2}{x^2 + 11}$为例,产生认知冲突,向学生强调学习用符号语言刻画奇偶性的必要性.

2.类比探究,构建新知

问题2:以$f(x) = x^2$为例,观察下列表格,你有什么发现?

x	...	-3	-2	-1	0	1	2	3	...
$f(x)$	...	9	4	1	0	1	4	9	...

师生活动：学生独立思考，教师引导学生发现：自变量取一对相反数时，相应的函数值相等．

预设答案：$f(-3) = f(3), f(-2) = f(2), f(-1) = f(1)$．

追问1：对于类似的数量特征，能写完吗？

预设答案：写不完．

追问2：结合刻画单调性的经验，怎么解决呢？

预设答案：用字母表示数，把无穷多个点换成任意一个点．

追问3：如何刻画呢？

预设答案：$\forall x \in \mathbf{R}, f(-x) = f(x)$．

追问4：你能证明吗？

预设答案：$\because f(-x) = (-x)^2 = x^2, f(x) = x^2, \therefore f(-x) = f(x)$．

对于 $\forall x \in \mathbf{R}$，都有 $-x \in \mathbf{R}$，且 $f(-x) = f(x)$，那么函数 $f(x) = x^2$ 就叫做偶函数．

【设计意图】通过观察函数 $f(x) = x^2$ 的函数值表格，思考函数值的数量关系，并尝试用符号语言刻画"无限"，提高学生分析问题、解决问题的能力，体会符号语言的作用．

问题3：仿照这个过程，你能说明函数 $g(x) = 2 - |x|$ 也是偶函数吗？

x	...	-3	-2	-1	0	1	2	3	...
$g(x)$	...	-1	0	1	2	1	0	-1	...

师生活动：学生先独立思考，之后在小组内交流讨论，教师引导学生通过这两个具体函数，抽象概括出偶函数的定义，并对定义进行辨析．

预设答案：由表格可以看出，$g(-3) = g(3), g(-2) = g(2), g(-1) = g(1)$，即自变量取一对相反数时，相应的两个函数值相等，故推测对于 $\forall x \in \mathbf{R}, g(-x) = g(x)$．因为 $g(-x) = 2 - |-x| = 2 - |x| = g(x)$，所以函数 $g(x) = 2 - |x|$ 也是偶函数．

追问1：由这两个具体的函数，你能归纳出偶函数的定义吗？

预设答案：如果 $\forall x \in \mathbf{R}, f(-x) = f(x)$，那么函数 $f(x)$ 就叫做偶函数．

追问2：定义中的 $\mathbf{R}$ 指的是什么？

预设答案:R是函数的定义域.

追问3:对于任意的函数$f(x)$,定义域都是R吗? 定义应该怎么完善?

预设答案:一般地,设函数$f(x)$的定义域为I,如果$\forall x \in I$,都有$-x \in I$,且$f(-x) = f(x)$,那么函数$f(x)$就叫做偶函数(教师要特别指出$-x \in I$的含义).

【设计意图】通过类比函数$f(x) = x^2$,说明函数$g(x) = 2 - |x|$也是偶函数,强化学生对符号语言的使用,三个追问旨在通过两个具体函数引导学生抽象概括出偶函数的定义,渗透从特殊到一般的数学思想,培养学生数学抽象素养.

问题4:类比偶函数,用符号语言精确地描述"函数图象关于原点对称"这一特征,并概括出奇函数的定义.

师生活动:学生先独立思考,完成教材上的表格和填空,然后在小组内交流讨论,给出奇函数的定义,最后师生共同对定义进行辨析.

预设答案:由表格可以看出,自变量取一对相反数时,相应的两个函数值互为相反数,即对于$\forall x \in R$,都有$-x \in R$,且$f(-x) = -f(x)$.

一般地,设函数$f(x)$的定义域为I,如果$\forall x \in I$,都有$-x \in I$,且$f(-x) = -f(x)$,那么函数$f(x)$就叫做奇函数.

追问1:奇偶性定义中都有$\forall x \in I$,都有$-x \in I$,你能说一下函数定义域区间的特点吗?

预设答案:奇(偶)函数的定义域关于原点对称.

追问2:奇(偶)函数的图象特征是什么?

预设答案:偶函数的图象关于y轴对称;奇函数的图象关于原点对称.

追问3:奇偶性是函数的整体性质,如果奇函数的定义域中包含0,你能求出$f(0)$吗? 并说明理由.

预设答案:奇函数的定义域中包含0,则$f(0) = 0$.

【设计意图】通过类比偶函数,引导学生抽象概括奇函数的定义,旨在向学生渗透类比的数学思想,培养学生数学抽象素养.将偶函数和奇函数的定义再次解读,旨在深化学生对奇偶性的理解.

问题5:现在能判断函数$g(x) = \dfrac{2}{x^2 + 11}$的对称性了吗?

师生活动:学生先思考独立完成,教师再在黑板上板书判断过程.

预设答案: 函数 $g(x)$ 的定义域为 $\mathbf{R}$, $\forall x \in \mathbf{R}$, 都有 $-x \in \mathbf{R}$, 且 $g(-x) =$ $\dfrac{2}{(-x)^2 + 11} = \dfrac{2}{x^2 + 11} = g(x)$, 所以函数 $g(x) = \dfrac{2}{x^2 + 11}$ 为偶函数.

【设计意图】解决本节课一开始的问题, 初步应用奇偶性的定义来判断函数的奇偶性, 教师板书解题过程给学生做示范, 强调解题的规范性.

3.初步应用, 总结方法

例 1: 判断下列函数的奇偶性:

$(1) f(x) = x^4; (2) f(x) = x^5; (3) f(x) = x + \dfrac{1}{x}; (4) f(x) = \dfrac{1}{x^2}.$

师生活动: 学生独立完成, 口答 $(1)(2)$ 题, 板书 $(3)(4)$ 题.

追问: 你能总结判断函数奇偶性的一般步骤吗?

预设答案: "一求", 求出定义域并观察是否关于原点对称; "二找", 找 $f(x)$ 与 $f(-x)$ 的关系; "三判断", 下结论.

练习: 判断下列函数的奇偶性:

$(1) f(x) = \sqrt{x}; \quad (2) f(x) = x^2 - |x| + 1.$

师生活动: 学生独立完成, 教师选取部分学生的解题过程在全班展示.

【设计意图】通过例题, 引导学生归纳总结用定义判断奇偶性的一般步骤, 练习 (1) 是为了强调定义域的重要性, 指出并非所有函数都具有奇偶性, 练习 (2) 旨在强化用定义来判断奇偶性的重要性.

问题 6: (1) 图 2 是函数 $f(x) = x^3 + x$ 图象的一部分, 你能根据 $f(x)$ 的奇偶性画出它在 y 轴左边的图象吗?

师生活动: 学生独立思考完成, 教师适当做点评完善.

追问: 你是如何画出它在 y 轴左边的图象的?

预设答案: 因为函数 $f(x) = x^3 + x$ 是奇函数, 所以它的图象关于原点对称, 只要把 y 轴右边的函数图象绕着原点旋转 180 度就可以得到.

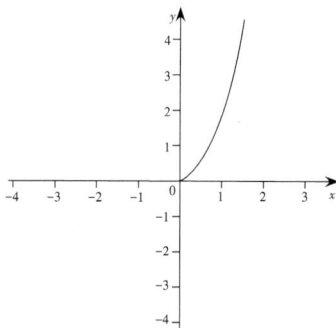

图 2

(2) 一般地, 如果知道 $y = f(x)$ 为偶 $(奇)$ 函数, 那么我们可以怎样简化对它的研究?

预设答案:对于一个奇函数或偶函数,根据它的图象关于原点或y轴对称的特性,就可由自变量取正值时的图象和性质,来推断它在整个定义域内的图象和性质,即通过函数的奇偶性可以简化函数的认识过程.

【设计意图】通过补全函数图象,让学生进一步理解奇(偶)函数的对称性,体会到在研究奇(偶)函数性质时,可以缩小研究范围,达到事半功倍的效果.

4.梳理小结,形成结构

我们本节课学习了哪些知识?你获得了怎样研究问题的经验呢?

(1)知识:

| 具体函数 | → | 图象特征 | → | 数量刻画 | → | 符号语言 | → | 奇偶性定义 | → | 应用 |

(2)思想方法:特殊与一般,类比

5.作业布置,应用迁移

课本86~87页习题3.2第5,11,12题.

六、教学设计评析

函数的基本性质和函数的概念一样,都是研究后面所有函数的基石.因此,函数基本性质的学习不仅是具体知识的理解,更要注重一般观念的形成.构建函数性质研究的一般路径:具体函数→图象特征→数量刻画→符号语言→抽象定义,以一般观念指导性质的研究,体现思想方法的连续性.本单元教学强调从图象中直观观察函数的性质,再从代数角度揭示性质并用符号语言精准刻画,从具体到一般抽象数学概念.对于符号语言的描述,学生还是缺乏经验的,因此教学中要注重单调性概念的构建过程,教师要结合具体函数示范单调性的自然语言到符号语言的转化,让学生类比进行语言转化,积累用数学语言抽象概念,为后续性质概念的抽象打好基础,发展学生数学抽象核心素养.

课例8　指数函数

一、单元内容和内容解析

1.内容

本单元主要学习指数函数的概念、图象及性质.本单元的知识结构如下：

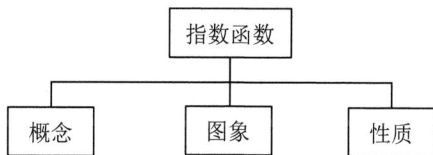

```
        指数函数
    ┌──────┼──────┐
  概念    图象    性质
```

建议用2课时完成教学.第1课时为指数函数的概念；第2课时为指数函数的图象及性质.

2.内容解析

(1)内容的本质：指数函数是基本初等函数之一，是函数内容的重要组成部分，是一种重要的函数模型，在生活中有广泛的应用.

(2)蕴含的数学思想和方法：类比函数研究的一般方法，从实际情境出发，由特殊到一般抽象概括出指数函数的概念，结合图象认识指数函数的性质.

(3)知识的上下位关系：本单元是在函数的概念和性质、幂函数、指数及其运算性质的基础上，进一步研究指数函数的概念、图象和性质，为后续对数函数的研究提供研究的方法和路径.

(4)育人价值：通过经历从指数函数模型的实际背景抽象出指数函数的概念的过程，理解指数函数的概念，提升学生的数学抽象核心素养，结合指数函数图象与性质的研究，进一步体会研究具体函数的一般思路和方法，发展学生直观想象素养.

(5)教学重点：指数函数的概念、图象及性质.

二、单元目标和目标解析

1.目标

(1)结合具体实例,理解指数函数的概念,发展数学抽象核心素养.

(2)结合具体指数函数的图象,探索并理解指数函数的性质,发展直观想象核心素养.

(3)结合指数函数概念、图象与性质的研究,进一步体会研究具体函数的一般思路和方法,发展数学抽象、直观想象核心素养.

2.目标解析

达成上述目标的标志是:

(1)知道指数函数的实际意义,能说出指数函数的定义.

(2)会分底数 $0 < a < 1$ 及 $a > 1$,描述指数函数的图象特征,并能判别其单调性和特殊点.

(3)会用描点法、信息技术手段画出具体函数的图象,能用指数函数的单调性比较两个指数幂的大小.

(4)能根据指数函数的图象及性质解决一些简单实际问题.

三、单元教学问题诊断分析

本单元由具体实例抽象出指数函数的概念,学生要能结合问题对已知数据进行运算后发现变化规律,并能根据得到的两个解析式概括出统一的函数关系式 $y = a^x (a > 0$,且 $a \neq 1)$.在指数函数性质的学习过程中,尽管学生经历过幂函数性质的学习,但那是在给定的五个具体函数基础上进行不完整、不系统的归纳,难以完全指导指数函数的研究.指数函数性质的探索需要学生自行选择具体的函数,必要时教师展示利用信息技术手段进行探索的过程,通过画出底数 a 取大量不同值的图象,发现并归纳函数的单调性,在探索的基础上将大量所作的图象分为增长和衰减两类,从而归纳出 $a > 1$ 时函数单调递增,$0 < a < 1$ 时函数单调递减,这对学生来说也是一个难点.

基于上述分析,可以确定本节的教学难点:指数函数的概念及性质的理解.

因此,教学中教师要给学生探索和发现的空间和时间,并给予学生恰当的指导.

四、单元教学支持条件分析

在本单元的教学中,可以利用几何画板绘制不同底数的指数函数的图象,展示函数的动态变化过程,为学生观察发现指数函数的性质提供帮助.

五、教学设计过程

第1课时

(一)课时教学内容

指数函数的概念.

(二)课时教学目标

(1)结合具体实例,理解指数函数的概念.

(2)结合指数函数概念的形成过程,进一步体会研究具体函数的一般思路和方法,提升数学抽象素养.

(三)教学重点与难点

教学重点:指数函数的概念.

教学难点:抽象概括指数函数概念的过程.

(四)教学设计过程

1.创设情境,导入新课

情境1:随着中国经济高速增长,人民生活水平不断提高,旅游成了越来越多家庭的重要生活方式. 由于旅游人数的不断增加,A,B两景区自2001年起采取了不同的应对措施,A提高了景区门票价格,而B则取消了景区门票.下表是A,B两景区2001年至2015年的游客人次以及逐年增加量.

时间	A景区		B景区	
	人次/万次	年增加量/万次	人次/万次	年增加量/万次
2001年	600	—	278	—
2002年	609	9	309	31
2003年	620	11	344	35
2004年	631	11	383	39
2005年	641	10	427	44

续 表

时 间	A景区		B景区	
	人次/万次	年增加量/万次	人次/万次	年增加量/万次
2006年	650	9	475	48
2007年	661	11	528	53
2008年	671	10	588	60
2009年	681	10	655	67
2010年	691	10	729	74
2011年	702	11	811	82
2012年	711	9	903	92
2013年	721	10	1 005	102
2014年	732	11	1 118	113
2015年	743	11	1 244	126

问题1:比较两景区游客人次的变化情况,你能发现怎样的变化规律?

师生活动:学生思考并回答.学生容易得到两景区游客人次在逐年增加,但对于具体的规律学生可能难以发现,对此进一步追问.

追问1:我们知道函数是用来刻画客观世界的变化规律的,其中图象法能够直观形象地表示出函数的变化情况,有利于通过图象掌握事物的变化规律.能否作出 A,B 两景区游客人次变化的图象,根据图象并结合年增加量,说明两景区游客人次的变化情况可以使用哪种函数刻画,并写出解析式.

师生活动:学生小组合作画图并观察,教师通过PPT展示图象(如图1),引导学生归纳总结.

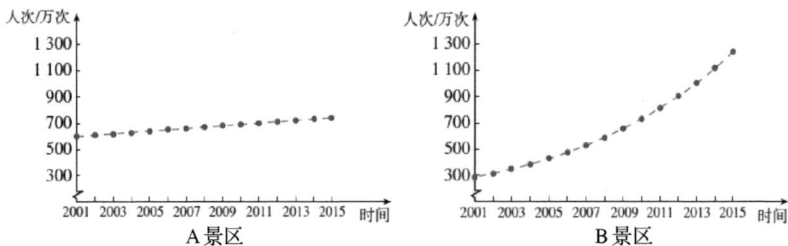

图1

预设答案:A景区的旅游人次近似于直线上升,年增加量大致相等(约为10万人次),大致可以用一次函数刻画;B景区暂不清楚.

追问2:用"增加量"不能刻画B景区人次的变化规律,能不能换一个量来刻画? 例如用"增长率",即从2002年起,将B景区每年的游客人次除以上一年的游客人次,看看能否发现什么规律?

预设答案:从2002年起,将B景区每年的游客人次除以上一年的游客人次近似得到的是一个常数1.11.

教师总结:B景区的游客人次的年增长率约为1.11−1 = 0.11,是一个常数.像这样,增长率为常数的变化方式称为指数增长.做减法可以得到游客人次的年增加量,做除法可以得到游客人次的年增长率.增加量、增长率是刻画事物变化规律的两个很重要的量.

追问3:设经过 x 年后的游客人次是2001年的 y 倍,你能求出 y 与 x 的关系吗?

预设答案:$y = 1.11^x$,$x \in [0, +\infty)$.

【设计意图】通过刻画A,B两景区游客人次增加的问题,让学生明白增加量和增长率是刻画事物变化规律的重要的量,引出用函数刻画指数增长的问题,为抽象得到指数函数定义做准备.

情境2:当生物死亡后,它机体内原有的碳14含量会按确定的衰减比率(简称为衰减率)衰减,大约每经过5 730年衰减为原来的一半,这个时间称为"半衰期".

问题2:按照上述变化规律,生物体内碳14含量与死亡年数之间有怎样的关系? 你能用函数刻画,并写出函数解析式吗?

师生活动:学生思考后回答,教师巡视并指导.

预设答案:$y = \left(\left(\dfrac{1}{2}\right)^{\frac{1}{5\,730}}\right)^x$,$x \in [0, +\infty)$.

【设计意图】通过刻画碳14衰减的问题,引出用函数刻画指数衰减的问题,为抽象得到指数函数做准备.

2.探究新知,抽象概念

问题3:观察情境1和情境2两个问题得到的函数解析式,它们有什么共同特征?

师生活动:学生思考并小组讨论,教师引导学生从整体上观察并得出结论,最后梳理总结.

预设答案：从解析式上来看，底数是常数，指数是自变量．如果用字母 a 代替底数 1.11 和 $\left(\dfrac{1}{2}\right)^{\frac{1}{5\,730}}$，那么上述函数 $y = 1.11^x$ 和 $y = \left(\left(\dfrac{1}{2}\right)^{\frac{1}{5\,730}}\right)^x$ 就都可以表示为 $y = a^x$ 的形式，其中指数 x 是自变量，底数 a 可以大于 1 或者大于 0 且小于 1，即底数 a 是一个大于 0 且不等于 1 的常量．

指数函数的概念：一般地，函数 $y = a^x$（$a > 0$，且 $a \neq 1$）叫做指数函数，其中指数 x 是自变量，定义域是 $\mathbf{R}$．

【设计意图】由特殊到一般，概括归纳得到指数函数的概念，培养学生观察、归纳、抽象概括的能力．

问题 4：指数函数概念中指明了底数 $a > 0$，且 $a \neq 1$，为什么这样限制？

师生活动：学生思考并讨论得出结论，教师引导学生分类讨论．

预设答案：(1)若 $a < 0$，如 $y = (-2)^x$，当 $x = \dfrac{1}{2}$ 时，式子无意义；

(2)若 $a = 0$，当 $x \leqslant 0$ 时，a^x 无意义；

(3)若 $a = 1$，$y = 1$ 是一个常函数，则没有研究的必要．

故只有满足 $y = a^x$（$a > 0$，且 $a \neq 1$）的形式，才能称为指数函数．

【设计意图】使学生进一步理解指数函数的概念，以及对底数 a 有限制条件的原因，培养学生的逻辑推理素养．

3.例题讲解，初步应用

例 1：已知函数 $f(x) = a^x$（$a > 0$，且 $a \neq 1$），且 $f(3) = \pi$，求 $f(0)$，$f(1)$，$f(-3)$ 的值．

师生活动：学生独立思考，教师引导，要求 $f(0)$，$f(1)$，$f(-3)$ 的值，应先求出 $f(x) = a^x$ 的解析式，即先求 a 的值．由 $f(3) = \pi$，可以求出 a 的值．

解：因为 $f(x) = a^x$，且 $f(3) = \pi$，则 $a^3 = \pi$，解得 $a = \pi^{\frac{1}{3}}$，于是 $f(x) = \pi^{\frac{x}{3}}$．

所以，$f(0) = \pi^0 = 1$，$f(1) = \pi^{\frac{1}{3}} = \sqrt[3]{\pi}$，$f(-3) = \pi^{-1} = \dfrac{1}{\pi}$．

【设计意图】让学生先求函数解析式，并根据解析式求不同的函数值，从指数函数的对应关系和变化规律的角度理解指数函数的概念．

例 2：(1)在问题 1 中，如果平均每位游客出游一次可给当地带来 $1\,000$ 元门票之外的收入，A 景区的门票价格为 150 元，比较这 15 年间 A，B 两地旅游收入变化情况.

(2)在问题 2 中,某生物死亡后,过了 10 000 年,它体内碳 14 的含量衰减是原来的百分之几?

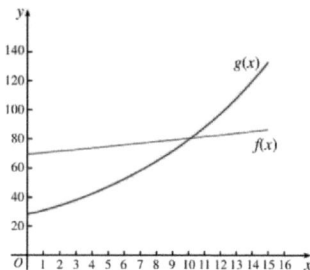

图 2

师生活动:学生独立思考,教师引导学生经历审题→建模→作答的过程.

解:(1)设经过 x 年,游客给 A,B 两地带来的收入分别为 $f(x)$ 和 $g(x)$,则

$f(x) = 1\ 150 \times (10x + 600), g(x) = 1\ 000 \times 278 \times 1.11^x$.

利用计算工具可得,

当 $x = 0$ 时,$f(0) - g(0) = 412\ 000$.

当 $x \approx 10.22$ 时,$f(10.22) \approx g(10.22)$.

结合图 2 可得,

当 $x < 10.22$ 时,$f(x) > g(x)$;当 $x > 10.22$ 时,$f(x) < g(x)$.

当 $x = 14$ 时,$g(14) - f(14) \approx 347\ 303$.

这说明,在 2001 年,游客给 A 景区带来的收入比 B 景区多 412 000 万元;随后 10 年,虽然 $f(x) > g(x)$,但 $g(x)$ 的增长速度大于 $f(x)$.根据上述数据,并考虑到实际情况,在 2011 年 2 月某个时刻就有 $f(x) = g(x)$,这时游客给 A 景区带来的收入和 B 景区差不多;此后,$f(x) < g(x)$,游客给 B 景区带来的收入超过了 A 景区;由于 $g(x)$ 增长得越来越快,2015 年,B 景区收入已经比 A 景区多 347 303 万元了.

(2)设生物死亡 x 年后,它体内的碳 14 含量为 $h(x)$.

如果把刚死亡的生物体内碳 14 含量看成 1 个单位,那么

$$h(x) = \left(\left(\frac{1}{2} \right)^{\frac{1}{5\ 730}} \right)^x.$$

当 $x = 10\,000$ 时,利用计算工具可得 $h(10\,000) = \left(\dfrac{1}{2}\right)^{\frac{10\,000}{5\,730}} \approx 0.30$.

所以,生物死亡 $10\,000$ 年后,它体内碳 14 含量衰减为原来的约 30%.

【设计意图】在两个情境基础上,利用指数函数概念进一步解决与两个情境有关的问题,从而巩固概念,进一步理解概念.

4.巩固练习,深化理解

完成课本 115 页第 1,2,3 题.

5.梳理小结,形成结构

通过本节课的学习,你有哪些收获?试从知识、方法、数学思想、经验等方面谈谈.

(1)知识:

具体情境 ——抽象概括→ 指数函数概念 $y = a^x (a > 0,且 a \neq 1)$ ——→ 概念应用

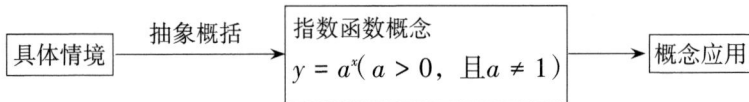

(2)思想方法:特殊与一般,类比,分类讨论.

6.作业布置,应用迁移

课本 118~119 页习题 4.2 第 1,2,4 题.

第2课时

(一)课时教学内容

指数函数的图象和性质.

(二)课时教学目标

(1)能用描点法或借助工具画出具体指数函数的图象,探索并理解指数函数的单调性与特殊点.

(2)结合指数函数图象与性质的研究,进一步体会研究具体函数的一般思路和方法,提升直观想象素养.

(三)教学重点与难点

教学重点:指数函数的图象和性质.

教学难点:根据图象,抽象概括出指数函数的性质,以及对指数函数性质的理解.

(四)教学设计过程

1.复习回顾,导入新课

问题1:前面我们学习了指数函数的概念,什么是指数函数？回顾以往的研究经验,我们接下来要研究哪些内容？研究方法是什么？

师生活动:学生思考并回答,教师梳理.

预设答案:一般地,函数 $y = a^x(a > 0，$ 且 $a \neq 1)$ 叫做指数函数,其中指数 x 是自变量,定义域是 **R**.按照函数研究的一般思路:背景—概念—图象和性质—应用,我们要研究指数函数的图象及性质.

研究函数性质方法:画出具体函数图象—观察、比较不同函数的图象—归纳共同特征.

【设计意图】回顾指数函数的定义及函数的一般研究路径,提出研究指数函数的图象和性质的方法,明确本节课研究的重点.

2.探究新知,性质归纳

问题2:画出函数 $y = 2^x$ 与函数 $y = \left(\dfrac{1}{2}\right)^x$ 图象,并进行比较,它们有什么关系？

师生活动:学生小组合作画出函数图象并观察,教师巡视指导.

预设答案:列表、描点、连线,画出图象(如图1).

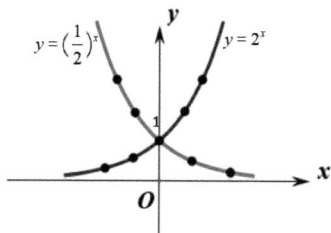　　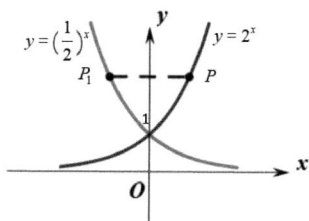

图1　　　　　　　　　图2

追问1:能否利用函数 $y = 2^x$ 的图象画出函数 $y = \left(\dfrac{1}{2}\right)^x$ 的图象？

预设答案:由函数 $y = 2^x$ 的图象关于 y 轴对称可以得到函数 $y = \left(\dfrac{1}{2}\right)^x$ 的图象.

追问2:如何证明函数 $y = 2^x$ 的图象与 $y = \left(\dfrac{1}{2}\right)^x$ 的图象关于 y 轴对称？

预设答案: 因为 $y = \left(\dfrac{1}{2}\right)^x = 2^{-x}$,点 (x, y) 与点 $(-x, y)$ 关于 y 轴对称,所以函数 $y = 2^x$ 图象上任意一点 $P(x, y)$ 关于 y 轴对称的点 $P_1(-x, y)$ 都在函数 $y = \left(\dfrac{1}{2}\right)^x$ 的图象上,反之亦然.由此可知,底数互为倒数的两个指数函数的图象关于 y 轴对称,如图 2.

【设计意图】 从具体的、简单的指数函数开始研究,为后续的研究做好铺垫.通过探究,学生体会到可以用已知函数图象和对称性来作出新函数的图象.

问题 3: 分别令 $a = 3$,$a = \dfrac{1}{3}$,请同学们在同一坐标系中画出相应的图象,看看有什么发现?

师生活动: 学生观察指数函数的图象,确认当 $a > 1$ 时,图象形状类似,当 $0 < a < 1$ 时,图象形状类似.教师选取 a 的不同范围内的值,用几何画板展示底数不同的指数函数图象.

预设答案: 当 $a > 1$ 时,图象形状类似,当 $0 < a < 1$ 时,图象形状类似.

追问: 通过观察图象的特征可以得到函数的一些性质.你认为可以从哪些方面进行观察? 你能发现函数的哪些性质?

师生活动: 学生小组合作观察图象特征,并归纳总结指数函数的性质,教师根据学生的回答,适当予以补充完善.

预设答案:

	$0<a<1$	$a>1$
图象		
定义域	**R**	
值域	$(0, +\infty)$	

	$0<a<1$	$a>1$
性质	(1)过定点$(0,1)$,即$x=0$时,$y=1$	
	(2)减函数	(2)增函数
	(3)非奇非偶函数,即无奇偶性	
图象特征	图象全部在x轴上方,向左、右无限延伸与y轴交于点$(0,1)$,图象既不关于y轴对称也不关于原点对称	
	图象自左向右逐渐下降	图象自左向右逐渐上升

【设计意图】通过指数函数的图象,归纳它们的共同特征,将图象特征转化为函数性质,达到提升学生直观想象、数学抽象核心素养的目的.

3.例题讲解,初步应用

例1:比较下列各题中两个值的大小.

(1)$1.7^{2.5}$,1.7^3;(2)$0.8^{-\sqrt{2}}$,$0.8^{-\sqrt{3}}$;(3)$1.7^{0.3}$,$0.9^{3.1}$.

师生活动:学生独立思考,教师引导学生类比利用幂函数性质比较大小,将每一组中的两个值可以看作一个指数函数的两个函数值,从而利用指数函数的单调性进行比较.

解:(1)$1.7^{2.5}$和1.7^3可看作函数$y=1.7^x$当x分别取2.5和3时所对应的两个函数值.因为底数$1.7>1$,所以指数函数$y=1.7^x$是增函数.因为$2.5<3$,所以$1.7^{2.5}<1.7^3$.

(2)同(1),因为$0<0.8<1$,所以指数函数$y=0.8^x$是减函数.因为$-\sqrt{2}>-\sqrt{3}$,所以$0.8^{-\sqrt{2}}<0.8^{-\sqrt{3}}$.

(3)由指数函数的特点知$1.7^{0.3}>1.7^0=1$,$0.9^{3.1}<0.9^0=1$,所以$1.7^{0.3}>0.9^{3.1}$.

【设计意图】通过应用函数的单调性比较大小,进一步理解指数函数的单调性.

例2:如图3,某城市人口呈指数增长.

(1)根据图象,估计该城市人口每翻一番所需的时间(倍增期);

(2)该城市人口从80万开始,经过20年,人口会增长到多少?

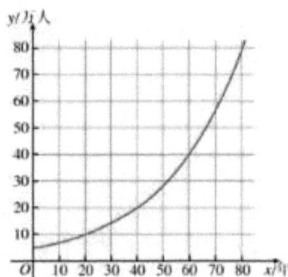

图3

师生活动:学生思考,教师引导学生对问题进行分析,根据该城市人口呈指数增长,而同一指数函数的倍增期是相同的,所以可以从图象中选取适当的点计算倍增期.要计算20年后的人口数,关键是要找到20年与倍增期的数量关系,由于倍增期是20年,因此容易得到"从80万人开始,20年后人口大约会增长到160万人".

解:(1)观察图象,发现该城市人口经过20年约为10万人,经过40年约为20万人,即由10万人口增加到20万人口所用的时间约为20年,所以该城市人口每翻一番所需要的时间约为20年.

(2)因为倍增期为20年,所以每经过20年,人口将翻一番.因此,从80万人开始,经过20年,该城市人口大约会增长到160万人.

【设计意图】利用指数函数的图象分析和解决问题,提高学生读图、识图的能力,进一步促进学生形成用函数观点解决问题的意识.

4.巩固练习,深化理解

完成课本118页练习第1,2题.

5.梳理小结,形成结构

通过本节课的学习,你有哪些收获?试从知识、方法、数学思想、经验等方面谈谈.

(1)知识:

	$0<a<1$	$a>1$
图象		

续 表

	$0<a<1$	$a>1$
定义域	**R**	
值域	$(0,+\infty)$	
性质	(1)过定点$(0,1)$,即$x=0$时,$y=1$	
	(2)减函数	(2)增函数
	(3)非奇非偶函数,即无奇偶性	

(2)思想方法:特殊到一般,类比.

6.作业布置,应用迁移

课本86页习题4.2第3,6,7题.

六、教学设计评析

指数函数是高中阶段第二个基本初等函数,有了前面函数概念与性质以及幂函数的研究,学生已经形成了函数研究的一般观念"具体实例—概念—图象与性质—应用".因此本单元教学可以让学生先梳理研究路径,结合研究路径主动提出问题、分析问题并解决问题,教师把更多的课堂主动权交给学生,适时加以引导规范即可.另外在具体的实例和应用中,要逐步渗透数学建模的思想,引导学生用数学的眼光看世界,借助代数运算探究规律,培养用数学知识解决问题的能力.

课例9 任意角和弧度制

一、单元内容和内容解析

1.内容

本单元主要学习任意角和弧度制.本单元的知识结构如下:

```
  ┌──────┐                              ┌──────┐      ┌──────────┐
  │ 任意角 │─────────────────────────────▶│ 弧度制 │─────▶│角的集合   │
  └──────┘                              └──────┘      │与实数集   │
     │                                     │          │——对应    │
     │                                     │          └──────────┘
  ┌───┬───┐  ┌──────────────────┐   ┌────┬────┬──────────┐
  │正角│象 │  │ 终边相同的角:      │   │弧度的│弧度│弧度与角   │
  │负角│限 │  │ β=α+k·360°, k∈Z  │   │概念 │公式│度的换算   │
  │零角│角 │  └──────────────────┘   │    │    │180°=π rad│
  └───┴───┘                         └────┴────┴──────────┘
```

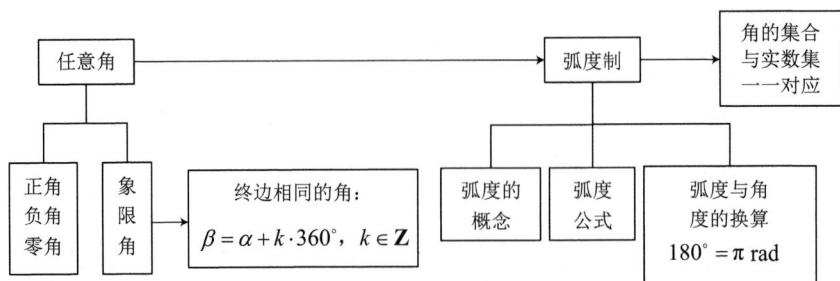

建议用2课时完成教学.第1课时为任意角;第2课时为弧度制.

2.内容解析

(1)内容的本质:从动态的角度重新定义角的概念,将0°~360°范围的角扩充到任意角.

(2)蕴含的数学思想和方法:研究思路,背景→任意角的概念→象限角→终边相同的角→弧度制概念→弧度制与角度制的换算.利用数形结合的思想,从具体到抽象,利用圆上的点的位置变化从旋转的角度给出任意角的概念;类比长度、质量的不同度量制引入弧度制的概念.

(3)知识的上下位关系:学生初中学习过的角的定义和度量方法,本章在此基础上将角的概念推广到任意角并用实数来度量角,为进一步研究三角函数打下基础,具有承上启下的作用.

(4)育人价值:从现实中随处可见的周期性变化现象出发,借助单圆上的点运动规律发现任意角和弧度制,培养学生发现和提出问题、分析和解决问题的能力,发展学生直观想象、数学运算、逻辑推理等核心素养.

(5)教学重点:将0°~360°范围的角扩充到任意角,弧度制,弧度与角度的互化.

二、单元目标和目标解析

1.目标

(1)理解任意角概念,掌握象限角和用集合语言表示终边相同角,发展数学抽象核心素养.

(2)初步体会弧度制引入的背景及必要性,理解弧度制的概念,发展数学抽象核心素养.

(3)理解弧度与角度的互化,发展数学运算核心素养.

2.目标解析

达成上述目标的标志是:

(1)能通过不同的方式初步认识任意角,能识别正角、负角、零角,象限角和终边相同角.

(2)能类比角度制的定义解释弧度制,体会引入弧度制的必要性.

(3)能进行角度和弧度之间互化,能说明弧度制下弧长、扇形面积等公式的简洁性,进一步认识引入弧度制的意义.

三、单元教学问题诊断分析

对角的概念推广和数系的扩充一样,每一次扩充都会与学生以前的认知产生矛盾,打破学生认知的定势难度很大. 学生在掌握任意角概念的基础上认识终边相同的角,从图形上看就是这些角的始边和终边都相同,如何定量地表示终边相同的角并以集合的形式表示对学生来说都是较为困难的.另外,学生对用实数度量角还很不习惯,对弧度的理解比较困难,转变固有思维比较难.所以,学习弧度制与角度制的转换时,与学生已知的单位转换进制不同,需要学生真正理解之后才能应用到公式中.

基于上述分析,可以确定本单元的教学难点:任意角概念的构建,弧度的概念,用集合表示终边相同角.

四、单元教学支持条件分析

初中学生已经学习了角的静态定义和动态定义,其中角的动态定义为本单元角的推广提供了必要基础,教学中可以利用信息技术手段动态地表现角的终边旋转的过程,有利于学生观察角的大小变化与终边位置的关系,帮助学生了解任意角和弧度制的概念.

五、教学设计过程

第1课时

(一)课时教学内容

任意角.

(二)课时教学目标

(1)体会现实生活中存在的周期变化现象,感受周期变化现象的特点.

(2)了解任意角以及象限角的概念,了解正角、负角、零角的定义.

(3)掌握象限角和与角 α 终边相同的角(包括角 α)的表示方法.

(三)教学重点与难点

教学重点:任意角的概念,象限角和终边相同角的集合表示.

教学难点:任意角概念的建构,用集合表示终边相同的角.

(四)教学设计过程

1.创设情境,导入新课

引导语:生活中存在许多周而复始,循环往复的现象.例如昼夜交替、四季变换、潮汐变化、匀速圆周运动、物体做简谐运动时的位移变化等,这种变化规律称为周期性.

问题1:圆周运动是一种常见的周期性变化现象.如图1,⊙ O 上的点 P 以 A 为起点做逆时针方向的旋转,如何刻画点 P 的位置变化呢?

师生活动:学生思考并回答,学生可能使用角度、弧长等进行刻画,教师应予以肯定.

预设答案:可以借助角 α 的大小变化刻画.

追问1:初中角的定义什么?

预设答案:

静态定义:具有公共端点的两条射线组成的图形叫做角.

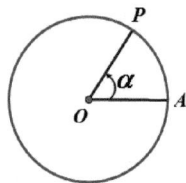

图1

动态定义:一条射线绕着它的端点从一个位置旋转到另一个位置所形成的图形叫做角.

追问2:初中所学角的范围什么?

预设答案: $0°\sim360°$.

追问3:生活中往往会出现很多不在 $0°\sim360°$ 的角,例如点 P 旋转一周后继续旋转,那么所得角就会超过这个范围,再如体操中的"前空翻转体540度,后空翻转体720度"等动作,不在 $0°\sim360°$ 的角我们如何定义呢?

【设计意图】学生通过观察生活中的实例,让学生切身体会角概念推广的必要性.

2.探究新知——任意角

问题2:请同学们观察PPT中呈现的两个齿轮旋转示意图,被动轮随着主动轮的旋转而旋转,而且被动轮与主动轮有相反的旋转方向.你认为如何刻画被动轮与主动轮旋转所形成的角?

师生活动:学生思考并回答,教师引导学生提炼出描述角的关键词旋转方向和旋转量.

预设答案:旋转方向和旋转量.

追问1:从方向上看,顺时针和逆时针是两个具有相反意义的量,在实数中我们学过可以用什么来表示两个具有相反意义的量?

预设答案:正负数.

角的定义:我们规定,一条射线绕其端点按逆时针方向旋转形成的角叫做正角,按顺时针方向旋转形成的角叫做负角,如果一条射线没有做任何旋转,就称它形成了一个零角.

练习1:(1)作图表示$210°$, $-150°$, $-660°$.

追问2:图2中的两个角相等吗?

预设答案:不相等.

追问3:如何定义相等角?

预设答案:如果两个角α,β的旋转方向相同且旋转量相等,就称$\alpha = \beta$.

归纳总结:我们把射线OA绕端点O按不同方向旋转相同的量所成的两个角叫做互为相反角. 类似于实数a的相反数是$-a$,角α的相反角记为$-\alpha$.

【设计意图】类比正负数的规定,说明正角、负角是用来表示具有相反意义的旋转量,把角拓展成任意角.

问题3:初中学过角的和、差运算,现在角的范围推广到任意角后,该如何定义角的运算呢?

师生活动:学生思考并回答,教师引导学生发现初中角的运算中不考虑方向,两角和差只考虑"大角减小角",角的范围扩充后,要注意考虑旋转量和旋转方向两个方面,不仅可以"小角减大角",而且对两角的和也赋予了全新的意义.

预设答案:定义两个任意角α,β的和是:把角α的终边旋转角β,这时终边所对应的角是$\alpha + \beta$.类似于实数减法的"减去一个数等于加上这个数的相

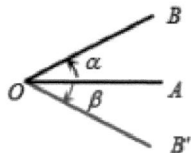

反数"一样. 我们有 $\alpha - \beta = \alpha + (-\beta)$.

练习2:(1)作图表示 $30° + 60°$;(2)作图表示 $30° - 60°$.

【设计意图】类比实数的运算来重新认识任意角的加减运算,结合学生已有的对角的加减运算的理解,引导学生从旋转量和旋转方向两个方面去理解任意角的加减运算.

3.探究新知——象限角、终边相同角的表示

问题4:实数可以用数轴上的点表示,因为有起点、移动方向和终点(特殊情况数0,起点与终点重合),实数在数轴上有了同一起点0,实数就可以有序地在数轴上表示出来.角是一个平面图形,那么用什么作为参照系讨论角呢?

师生活动:学生思考并回答,教师引导学生认识到平面直角坐标系自身就具有两条射线,可以把角放在平面直角坐标系中研究.把角的顶点与原点重合,角的始边与 x 轴的非负半轴重合,这样就把任意角在同一平面直角坐标系中进行了"序化".

追问1:大家知道实数可以分类,那么平面直角坐标系中的角能否进行分类呢?

预设答案:根据角的终边所在象限,将角分为第一象限角、第二象限角、第三象限角、第四象限角.

这样我们得到了象限角的概念:使角的顶点与原点重合,角的始边与 x 轴的非负半轴重合.那么角的终边在第几象限,就说这个角是第几象限角.如果角的终边在坐标轴上,那么就认为这个角不属于任何一个象限.

追问2:锐角是第几象限角?第一象限角一定是锐角吗?小于 $90°$ 的角一定是锐角吗?

预设答案:因为锐角是指大于 $0°$ 且小于 $90°$ 的角,所以锐角是第一象限角,第一象限角不一定是锐角.小于 $90°$ 的角不一定是锐角,还包括零角和负角.

【设计意图】让学生进一步体会任意角是初中所学的角的推广.

练习3:在直角坐标系中给定一个角,它的终边唯一确定吗?请在直角坐标系中作出下列各角,并指出它们是第几象限角.

(1) $-510°$;(2) $-75°$;(3) $855°$;(4) $420°$;(5) $60°$.

追问:以直角坐标系中任意一条射线为终边的角是否唯一?

预设答案:不唯一.

问题5:还有没有与60°角终边相同的角?它们与60°角有什么关系?能不能用集合的形式将它们表达出来?

师生活动:学生思考并讨论,教师引导学生列举与60°角终边相同的角,在列举的过程中发现与60°角终边相同的角有无数个.

预设答案:$S = \{\beta|\beta = 60° + k \cdot 360°, k \in \mathbf{Z}\}$.

【设计意图】由特殊到一般,通过对特殊角之间关系的研究得到一般性的结论,培养学生的数学抽象素养.

4.例题讲解,初步应用

例1:在0°~360°范围内,找出与角−950°12′终边相同的角,并判定它是第几象限角.

师生活动:教师引导学生先估计−950°12′大致是360°的几倍,然后再具体求解.

解:$-950°12' = 129°48' - 3 \times 360°$,所以在0°~360°范围内,与−950°12′角终边相同的角是129°48′,它是第二象限角.

【设计意图】使学生能用终边相同的角解决实际问题,为以后证明恒等式、化简及利用诱导公式求三角函数的值等奠定基础.

例2:写出终边在y轴上的角的集合.

师生活动:教师引导学生用集合表示终边相同的角,并观察到终边在一条直线上.

解:在0°~360°范围内,终边在y轴上的角有两个,即90°和270°角.因此,所有与90°角终边相同的角构成集合$S_1 = \{\beta|\beta = 90° + k \cdot 360°, k \in \mathbf{Z}\}$,而与270°角终边相同的角构成集合$S_2 = \{\beta|\beta = 270° + k \cdot 360°, k \in \mathbf{Z}\}$,

于是,终边在y轴上的角的集合

$S = S_1 \bigcup S_2$

$= \{\beta|\beta = 90° + 2k \cdot 180°, k \in \mathbf{Z}\} \bigcup \{\beta|\beta = 270° + 2k \cdot 180°, k \in \mathbf{Z}\}$

$= \{\beta|\beta = 90° + 2k \cdot 180°, k \in \mathbf{Z}\} \bigcup \{\beta|\beta = 90° + (2k + 1) \cdot 180°, k \in \mathbf{Z}\}$

$= \{\beta|\beta = 90° + n \cdot 180°, n \in \mathbf{Z}\}$.

【设计意图】让学生理解终边在坐标轴上的角的表示,"终边在一条直线上"的代数解释是"两个集合中的元素相差180°的整数倍".

例3:写出终边在直线$y = x$上的角的集合$S.S$中满足不等式$-360° \leqslant \beta <$

$720°$的元素β有哪些?

师生活动:学生独立思考并完成,教师点评.

解:如图3,在直角坐标系中直线$y = x$与x轴的夹角是$45°$,在$0°\sim360°$范围内,终边在直线$y = x$的角有两个:$45°,225°$.因此,终边在直线$y = x$上的角的集合

$$S = \{\beta|\beta = 45° + 2k \cdot 180°, \ k \in \mathbf{Z}\} \bigcup \{\beta|\beta = 225° + 2k \cdot 180°, \ k \in \mathbf{Z}\}$$
$$= \{\beta|\beta = 45° + 2k \cdot 180°, \ k \in \mathbf{Z}\} \bigcup \{\beta|\beta = 45° + (2k + 1) \cdot 180°, \ k \in \mathbf{Z}\}$$
$$= \{\beta|\beta = 45° + n \cdot 180°, \ n \in \mathbf{Z}\}.$$

S中适合不等式$-360° \le \beta < 720°$的元素β有

$$45° - 2 \times 180° = -315°,$$
$$45° - 1 \times 180° = -135°,$$
$$45° - 0 \times 180° = 45°,$$
$$45° + 1 \times 180° = 225°,$$
$$45° + 2 \times 180° = 405°,$$
$$45° + 3 \times 180° = 585°.$$

【设计意图】巩固终边相同角的表示.

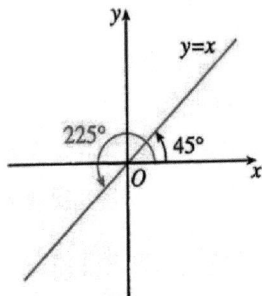

图3

5.梳理小结,形成结构

通过本节课的学习,你有哪些收获?试从知识、方法、数学思想、经验等方面谈谈.

(1)知识:

| 周而复始现象 | → | 圆周运动 | → | 任意角 | → | 象限角、终边相同角表示 |

(2)思想方法:特殊到一般、类比思想、数形结合.

6.作业布置,应用迁移

课本175页习题5.1第1,2题.

第2课时

(一)课时教学内容

弧度制.

(二)课时教学目标

(1)掌握弧度制的概念,可以在角度制与弧度制之间相互转化.

(2)能理解角与实数之间的一一对应关系,并能将弧度制应用到公式计算中.

(三)教学重点与难点

教学重点:弧度制的定义以及弧度制的表示.

教学难点:理解弧度制的定义,弧度制的运用.

(四)教学设计过程

1.创设情境,导入新课

问题1:周末在超市购物时,大米标价是3元/斤,但结账时却显示6元/千克,是超市弄错了吗? 为什么?

师生活动:学生思考并回答,教师引导学生说明是由于度量制的不同.

预设答案:没有弄错,因为使用了不同的度量制.

追问:你还知道哪些量有不同的度量制? 举例说明.

预设答案:例如度量长度可以用米、英尺、码等;度量体积可以用立方米、升等不同的单位.

教师总结:大家知道,函数是两个实数之间的对应关系,而实数采用的进位制是十进制.为了研究周期性变化现象,需要建立任意角三角函数,而角度制是六十进制,因此,我们需要引入新的度量制,那么度量角除了角度制,还有其他单位制吗?

【设计意图】通过生活中的发现,度量质量可以用斤、千克等不同的单位制,让学生体会度量一样东西可以有多种度量制,另外,为了满足函数定义的要求,也需要引入新的度量制,从而激发学生对角的其他度量制的探索欲.

2.探究新知——弧度制

问题2:角度制是如何定义的?

师生活动:学生思考并回答.

预设答案:1度的角等于周角的$\frac{1}{360}$.这种用度作为单位来度量角的单位制叫做角度制.

追问1:能否用1度的圆心角所对的弧长或弦长来度量角?

预设答案:1度的角在半径不同的圆中所对应的弧长或弦长不相等,所以仅用弧长或弦长来度量角是不行的.

追问2:在圆O中,圆心角、弧长和半径之间有怎样的关系呢? 如图1,射

线 OA 绕端点 O 旋转到 OB 形成角 α. 在旋转过程中,射线 OA 上的点 P(不同于点 O)的轨迹是一条圆弧,这条圆弧对应于圆心角 α. 设 $\alpha = n^\circ$,$OP = r$,点 P 所形成的圆弧的长为 l. 回忆初中所学知识,弧长 l 如何用圆心角 α 来表示?

预设答案: $l = \dfrac{n\pi r}{180}$,于是 $\dfrac{l}{r} = n\dfrac{\pi}{180}$.

追问 3: 如图,在射线 OA 上任取一点 Q(不同于点 O 和 P),$OQ = r_1$. 在旋转过程中,点 Q 所形成的圆弧的长为 l_1,那么 l_1 与 r_1 的比值是多少? 你能得出什么结论?

预设答案: $\dfrac{l_1}{r_1} = n\dfrac{\pi}{180}$. 圆心角所对的弧长与半径的比值,与半径的大小无关,只与 α 的大小有关,也就是说,这个比值随 α 的确定而唯一确定. 因此可以用弧长和半径的比值来度量圆心角.

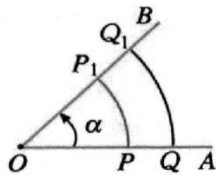

图1

追问 4: 要建立一种新的度量制,那么首先要确定什么?

师生活动: 要有一个度量单位,正如度量长度的长度单位是 $1\,\mathrm{m}$,度量质量的单位是 $1\,\mathrm{kg}$ 等.

预设答案: 需要有一个度量单位.

追问 5: 如何规定比较合理?

预设答案: 可以规定比值 $\dfrac{l}{r}$ 为 1 时对应的角为 1 个单位角.

我们规定: 长度等于半径长的圆弧所对的圆心角叫做 1 弧度的角,弧度单位用符号 rad 表示,读作弧度. 用这种方式度量角的单位制称为弧度制. 我们把半径为 1 的圆叫做单位圆,在单位圆 O 中,弧 $\overset{\frown}{AB}$ 的长等于 1,$\angle AOB$ 就是 1 弧度的角(如图2).

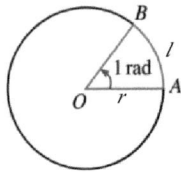

图2

【设计意图】 通过圆中半径、弧长与圆心角三者的关系得出弧度角的定义,十分自然地引入弧度制.

问题 3: 在半径为 r 的圆中,弧长为 l 的弧所对的圆心角为 α,那么弧度数计算公式是什么?

预设答案: $|\alpha| = \dfrac{l}{r}$.

追问: 角有正、负、零角之分,它的弧度数呢?

预设答案:类比角度制,弧度数的正负由角的终边的旋转方向决定.

一般地,正角的弧度数是一个正数,负角的弧度数是一个负数,零角的弧度数是0.

【设计意图】深化理解弧度的定义. 在单位圆中,直观感受1 rad的角的大小,体会1 rad角的几何表示,由此分析弧度数计算公式,培养学生数形结合、逻辑推理的能力.

3.探究新知——角度制与弧度制转换

问题4:既然角度制、弧度制都是角的度量制,那么它们之间如何换算?

师生活动:学生思考并小组讨论,完成后小组代表回答,教师梳理.

预设答案:这两种角度度量制之间的关系是:$360° = 2\pi$ rad,即$180° = \pi$ rad,所以$1° = \dfrac{\pi}{180}$ rad,1 rad $= (\dfrac{\pi}{180})°$.

教师归纳:

$$180° = \pi \text{ rad} \begin{cases} 1° = \dfrac{\pi}{180} \text{ rad} \approx 0.01745 \text{ rad} \\ 1 \text{ rad} = (\dfrac{\pi}{180})° \approx 57.30° \end{cases}$$

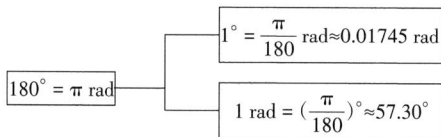

【设计意图】引导学生体会弧度制与角度制是对同一个量的不同度量方式,二者虽然单位不同,但是互相联系、辩证统一.从特殊到一般,由整圆和半圆所对的圆心角引导学生得到角度与弧度的换算关系.

练习:填写下列特殊角的度数与弧度数的对应表:

度	0°	30°	45°		120°	135°	150°		360°
弧度				$\dfrac{\pi}{3}$	$\dfrac{\pi}{2}$			π	$\dfrac{3\pi}{2}$

4.探究新知——角的集合与实数集的对应关系

教师总结:角的概念推广后,在弧度制下,角的集合与实数集**R**之间建立起一一对应的关系:每一个角都有唯一的一个实数(等于这个角的弧度数)与它对应;反过来,每一个实数也都有唯一的一个角(即弧度数等于这个实数的角)与它对应(如图3).

5.理解概念,初步应用

例1:按照下列要求,把67°30′化成弧度.

(1)精确值;(2)精确到0.001的近似值.

师生活动：学生自行完成并回答问题．

解：(1)因为 $67°30' = (\dfrac{135}{2})°$，

所以 $67°30' = \dfrac{135}{2} \times \dfrac{\pi}{180}$ rad $= \dfrac{3}{8}\pi$ rad

(2)利用计算器有

图3

1.178097245．

因此，$67°30' \approx 1.178$ rad．

【设计意图】在换算中学会根据要求的精度不同，选择不同的计算方式．

例2：将 3.14 rad 换算成角度(用度数表示，精确到 0.001)．

师生活动：学生思考并解决问题，教师巡视学生的完成情况，对于学生正确的地方给予肯定，错误的地方及时提出指正．

解：利用计算器有

179.9087477．

因此，3.14 rad $\approx 179.909°$．

【设计意图】强化学生对于角度制与弧度制的转化过程的认识．

例3：利用弧度制证明下列关于扇形的公式，

(1) $l = \alpha R$；(2) $S = \dfrac{1}{2}\alpha R^2$；(3) $S = \dfrac{1}{2}lR$．

师生活动：学生思考并回答问题，教师利用多媒体技术展示学生的推导过程，并说明弧度制的优点．

预设答案：(1)由公式 $|\alpha| = \dfrac{l}{r}$ 可得 $l = \alpha R$．

下面证明(2)(3)．

由于半径为 R，圆心角为 $n°$ 的扇形的弧长公式和面积公式分别是 $l = \dfrac{n\pi R}{180}$，$S = \dfrac{n\pi R^2}{360}$．

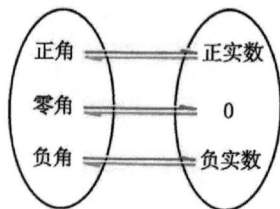

将 $n°$ 转换为弧度,得 $\alpha = \dfrac{n\pi}{180}$,于是 $S = \dfrac{1}{2}\alpha R^2$. 将 $l = \alpha R$ 代入上式,即得 $S = \dfrac{1}{2}lR$.

【设计意图】让学生思考对比角度制与弧度制的特点,形成角度制与弧度制的逻辑联系.

6.梳理小结,形成结构

通过本节课的学习,你有哪些收获?试从知识、方法、数学思想、经验等方面谈谈.

(1)知识:

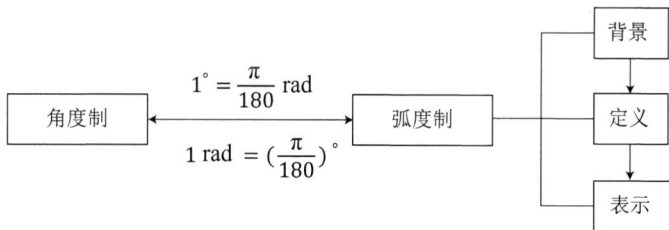

(2)思想方法:类比,数形结合.

7.作业布置,应用迁移

课本176页习题5.1第7,8,9题.

六、教学设计评析

本单元是学习三角函数的预备知识,学生在初中已经有了角的概念,但具有一定的局限性,所有可以从借助角的大小变化刻画圆周运动出发,引发学生认知冲突,更好地理解将角的概念推广的必要性.教学中要应用研究一类数学对象的基本路径去规划研究内容,鼓励学生通过类比发现和提出问题,建立一般研究路径.在任意角的探究中类比数系的扩充,建立"背景—定义—度量—运算—性质"的研究路径,弧度制的探究可以类比长度、质量等度量制的学习,构建"背景—定义—表示—换算"的研究路径.教学中要充分利用单位圆,引导学生借助单位圆的几何直观去研究问题,为后面三角函数的研究打好基础.

课例10 三角函数的概念

一、单元内容和内容解析

1.内容

本单元主要学习三角函数的概念;三角函数的基本性质:三角函数值的符号、诱导公式一、同角三角函数的基本关系.本单元的知识结构如下:

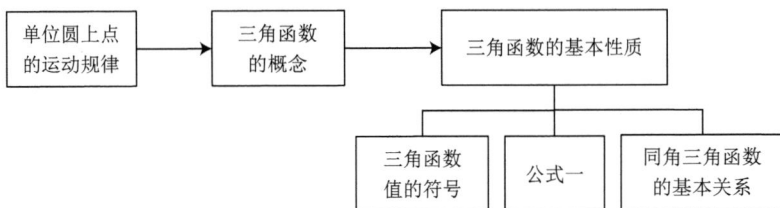

建议用3课时完成教学.第1课时为三角函数的概念;第2课时为三角函数的性质;第3课时为同角三角函数的基本关系.

2.内容解析

(1)内容的本质:三角函数是一类最典型的周期函数,是解决实际问题的重要工具,是学习数学和物理、天文等学科的重要基础.

(2)蕴含的数学思想和方法:研究思路,背景→三角函数的概念→三角函数的性质→同角三角函数的基本关系.本单元以函数思想为指导,以坐标系和单位圆为工具掌握三角函数的定义,在此基础上可得到值域、三角函数值的符号、公式一和同角三角函数的基本关系等性质,体现数形结合的思想.

(3)知识的上下位关系:前面已经学习了函数的概念以及基本初等函数,为三角函数的概念抽象提供了研究基础,三角函数的概念对三角函数的整体学习至关重要,也是以后学习平面向量、解析几何等内容的基础.

(4)育人价值:本节课从生活中存在"周而复始"的现象引入三角函数,通过刻画动点 P 在单位圆上的位置,抽象出三角函数的概念,培养了学生的数学抽象、数学建模和数学运算等核心素养.

(5)教学重点:正弦函数、余弦函数、正切函数的定义,同角三角函数的基本关系.

二、单元目标和目标解析

1.目标

(1)了解三角函数的背景,体会三角函数与现实世界的密切联系.

(2)经历三角函数概念的抽象过程,借助单位圆理解任意角三角函数(正弦、余弦、正切)的定义,发展数学抽象素养.

(3)掌握三角函数值的符号.

(4)理解同角三角函数的基本关系,发展数学运算素养.

2.目标解析

达成上述目标的标志是:

(1)了解三角函数是刻画现实世界中"周而复始"变化规律的数学工具,能体会到匀速圆周运动在周而复始变化现象中的代表性.

(2)能借助单位圆理解三角函数的定义,体会三角函数的几何意义.

(3)能根据三角函数的定义确定三角函数的符号.

(4)能借助单位圆利用定义推导出同角三角函数的基本关系式,并会运用它们进行简单三角函数式的化简、证明和求值等运算.

三、单元教学问题诊断分析

学生在初中已经学习过锐角三角函数,它是用直角三角形边长的比来刻画的,锐角三角函数的引入与"解三角形"有直接关系.任意角的三角函数是刻画周期变化的数学模型,它与"解三角形"已经没有什么关系了.因此,与学习其他函数一样,任意角的三角函数应以周期变化现象为背景,构建从抽象研究对象到研究它的图象、性质再到实际应用的过程,与锐角三角函数的联系可以在给出任意角三角函数定义后再指出它们的联系.

三角函数概念的建构过程与前面各类基本初等函数概念建构过程又有所不同.前面学习的基本初等函数,涉及的量(常量与变量)较少,解析式都有明确的运算含义,在三角函数中,影响单位圆上点的坐标变化的因素较多,对应关系不以"代数运算"为媒介,是"α 与 x,y 直接对应",无须计算,虽然 α,x,y 都是实数,但实际上是"几何元素之间的对应".所以,对应关系与学生已有的经验有较大的距离,这对学生来说是一个难点.

基于上述分析,可以确定本节的教学难点:理解三角函数的对应关系和

定义方式.

四、单元教学支持条件分析

利用信息技术手段动态改变角的终边的位置,加强学生对单位圆上点的坐标随角的变化而变化的直观感受,有利于学生观察运动中的对应关系,为三角函数概念的理解提供帮助.

五、教学设计过程

第1课时

(一)课时教学内容

三角函数的概念.

(二)课时教学目标

(1)了解三角函数的背景,体会三角函数与现实世界的密切联系.

(2)经历三角函数概念的抽象过程,借助单位圆理解任意角三角函数(正弦、余弦、正切)的定义,发展学生数学建模和数学抽象素养.

(三)教学重点与难点

教学重点:三角函数的概念.

教学难点:理解三角函数的对应关系和定义方式;正确认识符号 $\sin \alpha$, $\cos \alpha$, $\tan \alpha$.

(四)教学设计过程

1.创设情境,导入新课

引导语:在客观世界中存在大量循环往复、周而复始的周期现象,匀速圆周运动是这类现象的代表.大家都坐过摩天轮(抽象成一个圆),如果摩天轮以 A 为起点做逆时针方向旋转,如何刻画点 P 的位置(如图1)?

【设计意图】让学生了解本节课的知识与哪些知识相关,借助一个熟悉的问题,引出本节课的研究对象.

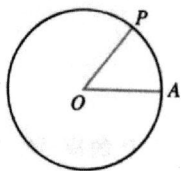

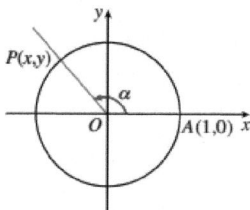

图1　　　　　　　　　　　图2

2.探究新知,性质归纳

问题1: 根据研究函数的经验,我们利用直角坐标系来研究.如图2,建立直角坐标系,点 A 的坐标为 $(1, 0)$,点 P 的坐标为 (x, y) .射线 OA 从 x 轴的非负半轴开始,绕点 O 按逆时针方向旋转角 α ,终止位置为 OP .如何刻画点 P 的位置呢? 我们可以如何研究?

师生活动: 学生在独立思考的基础上交流、讨论.

预设答案: 从特殊到一般,研究旋转角 α 取特殊角时点 P 的位置,然后再推广到一般情况.

【设计意图】 开门见山引出研究内容、过程与研究方法,指明点 P 随着角度的变化而变化,明确构建函数模型的目标,为具体研究指明方向.

问题2: 当 $\alpha = \dfrac{\pi}{2}$ 时,点 P 的坐标是什么? 当 $\alpha = \dfrac{\pi}{6}$ 或 $\dfrac{2\pi}{3}$ 时,点 P 的坐标又是什么? 它们是唯一确定的吗?

师生活动: 学生思考后回答.请学生直接回答 $\alpha = \dfrac{\pi}{2}$ 时点 P 的坐标,教师演示 $\alpha = \dfrac{\pi}{6}$ 时点 P 坐标的求法,特别指出 $\alpha = \dfrac{2\pi}{3}$ 坐标的正负.

预设答案: 当 $\alpha = \dfrac{\pi}{2}$ 时,点 P 的坐标是 $(0, 1)$;当 $\alpha = \dfrac{\pi}{6}$ 时,点 P 的坐标是 $(\dfrac{\sqrt{3}}{2}, \dfrac{1}{2})$;当 $\alpha = \dfrac{2\pi}{3}$ 时,点 P 的坐标是 $(-\dfrac{1}{2}, \dfrac{\sqrt{3}}{2})$,它们是唯一确定的.

追问: 一般地,任意给定一个角 α ,它的终边 OP 与单位圆交点 P 的坐标能唯一确定吗?

预设答案: 终边 OP 与单位圆交点 P 的坐标是唯一确定的.

问题3: 这个运动过程中有哪些变量,判断它们之间是否具有函数关系? 能否运用函数的语言刻画这种对应关系呢?

师生活动: 学生思考并小组讨论,找出三个变量之间的对应关系.

预设答案 : f : 实数 α (弧度) 对应于点 P 的纵坐标 y (如 $y = \sin \dfrac{\pi}{2}$,

$y = \sin \dfrac{\pi}{6}$), g : 实数 α (弧度) 对应于点 P 的横坐标 x (如 $x = \cos \dfrac{\pi}{2}, x = \cos \dfrac{\pi}{6}$).

教师总结 : 设 α 是一个任意角, $\alpha \in \mathbf{R}$, 它的终边 OP 与单位圆相交于点 $P(x, y)$, 那么把点 P 的纵坐标 y 叫做 α 的正弦函数, 记做 $\sin \alpha$, 即 $y = \sin \alpha$; 把点 P 的横坐标 x 叫做 α 的余弦函数, 记做 $\cos \alpha$, 即 $x = \cos \alpha$.

追问 1 : $\dfrac{y}{x}$ 是 α 的函数吗?

预设答案 : 因为对于确定的角 α , $P(x, y)$ 是确定的, 所以 $\dfrac{y}{x}$ 的值是唯一确定的, 即 $\dfrac{y}{x}$ 是 α 的函数.

正切函数 : 把点 P 的纵坐标与横坐标的比值 $\dfrac{y}{x}$ 叫做 α 的正切函数, 记做 $\tan \alpha$, 即 $\dfrac{y}{x} = \tan \alpha (x \neq 0)$.

追问 2 : 这三个函数的定义域是什么?

预设答案 : 正弦函数定义域 : $\mathbf{R}$; 余弦函数定义域 : $\mathbf{R}$; 正切函数的定义域 : $\left\{ x | x \neq \dfrac{\pi}{2} + k\pi, \ k \in \mathbf{Z} \right\}$.

通常将它们记为 : 正弦函数 $y = \sin x$, $x \in \mathbf{R}$, 余弦函数 $y = \cos x$, $x \in \mathbf{R}$, 正切函数 $y = \tan x$, $x \neq \dfrac{\pi}{2} + k\pi (k \in \mathbf{Z})$.

【设计意图】 以函数的对应关系为方向, 从特殊到一般, 使学生确认相应的对应关系满足函数的定义, 角的终边与单位圆交点的横、纵坐标都是圆心角 α (弧度)的函数, 抽象概括出三角函数的定义.

问题 4 : 在初中我们学了锐角三角函数, 知道它们都是以锐角为自变量, 以比值为函数值的函数. 设 $x \in \left(0, \ \dfrac{\pi}{2} \right)$, 把按锐角三角函数定义求得的锐角 x 的正弦记为 y_1 , 并把按本节三角函数定义求得的 x 的正弦记为 z_1 . y_1 与 z_1 相等吗? 对于余弦、正切也有相同的结论吗?

师生活动 : 学生独立思考, 教师引导学生作图并得出结论.

预设答案 : 如图 3, 作出 $\mathrm{Rt} \triangle ABC$, 其中 $\angle A = x$, $\angle C$ 为直角, 再将它放入直

角坐标系中,使点 A 与原点重合,AC 在 x 轴的正半轴上,在 AB 上取 B_1,使 $AB_1 = 1$,作 $B_1C_1 \perp AC$,交 AC 于 C_1,可得出 $y_1 = \sin x = B_1C_1 = \dfrac{C_1B_1}{AB_1} = \dfrac{CB}{AB} = z_1$. 对于余弦、正切也有相同的结论.

3.例题讲解,初步应用

例1:利用三角函数的定义求 $\dfrac{5\pi}{3}$ 的正弦、余弦和正切值.

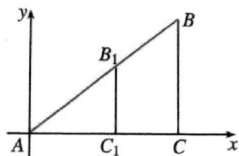

图3

师生活动:先由学生发言,再总结出从定义出发求三角函数值的基本步骤,并得出答案.

解:如图4,在直角坐标系中,作 $\angle AOB = \dfrac{5\pi}{3}$.

易知 $\angle AOB$ 的终边与单位圆的交点坐标为 $\left(\dfrac{1}{2}, -\dfrac{\sqrt{3}}{2}\right)$.

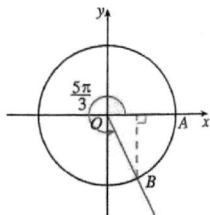

图4

所以,$\sin\dfrac{5\pi}{3} = -\dfrac{\sqrt{3}}{2}$,$\cos\dfrac{5\pi}{3} = \dfrac{1}{2}$,$\tan\dfrac{5\pi}{3} = -\sqrt{3}$.

【设计意图】巩固任意角三角函数的定义.

例2:如图5,设 α 是一个任意角,它的终边上任意一点 P(不与原点 O 重合)的坐标为 (x, y),点 P 与原点的距离为 r. 求证:$\sin\alpha = \dfrac{y}{r}$,$\cos\alpha = \dfrac{x}{r}$,$\tan\alpha = \dfrac{y}{x}$.

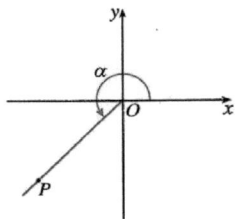 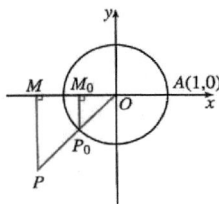

图5　　　　　　　　图6

师生活动:学生独立思考,教师引导学生根据三角函数的定义作图表示出 $\sin\alpha, \cos\alpha$,结合图象,利用相似性证明结论.

解:如图6,设角 α 的终边与单位圆交于点 $P_0(x_0, y_0)$. 分别过点 P, P_0 作 x 轴的垂线 PM, P_0M_0,垂足分别为 M, M_0,则

$|P_0M_0| = |y_0|$，$|PM| = |y|$，$|OM_0| = |x_0|$，$|OM| = |x|$，$\triangle OMP \backsim \triangle OM_0P_0$.

于是 $\dfrac{|P_0M_0|}{1} = \dfrac{|PM|}{r}$，即 $|y_0| = \dfrac{|y|}{r}$. 因为 y_0 与 y 同号，所以 $y_0 = \dfrac{y}{r}$，即 $\sin\alpha = \dfrac{y}{r}$. 同理可得 $\cos\alpha = \dfrac{x}{r}$；$\tan\alpha = \dfrac{y}{x}$.

追问 1: r 与 P 点坐标 $(x,\ y)$ 有什么关系?

预设答案: $r = \sqrt{x^2 + y^2}$.

追问 2: 已知角 α 的终边经过点 $P(-3,\ -4)$，你能求出角 α 的正弦、余弦和正切值吗?

预设答案: 因为 $r = \sqrt{x^2 + y^2} = 5$，所以 $\sin\alpha = \dfrac{y}{r} = -\dfrac{4}{5}$；$\cos\alpha = -\dfrac{3}{5}$；$\tan\alpha = \dfrac{y}{x} = \dfrac{4}{3}$.

【设计意图】通过例2使学生认识三角函数的"坐标比"定义，明确只要知道角的终边上的任意一点，就可以得到相应的三角函数值.

4.梳理小结,形成结构

通过本节课的学习,你有哪些收获? 试从知识、方法、数学思想、经验等方面谈谈.

(1)知识:

| 单位圆上
点的运动 | → | 对应关系
特点分析 | → | 三角函
数概念 | → | 概念
应用 |

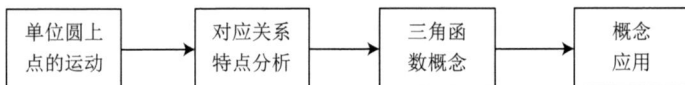

(2)思想方法:特殊与一般,数形结合.

5.作业布置,应用迁移

课本184页习题5.2第1,2,3题.

第2课时

(一)课时教学内容

三角函数值的符号,诱导公式一.

(二)课时教学目标

(1)掌握三角函数值的符号.

(2)掌握诱导公式一,初步体会三角函数的周期性.

(三)教学重点与难点

教学重点:诱导公式一.

教学难点:通过诱导公式一,体会三角函数的周期性.

(四)教学设计过程

1.复习回顾,导入新课

问题1:任意给定角α,它的终边与单位圆的交点为$P(x,y)$,角α的三角函数是如何定义的?

师生活动:学生回顾三角函数定义并回答.

预设答案:交点的纵坐标y是α的正弦函数,交点的横坐标x是α的余弦函数,纵坐标与横坐标的比值是α的正切函数.

追问:前面学习了三角函数的定义,我们可以利用三角函数刻画匀速圆周运动,根据已有的学习函数的经验,你认为接下来应研究三角函数的哪些问题?

师生活动:学生思考并回答,学生容易想到研究三角函数的"图象与性质",教师可以在肯定学生想法的基础上,指出三角函数的特殊性——从定义入手,先研究基本性质.

预设答案:三角函数的"图象与性质".

下面我们借助单位圆一起来研究三角函数的一些基本性质.

【设计意图】明确研究的问题和思考方向,数学的研究过程具有一般性和统一性.

2.探究新知,性质归纳

问题2:根据定义,你能求出$\dfrac{\pi}{3}$,$\dfrac{7\pi}{6}$,$\dfrac{5\pi}{3}$的三角函数值吗?

师生活动:学生画图,根据定义求出三角函数值,教师巡视并指导.

预设答案:$\sin\dfrac{\pi}{3}=\dfrac{\sqrt{3}}{2}$,$\cos\dfrac{\pi}{3}=\dfrac{1}{2}$,$\tan\dfrac{\pi}{3}=\sqrt{3}$;

$$\sin\dfrac{7\pi}{6}=-\dfrac{1}{2},\cos\dfrac{7\pi}{6}=-\dfrac{\sqrt{3}}{2},\tan\dfrac{7\pi}{6}=\dfrac{\sqrt{3}}{3};$$

$$\sin\dfrac{5\pi}{3}=-\dfrac{\sqrt{3}}{2},\cos\dfrac{5\pi}{3}=\dfrac{1}{2},\tan\dfrac{5\pi}{3}=-\sqrt{3}.$$

追问:三角函数值为什么会有正有负呢?

预设答案:单位圆上点的坐标或者坐标的比值就是三角函数值,点的坐

标在不同象限内正负会发生变化.

【设计意图】通过求具体三角函数值让学生体会三角函数值的符号与象限之间的关系.

问题3: 你能发现正弦函数、余弦函数和正切函数在各个象限的函数值的符号有什么规律吗?

师生活动: 学生思考并小组讨论,教师巡视并指导,学生回答后梳理总结.

预设答案: 正弦值 y 对于第一、二象限的角是正的,对于第三、四象限的角是负的.余弦值 x 对于第一、四象限的角是正的,对于第二、三象限的角是负的.正切值 $\dfrac{y}{x}$ 对于第一、三象限的角是正的,对于第二、四象限的角是负的.

教师总结: 三角函数在各个象限的符号规律:一全正,二正弦,三正切,四余弦.

【设计意图】通过观察函数值,让学生充分思考,自主探究三角函数值符号.

例1: 求证角 θ 为第三象限角的充要条件是 $\begin{cases} \sin\theta < 0, \\ \tan\theta > 0. \end{cases}$

师生活动: 教师引导下学生明确问题的条件和结论,然后独立完成证明.

证明: 先证充分性,即如果两式都成立,那么 θ 为第三象限角.

因为 $\sin\theta < 0$ 成立,所以 θ 角的终边可能在第三或第四象限,也可能与 y 轴的负半轴重合;

又因为 $\tan\theta > 0$ 成立,所以 θ 角的终边可能在第一或第三象限.

两式同时成立, θ 角的终边只能位于第三象限.所以角 θ 为第三象限角.

必要性学生自己证明.

【设计意图】结合常用逻辑用语中的条件,要让学生先把问题的条件、结论弄清楚,然后再给出证明.这一问题的解决可以训练学生的数学语言表达能力.

问题4: 从三角函数的定义出发,你能发现哪些角的同一三角函数的值相等?

师生活动: 学生思考并回答,教师引导学生从角终边所在位置分析.

预设答案: 有的角的终边不同,但对应的三角函数值相等.由三角函数的定义可知,终边相同的角的同一三角函数的值一定相等.

追问1:用符号语言怎么表达?

预设答案:$\begin{cases} \sin(\alpha + k \cdot 2\pi) = \sin\alpha, \\ \cos(\alpha + k \cdot 2\pi) = \cos\alpha, \\ \tan(\alpha + k \cdot 2\pi) = \tan\alpha, \end{cases}$ 其中,$k \in \mathbf{Z}$.这组公式称为诱导公式一.

追问2:诱导公式一反映了三角函数的什么特点?

预设答案:反映了三角函数值有"周而复始"的变化规律,即角α的终边每绕原点旋转一周,函数值将重复出现.

追问3:你认为诱导公式一有什么作用?

预设答案:在运算中起到简化的作用,即利用公式一,可以把任意角的三角函数值,转化为求0到2π范围角的三角函数值.

【设计意图】任意给定角α,无论是逆时针旋转还是顺时针旋转,只要旋转整数周,就会回到原来的位置,与单位圆交于同一点,同一三角函数值相等,让学生体会三角函数的周期性.

3.例题讲解,初步应用

例2:确定下列三角函数值的符号,然后用计算工具验证.

(1)$\cos 250°$;　　　(2)$\sin(-\dfrac{\pi}{4})$;

(3)$\tan(-672°)$;　　　(4)$\tan 3\pi$.

师生活动:学生独立思考,教师引导学生先判断角所在象限,再判断三角函数值的符号,计算器验证需要调整模式,把角度制换成弧度制.

解:(1)因为$250°$是第三象限角,所以$\cos 250° < 0$;

(2)因为$-\dfrac{\pi}{4}$是第四象限角,所以$\sin(-\dfrac{\pi}{4}) < 0$;

(3)因为$\tan(-672°) = \tan(48° - 2 \times 360°) = \tan 48°$,而$48°$是第一象限,所以$\tan(-672°) > 0$.

(4)因为$\tan 3\pi = \tan(\pi + 2\pi) = \tan\pi$,而$\pi$的终边在$x$轴上,所以$\tan\pi = 0$.

【设计意图】帮助学生进一步理解任意角的三角函数的概念及符号规律,培养学生严谨的思维习惯和逻辑推理素养.

例3:求下列三角函数值.

(1)$\sin 1\,480°10'$(精确到0.001);

$(2)\cos\dfrac{9\pi}{4}$;

$(3)\tan(-\dfrac{11\pi}{6})$.

师生活动:学生独立思考,教师巡视,引导学生借助诱导公式转化为求0到2π范围角的三角函数值,非特殊角用计算器求值,特殊角直接得出三角函数值.

解:$(1)\sin1\,480°10' = \sin(40°10' + 4×360°) = \sin40°10' ≈ 0.645$;

$(2)\cos\dfrac{9\pi}{4} = \cos(\dfrac{\pi}{4} + 2\pi) = \cos\dfrac{\pi}{4} = \dfrac{\sqrt{2}}{2}$;

$(3)\tan(-\dfrac{11\pi}{6}) = \tan(\dfrac{\pi}{6} - 2\pi) = \tan\dfrac{\pi}{6} = \dfrac{\sqrt{3}}{3}$.

练习:求下列各式的值.

$(1)\cos1\,110°$;$(2)\tan\dfrac{19\pi}{3}$;$(3)\sin(-1\,050°)$;$(4)\tan(-\dfrac{31\pi}{4})$.

【设计意图】帮助学生进一步巩固三角函数的诱导公式.诱导公式一可以把大角化小,负角化正,任意角的三角函数值转化为求0到2π范围角的三角函数值.

4.梳理小结,形成结构

通过本节课的学习,你有哪些收获? 试从知识、方法、数学思想、经验等方面谈谈.

(1)知识:

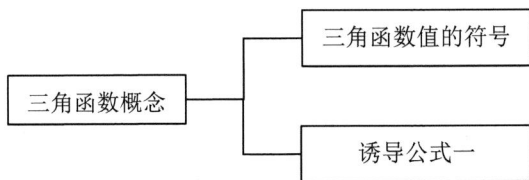

(2)思想方法:特殊到一般,化归与转化.

5.作业布置,应用迁移

课本185页习题5.2第5,6,7题.

第3课时

(一)课时教学内容

同角三角函数的基本关系.

(二)课时教学目标

(1)借助单位圆理解同角三角函数的基本关系式,体会三角函数的内在联系性.

(2)通过对三角函数概念和基本性质的实际应用,加强对三角函数概念和基本性质的理解,发展数学运算素养.

(三)教学重点与难点

教学重点:同角三角函数的基本关系及运用.

教学难点:同角三角函数的基本关系的灵活应用.

(四)教学设计过程

1.创设情境,导入新课

问题1:前面学习了三角函数的定义,由定义结合单位圆的性质,我们发现了三角函数的一些"与众不同"的性质.三角函数的定义是什么?终边相同的角的同一三角函数的值有什么关系?

师生活动:学生思考并回答.

预设答案:交点的纵坐标 y 是 α 的正弦函数 $y = \sin\alpha$,交点的横坐标 x 是 α 的余弦函数 $x = \cos\alpha$,纵坐标与横坐标的比值是 α 的正切函数 $\dfrac{y}{x} = \tan\alpha$.

诱导公式一:终边相同的角的同一三角函数的值相等.

追问:因为三个三角函数的值都是由角的终边与单位圆的交点坐标所唯一确定的,所以它们之间一定有内在联系.那么,终边相同的角的三个三角函数之间有什么关系呢?

【设计意图】开门见山抛出问题,激发学生的探索欲.

2.探究新知,性质归纳

问题2:根据前面三角函数的研究经验,我们应该借助什么工具研究终边相同的角的三个三角函数之间的关系呢?

师生活动:学生思考并回答,根据前面的学习经验学生很容易想到利用单位圆来研究.

预设答案:利用单位圆来研究.

【设计意图】回顾三角函数的一般研究方法,为本节课的研究指明方向.

问题3:如图1,在单位圆中,角 α 终边上一点 P 的坐标为 (x,y),角 α 的三个三角函数有怎样的关系?

师生活动:学生思考并小组讨论,学生容易发现 $\tan\alpha = \dfrac{\sin\alpha}{\cos\alpha}$,但对 $\sin^2\alpha + \cos^2\alpha = 1$ 发现较为困难,教师应适当引导.

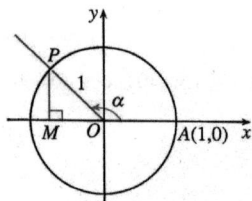

图1

预设答案:当 $\alpha \neq k\pi + \dfrac{\pi}{2}\,(k \in \mathbf{Z})$ 时,

$\because \dfrac{y}{x} = \tan\alpha,\ y = \sin\alpha,\ x = \cos\alpha,$

$\therefore \tan\alpha = \dfrac{\sin\alpha}{\cos\alpha}.$

追问1:x,y 的几何意义? 与哪些线段相关?

预设答案:$OM = |x|,\ MP = |y|$.

追问2:x,y 有何关系?

预设答案:

$\because OM^2 + MP^2 = 1,\quad \therefore x^2 + y^2 = 1,$

$\therefore \sin^2\alpha + \cos^2\alpha = 1.$

归纳总结:同角的三角函数关系:$\sin^2\alpha + \cos^2\alpha = 1$,$\tan\alpha = \dfrac{\sin\alpha}{\cos\alpha}$.

追问3:同角的三角函数关系用文字语言如何描述?

预设答案:同一个角 α 的正弦、余弦的平方和等于1,商等于角 α 的正切.

【设计意图】让学生借助单位圆探索同角三角函数的基本关系,培养学生发现问题,并探索问题解决的一般路径.

问题4:上述公式有哪些变形?

师生活动:学生思考并小组讨论,完成后小组代表展示,教师点评.

变形:$\sin^2\alpha + \cos^2\alpha = 1 \Leftrightarrow \sin^2\alpha = 1 - \cos^2\alpha \Leftrightarrow \sin\alpha = \pm\sqrt{1 - \cos^2\alpha}$
$\Leftrightarrow \cos\alpha = \pm\sqrt{1 - \sin^2\alpha}$.

变形:$\tan\alpha = \dfrac{\sin\alpha}{\cos\alpha} \Leftrightarrow \sin\alpha = \tan\alpha \cdot \cos\alpha \Leftrightarrow \cos\alpha = \dfrac{\sin\alpha}{\tan\alpha}$.

追问:在弦切互化的公式中,对角度是否有限制条件?

预设答案: $\tan \alpha = \dfrac{\sin \alpha}{\cos \alpha}(\alpha \neq \dfrac{\pi}{2} + k\pi, \ k \in \mathbf{Z})$; $\sin \alpha = \tan \alpha \cos \alpha(\alpha \neq \dfrac{\pi}{2} + k\pi, \ k \in \mathbf{Z})$; $\cos \alpha = \dfrac{\sin \alpha}{\tan \alpha}(\alpha \neq \dfrac{k\pi}{2}, \ k \in \mathbf{Z})$.

【设计意图】引导学生深刻理解公式的内在联系,为下面例题的教学做铺垫,同时培养了学生如何应用新的知识解决实际问题的能力.

3.例题讲解,初步应用

例1:已知 $\sin \alpha = -\dfrac{3}{5}$,求 $\cos \alpha$, $\tan \alpha$ 的值.

师生活动:师生共同完成,教师板书.

解:因为 $\sin \alpha < 0, \sin \alpha \neq -1$,所以 α 是第三或第四象限角.

由 $\sin^2 \alpha + \cos^2 \alpha = 1$ 得 $\cos^2 \alpha = 1 - \sin^2 \alpha = 1 - (-\dfrac{3}{5}) = \dfrac{16}{25}$.

如果 α 是第三象限角,那么 $\cos \alpha < 0$,于是 $\cos \alpha = -\sqrt{\dfrac{16}{25}} = -\dfrac{4}{5}$,

从而 $\tan \alpha = \dfrac{\sin \alpha}{\cos \alpha} = \dfrac{3}{4}$.

如果 α 是第四象限角,那么 $\cos \alpha > 0$,于是 $\cos \alpha = \sqrt{\dfrac{16}{25}} = \dfrac{4}{5}$,

从而 $\tan \alpha = \dfrac{\sin \alpha}{\cos \alpha} = -\dfrac{3}{4}$.

练习:(1)已知 $\cos \alpha = -\dfrac{4}{5}$,求 $\sin \alpha, \tan \alpha$ 的值.

(2)已知 $\tan \alpha = -\dfrac{3}{4}$,求 $\cos \alpha$, $\sin \alpha$ 的值.

【设计意图】巩固同角三角函数的关系,引导学生重视角的终边的位置对三角函数值的限制.

例2:求证 $\dfrac{\cos x}{1 - \sin x} = \dfrac{1 + \sin x}{\cos x}$.

师生活动:学生先独立思考,师生共同完成证法1,然后教师引导学生说出不同的证明方法.

证法1:由 $\cos x \neq 0$,知 $\sin x \neq -1$,所以 $1 + \sin x \neq 0$,于是

左边 $= \dfrac{\cos x(1 + \sin x)}{(1 - \sin x)(1 + \sin x)} = \dfrac{\cos x(1 + \sin x)}{1 - \sin^2 x} = \dfrac{\cos x(1 + \sin x)}{\cos^2 x} = \dfrac{1 + \sin x}{\cos x} =$ 右边.

所以原式成立.

证法2:因为$(1-\sin x)(1+\sin x) = 1-\sin^2 x = \cos^2 x = \cos x\cos x$,且$1-\sin x \neq 0, \cos x \neq 0$,所以$\dfrac{\cos x}{1-\sin x} = \dfrac{1+\sin x}{\cos x}$.

【设计意图】提高运用同角三角函数关系的水平,证明中需要由教师写出严谨的证明过程,为学生提供示范作用,提升学生数学运算和逻辑推理素养.

4.梳理小结,形成结构

通过本节课的学习,你有哪些收获?试从知识、方法、数学思想、经验等方面谈谈.

(1)知识:

| 三角函数概念 | → | 同角三角函数的基本关系 | → | 公式变形 | → | 应用 |

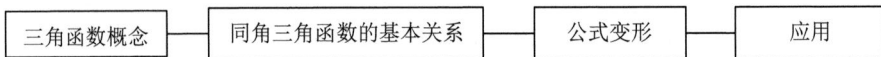

(2)思想方法:数形结合,化归与转化.

5.作业布置,应用迁移

课本185~186页习题5.2第11,13,15题.

六、教学设计评析

三角函数作为刻画现实世界中一类周期变化现象的函数模型,整体上仍然在"具体情境—共性归纳—定义—符号表示—概念辨析—概念应用"的一般观念引导下进行探究.但三角函数又与前面的函数研究具有很大区别,前面的函数学习,他们的对应关系都具有代数意义,但三角函数的对应关系不以"代数运算"为媒介,而是角和有向线段两个几何量之间的对应,这在学生以往经验中是缺乏的,因此在教学中需要充分利用单位圆引导学生找准对应关系,让学生结合一般函数概念去理解这种特殊对应关系,进而理解三角函数的内涵.

课例11　平面向量的应用

一、单元内容和内容解析

1.内容

本单元主要学习平面几何中的向量方法、余弦定理和正弦定理、平面向量在物理中的应用举例.本单元的知识结构如下:

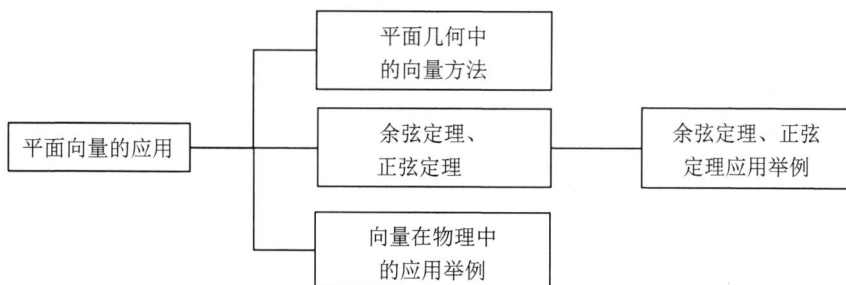

本单元建议用5课时.第1课时为平面几何中的向量方法;第2课时为向量在物理中的应用举例;第3课时为余弦定理;第4课时为正弦定理;第5课时为余弦定理、正弦定理应用举例.

2.内容解析

(1)内容的本质:向量具有明确的几何背景和丰富的物理背景,利用向量可以解决一些简单的平面几何问题和物理问题.三角形是平面几何中最常见、最重要的几何图形之一,而余弦定理和正弦定理是刻画三角形边角关系最为重要的两个定理,借助向量的运算,探索三角形边角之间的关系,突出了向量在解三角形中的应用.

(2)蕴含的数学思想和方法:在利用向量探究平面几何问题和物理问题的过程中,通过转化与化归、数形结合、类比等思想方法,先将几何问题和物理问题转化为向量问题,再通过向量的运算解决问题.

(3)知识的上下位关系:平面向量的概念、平面向量的运算、平面向量基本定理及其坐标表示为学习平面向量应用提供知识基础.利用向量探究得出的余弦定理和正弦定理,为解三角形提供了思路和方法.

(4)育人价值:平面向量应用是以向量为工具,借助向量的运算将平面几何问题代数化,物理问题数学化.通过具体的实例的学习,培养学生应用数学知识解决问题的能力,发展学生直观想象、数学建模、数学运算、逻辑推理等数学核心素养.

(5)教学重点:用向量方法解决简单几何问题、实际问题的方法与步骤;用向量方法证明余弦定理和正弦定理以及余弦定理和正弦定理的应用.

二、单元目标和目标解析

1.目标

(1)会用向量的方法解决简单的平面几何问题、力学问题以及其他实际问题,体会向量在解决数学和实际问题中的作用.

(2)借助向量的运算、探索三角形边长和角度之间的关系,掌握余弦定理和正弦定理.

(3)会运用余弦定理和正弦定理解决简单的实际问题.

2.目标解析

达成上述目标的标志是:

(1)能将平面几何中的元素用向量表示,借助向量的运算研究图形中的几何元素的关系;会将物理问题转化为向量问题,建立数学模型,利用数学模型解决问题.

(2)会利用余弦定理求解已知两边及其夹角和已知三边解三角形问题,知道正弦定理的多种证明方法,会用正弦定理求解已知两边和其中一边的对角、已知两角和夹边等解三角形问题.

(3)能从给定的现实情境中抽象出三角形,并运用余弦定理、正弦定理解决一些与测量和几何计算等有关的简单实际问题.

三、单元教学问题诊断分析

在运用平面向量知识解决几何问题和物理问题中,学生需要把研究对象转化为向量问题,这需要学生具有一定的知识迁移和转化的能力,但不少学生在这方面的意识和能力都有所欠缺.学生往往难以想到平面几何问题和物理问题与向量的密切联系,这对学生的学习会造成一定的困难.

余弦定理和正弦定理是研究三角形边角之间关系的,在学习过程中,由于学生在初中已经学习过勾股定理、解直角三角形以及利用勾股定理解决一些简单实际问题,这为我们的学习提供了一定的基础.高中学生学习了任意角的三角函数和三角恒等变换,获得了用向量解决问题的方法,这使得对三角形的研究更加复杂和多样化.另外,学生的生活经验比较匮乏,学生将实际问题转化成数学问题的能力有待提高,这些都会对学生的学习产生障碍.

基于上述分析,可以确定本节的教学难点:如何把几何问题、实际问题转化为向量问题,以及余弦定理和正弦定理的证明.

教学中要充分把握好平面几何问题、实际问题与向量之间的关系,引导学生用向量的眼光来看问题.对余弦定理和正弦定理的研究,要引导学生建立三角形的元素与向量之间的关系,利用向量探索三角形边角之间的关系,对于复杂的问题可以进行分解,通过问题串的形式引导学生自我发现和探究.

四、单元教学支持条件分析

借助信息技术手段建立数学模型,展示三角形动态变化演示,理解余弦定理和正弦定理的推导过程,直观形象地帮助学生理解平面向量的应用.

五、教学设计过程

第1课时

(一)课时教学内容

平面几何中的向量方法.

(二)课时教学目标

(1)利用向量的方法解决平面几何中的相关问题,掌握向量法解决几何问题的"三部曲".

(2)理解向量在处理平面几何问题中的优越性.

(三)教学重点与难点

教学重点:掌握向量法解决几何问题的"三部曲".

教学难点:利用化归思想将平面几何问题转化为向量问题.

(四)教学设计过程

1.复习回顾,导入新课

引导语:前面我们学习了平面向量的概念和运算,并通过平面向量基本定理,把向量的运算化归为实数的运算.本节我们将学习运用向量方法解决平面几何、物理中的问题,感受向量在解决实际问题中的作用.同时我们还将借助向量的运算,探索三角形边长与角的关系,把解直角三角形拓展到解任意三角形问题,这节课我们研究平面几何中的向量方法.

问题1:由于向量的线性运算和数量积运算具有鲜明的几何背景,平面几何图形的许多性质,如平移、全等、相似、长度、夹角等都可以由向量的线性运算及数量积表示出来,你能将以下平面几何元素及其表示转化为向量及其运算吗?

师生活动:师生共同回忆完成.

几何元素及其表示	向量及其运算
线段AB平行且等于线段CD	$\overrightarrow{AB} = \overrightarrow{CD}$
夹角$\angle AOB$	$\cos \angle AOB = \dfrac{\overrightarrow{OA} \cdot \overrightarrow{OB}}{|\overrightarrow{OA}||\overrightarrow{OB}|}$
A,B,C三点共线	$\overrightarrow{AB} = \lambda \overrightarrow{AC}$
直线$AB \perp CD$	$\overrightarrow{AB} \cdot \overrightarrow{CD} = 0$

【设计意图】复习常见平面几何图形性质的向量表示方法,为向量在平面几何中的应用提供理论依据.

2.探究新知,获得方法

例1:如图1,DE 是 $\triangle ABC$ 的中位线,用向量方法证明:$DE /\!/ BC$,$DE = \dfrac{1}{2}BC$.

追问1:初中我们是如何证明的?

预设答案:学生思考回忆初中证明方法.

追问2:$DE /\!/ BC$,$DE = \dfrac{1}{2}BC$用向量如何表示?

预设答案:$\overrightarrow{DE} = \dfrac{1}{2}\overrightarrow{BC}$.

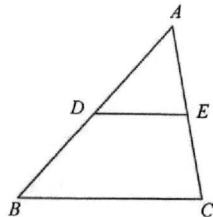

图1

师生活动:教师引导学生先思考回忆初中对于中位线定理的证明方法,使学生认识到利用初中的方法添加辅助线有一定难度,在此基础上再让学生利用向量方法来证明,引导学生取$\{\overrightarrow{AB},\overrightarrow{AC}\}$为基底,通过向量运算证明$\overrightarrow{DE}=\frac{1}{2}\overrightarrow{BC}$即可.

解:如图,因为DE是$\triangle ABC$的中位线,所以$\overrightarrow{AD}=\frac{1}{2}\overrightarrow{AB},\overrightarrow{AE}=\frac{1}{2}\overrightarrow{AC}$.

从而$\overrightarrow{DE}=\overrightarrow{AE}-\overrightarrow{AD}=\frac{1}{2}\overrightarrow{AC}-\frac{1}{2}\overrightarrow{AB},\overrightarrow{AE}=\frac{1}{2}(\overrightarrow{AC}-\overrightarrow{AB})$.

又$\overrightarrow{BC}=\overrightarrow{AC}-\overrightarrow{AB}$,所以$\overrightarrow{DE}=\frac{1}{2}\overrightarrow{BC}$.

于是$DE//BC,DE=\frac{1}{2}BC$.

【设计意图】三角形中位线定理是平面几何中的重要定理之一,这里用向量方法证明该定理,可以和初中时的几何证法做一个对比,体现向量在解决几何问题中的优越性.

问题2:通过例1的解题过程,请大家总结用向量法解决平面几何问题的步骤.

师生活动:学生小组交流与讨论,小组代表汇报,教师加以归纳总结得出解决平面几何问题的"三部曲"(如图2).

【设计意图】经历例1的证明,学生归纳总结,由此体会向量解决几何问题可以按一定的路径进行操作,进而使学生明确用向量方法解决几何问题的"三部曲",使学生对所学知识系统化、条理化.

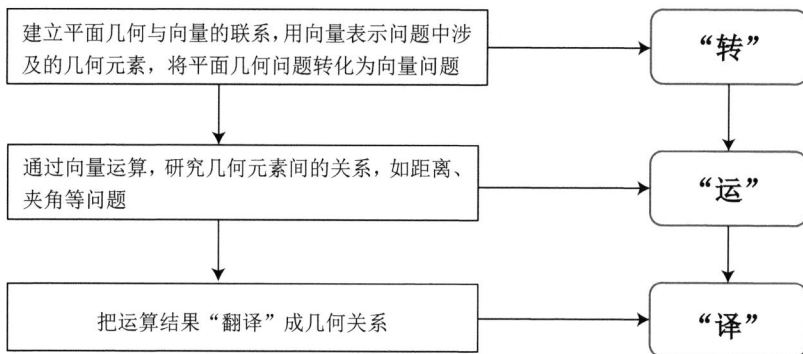

```
┌─────────────────────────────────┐        ┌──────────┐
│ 建立平面几何与向量的联系,用向量表示问题中涉 │ ─────► │  "转"   │
│ 及的几何元素,将平面几何问题转化为向量问题   │        └──────────┘
└─────────────────────────────────┘             │
                 │                                ▼
┌─────────────────────────────────┐        ┌──────────┐
│ 通过向量运算,研究几何元素间的关系,如距离、  │ ─────► │  "运"   │
│ 夹角等问题                        │        └──────────┘
└─────────────────────────────────┘             │
                 │                                ▼
┌─────────────────────────────────┐        ┌──────────┐
│ 把运算结果"翻译"成几何关系          │ ─────► │  "译"   │
└─────────────────────────────────┘        └──────────┘
```

图2

3.互动探究,运用新知

例2:已知平行四边形$ABCD$,你能发现对角线AC和BD的长度与两条邻边AB和AD的长度之间的关系吗(如图3)?

师生活动:学生思考讨论并回答,教师引导学生利用向量方法解决平面几何问题的"三部曲"来解题.

解:第一步,建立平面几何与向量的联系,用向量表示问题中的几何元素,将平面几何问题转化为向量问题.

如图4所示,取$\{\overrightarrow{AB},\overrightarrow{AD}\}$为基底,设$\overrightarrow{AB}=\boldsymbol{a}$,$\overrightarrow{AD}=\boldsymbol{b}$, 则

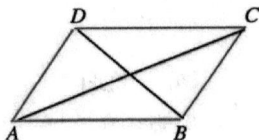 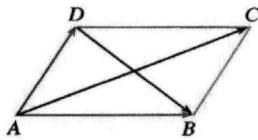

图3　　　　　　　　　　　　图4

$$\overrightarrow{AC}=\boldsymbol{a}+\boldsymbol{b},\overrightarrow{DB}=\boldsymbol{a}-\boldsymbol{b}.$$

第二步,通过向量运算,研究几何元素之间的关系:

$$\overrightarrow{AC}^2=(\boldsymbol{a}+\boldsymbol{b})^2=\boldsymbol{a}^2+2\boldsymbol{a}\cdot\boldsymbol{b}+\boldsymbol{b}^2.$$

$$\overrightarrow{DB}^2=(\boldsymbol{a}-\boldsymbol{b})^2=\boldsymbol{a}^2-2\boldsymbol{a}\cdot\boldsymbol{b}+\boldsymbol{b}^2.$$

上面两式相加,得$\overrightarrow{AC}^2+\overrightarrow{DB}^2=2(\boldsymbol{a}^2+\boldsymbol{b}^2)$.

第三步,把运算结果"翻译"成几何关系:

$$AC^2+BD^2=2(AB^2+AD^2).$$

追问1:你能用自然语言叙述这个关系式的意义吗?

预设答案:平行四边形两条对角线的平方和等于两条邻边平方和的两倍.

追问2:你还可以选择其他基底吗?

预设答案:可以选择$\{\overrightarrow{AC},\overrightarrow{BD}\}$为基底.

问题3:你还能用其他方法证明吗?

师生活动:引导学生建立直角坐标系,利用坐标运算证明.

解:如图5,以A为坐标原点,AB所在直线为x轴,建立平面直角坐标系.

设$B(a,\ 0)$,$D(b,\ c)$,则$C(a+b,\ c)$,

$|AC|^2=(a+b)^2+c^2=a^2+2ab+b^2+c^2$,

$|BD|^2=(a-b)^2+(-c)^2=a^2-2ab+b^2+c^2$,

$|AC|^2+|BD|^2=2(|AB|^2+|AD|^2)$.

追问:运用坐标法解决平面几何问题可以分哪

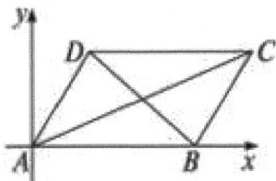

图5

几个步骤?

预设答案:选择适当的坐标系(建系)→图形到向量坐标表示(转化)→向量的运算(运算)→由数到形(翻译).

【**设计意图**】通过用向量方法推导了平行四边形的两条对角线与两条邻边之间的关系,掌握用向量方法解决平面几何问题,进一步体会用向量方法解决几何问题的"三部曲"解题.

4.巩固练习,深化理解

完成课本39页练习1,2,3.

5.梳理小结,形成结构

通过本节课的学习,你有哪些收获? 试从知识、方法、数学思想等方面谈谈.

(1)知识:应用向量方法解决平面几何问题的"三部曲";用向量(或坐标)表示问题中的几何元素(转化)→向量的运算(运算)→由数到形(翻译).

(2)思想方法:化归与转化、数形结合.

6.作业布置,应用迁移

课本52页习题6.4第1,2,3题.

第2课时

(一)课时教学内容

向量在物理中的应用举例.

(二)课时教学目标

(1)通过向量的加法、减法在力的分解与合成中的应用以及向量在速度的分解与合成中的应用,掌握用向量的方法解决物理中的关于力学、运动学等相关问题.

(2)能够在实际问题中,运用向量的方法分析和解决物理中的相关问题.

(三)教学重点与难点

教学重点:掌握向量在物理中的实际应用.

教学难点:如何将物理中的实际问题转化为向量问题.

(四)教学设计过程

1.创设情境,引入新课

问题1:上节课我们学习了利用向量解决平面几何的问题,大家回忆一下

向量解决平面几何问题"三部曲"是什么?

预设答案:图形到向量(转化)→向量的运算(运算)→由数到形(翻译).

情境:在日常生活中,我们有这样的经验,两个人共提一个旅行包,夹角越大越费力;在单杠上做引体向上运动,两臂的夹角越小越省力.你能从数学的角度解释这种现象吗?

我们能否运用向量工具解决上述物理中有关力的问题?下面,我们一起来学习向量在物理中的应用.

【设计意图】从学生身边熟悉的例子切入主题,学生更有切身体会,更能激发学生的学习兴趣.

2.互动探究,初步应用

问题2:联系利用向量解决平面几何的"三部曲",我们如何解释情境中的物理现象?

师生活动:学生思考并小组讨论,教师引导学生进行受力分析(注意分析对象),并把上面的问题抽象为如图1所示的数学模型.结合向量的平行四边形法则、力的平衡及解直角三角形,只要分析清楚F,G,θ三者之间的关系(其中F为F_1,F_2的合力),就得到了问题的数学解释.

解:先来看共提旅行包的情况.如图1,设作用在旅行包上的两个拉力分别为F_1,F_2,为方便起见,不妨设$|F_1|=|F_2|$,另设F_1,F_2的夹角为θ,旅行包所受的重力为G.

由向量的平行四边形法则、力的平衡以及直角三角形的知识,可以知道

$$|F_1|=\frac{|G|}{2\cos\dfrac{\theta}{2}}.$$

图1

这里,$|G|$为定值.分析上面的式子,我们发现,当θ由0逐渐变大到π时,$\dfrac{\theta}{2}$由0逐渐变大到$\dfrac{\pi}{2}$,$\cos\dfrac{\theta}{2}$的值由大逐渐变小,此时$|F_1|$由小逐渐变大.

反之,当θ由π逐渐变小到0时,$\dfrac{\theta}{2}$由$\dfrac{\pi}{2}$逐渐变小到0,$\cos\dfrac{\theta}{2}$的值由小逐渐变大,此时$|F_1|$由大逐渐变小.这就是说,F_1,F_2之间的夹角越大越费力,夹角越小越省力.

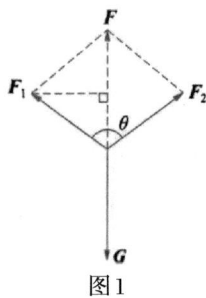

同理,在单杠上做引体向上运动,两臂的夹角越小越省力.

追问:(1)当θ为何值时,$|\boldsymbol{F}_1|$最小? 最小值是多少?

(2)$|\boldsymbol{F}_1|$能等于$|\boldsymbol{G}|$吗? 为什么?

预设答案:(1)要使$|\boldsymbol{F}_1|$最小,只需$\cos\dfrac{\theta}{2}$最大,此时$\cos\dfrac{\theta}{2}=1$,可得$\theta=0$.于是$|\boldsymbol{F}_1|$的最小值为$\dfrac{|\boldsymbol{G}|}{2}$.

(2)若要使$|\boldsymbol{F}_1|=|\boldsymbol{G}|$,只需$\cos\dfrac{\theta}{2}=\dfrac{1}{2}$,此时$\dfrac{\theta}{2}=\dfrac{\pi}{3}$,即$\theta=\dfrac{2\pi}{3}$.

【设计意图】从学生熟悉的物理知识入手,通过建立与实际问题对应的数学模型,引导学生学会利用向量知识解决简单的物理问题.

3.整理总结,归纳方法

问题3:类比用向量解决平面几何问题的"三部曲",你能总结用向量解决物理问题的一般步骤吗?

师生活动:学生思考讨论,然后师生一起归纳.

(1)问题的转化:把物理问题转化为数学问题;

(2)模型的建立:建立以向量为主体的数学模型;

(3)参数的获得:求出数学模型的有关解;

(4)问题的答案:回到问题的初始状态,解决相关物理问题.

【设计意图】让学生总结利用向量解决物理问题的一般方法和过程,提升学生归纳和总结问题能力.

4.例题讲解,深化应用

例1:如图2,一条河两岸平行,河的宽度$d=500\,\mathrm{m}$,一艘船从河岸边的A地出发,向河对岸航行.已知船的速度$\boldsymbol{v}_1$的大小为$|\boldsymbol{v}_1|=10\,\mathrm{km/h}$,水流速度$\boldsymbol{v}_2$的大小为$|\boldsymbol{v}_2|=2\,\mathrm{km/h}$,那么当航程最短时,这艘船行驶完全程需要多长时间(精确到$0.1\,\mathrm{min}$)?

师生活动:学生独立思考,教师巡视,对有困难的学生加以指导.

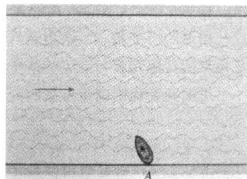

图2

解:设点 B 是河对岸一点,AB 与河岸垂直,那么当这艘船实际沿着 AB 方向行驶时,船的航程最短.

如图3,设 $v = v_1 + v_2$,则 $|v| = \sqrt{|v_1|^2 + |v_2|^2} = \sqrt{96}$ km/h.

此时,船的航行时间 $t = \dfrac{d}{|v|} = \dfrac{0.5}{\sqrt{96}} \times 60 \approx 3.1\min$.

所以,当航程最短时,这艘船行驶完全程需要 3.1 min.

【设计意图】用向量方法解决物理中运动学有关"速度的合成与分解"等问题,使学生进一步理解和掌握利用向量解决物理问题的一般方法和优越性,体会向量在解决物理问题中的工具性作用,培养应用数学解决实际问题的意识和逻辑推理、数学运算等核心素养.

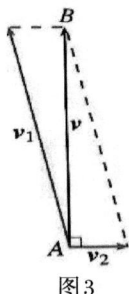

变式:如果把本例中的问题改为"当用时最短时,这艘船行驶完全程需要多长时间",如何解决?

师生活动:学生讨论交流,教师巡视,学生代表回答,师生共同分析解题过程.

解:设 $v = v_1 + v_2$,v_1 与 v_2 的夹角为 θ,v 与 v_2 的夹角为 α,行驶距离为 s,时间为 t,

则 $\sin\alpha = \dfrac{|v_1|\sin\theta}{|v|} = \dfrac{10\sin\theta}{|v|}$,于是 $s = \dfrac{d}{\sin\alpha} = \dfrac{0.5}{\sin\alpha} = \dfrac{|v|}{20\sin\theta}$ km.

因此 $t = \dfrac{s}{|v|} = \dfrac{1}{20\sin\theta}$ h.

所以当 $\theta = 90°$,即船垂直于对岸行使时,所用时间最短,行驶完全程需要 3 min.

【设计意图】通过变式,将"航程最短"的要求改为"用时最短",培养和考查学生关于知识迁移的意识和能力.

5.课堂练习,巩固新知

完成课本41页练习1,2,3.

6.梳理小结,形成结构

通过本节课的学习,你有哪些收获?试从知识、方法、数学思想等方面谈谈.

（1）知识：

用向量知识解决物理问题的一般思路是：

$$物理问题 \xrightarrow{转化} 数学问题 \xrightarrow{利用} 向量运算 \xrightarrow{得到} 物理问题的结论$$

（2）思想方法：转化与化归、数形结合.

7.作业布置,应用迁移

课本52页习题6.4第4,5题.

第3课时

（一）课时教学内容

平面向量的应用（1）——余弦定理.

（二）课时教学目标

（1）能借助向量的运算发现和证明余弦定理,知道余弦定理是勾股定理的推广,勾股定理是余弦定理的特例.

（2）会用余弦定理求解已知两边及其夹角和已知三边解三角形问题.

（3）培养学生在方程思想下处理解三角形问题的能力,通过三角函数、余弦定理、向量的数量积等知识间的关系理解事物之间的普遍联系和辩证统一.

（三）教学重点与难点

教学重点：余弦定理的发现、证明及应用.

教学难点：余弦定理的发现与证明.

（四）教学设计过程

1.创设情境,引入课题

引导语：前面我们已经学习了利用向量解决平面几何问题和物理问题. 三角形是我们最常见和重要的几何图形,一个三角形含有各种各样的几何量,如三边边长、三个内角的度数、面积等,它们之间存在着确定的关系.

问题1：三角形全等的判定方法有哪些?

预设答案：判定三角形全等的方法有SSS,SAS,ASA,AAS.

也就是说给定三角形三个角、三条边这六个元素中的某些元素,这个三角形的形状就是唯一确定的.那么三角形的其他元素与给定元素有怎样的数量关系呢? 下面我们利用向量方法研究这个问题.

【设计意图】从学生熟悉的知识出发,引导学生思考三角形边角之间的关系,激发学生求知欲,为余弦定理的学习做好铺垫.

2.探究新知,得出结论

今天这节课,我们先来研究给定两边及其夹角的三角形,根据三角形全等的判定定理,这个三角形形状是唯一确定的,意思就是三角形的其他边、角都可以用这两边及其夹角表示,也就是下面的问题:

问题2:已知$\triangle ABC$三个角A,B,C所对的边分别是a,b,c,我们要解决如何用边a,b和角C表示c和其他两个角?

追问1:我们要解决的问题是用边和角来表示其他的边和角,边的度量为长度(距离),角的度量为角度.在我们学过的内容中,有没有什么知识能将长度和角度联系在一起?

预设答案:平面向量.这是因为平面向量的"大小"就是线段的长度,"方向"就是角度.

追问2:三角形中三边之间的向量关系是什么(如图1)?

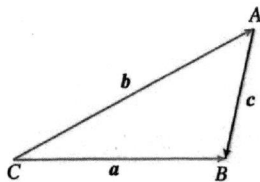

预设答案:$\overrightarrow{AB} = \overrightarrow{CB} - \overrightarrow{CA}$(学生说出其他关系也可以)

图1

追问3:探究三角形的边角关系就要将其"数量化",你准备如何"加工"它?

预设答案:可以将两边直接平方或者两边乘以同一个向量,都可以将其"数量化",得到边长和角度的关系式.

第一种方案:如图1,设$\overrightarrow{CB} = \vec{a}$,$\overrightarrow{CA} = \vec{b}$,$\overrightarrow{AB} = \vec{c}$,那么

$$\vec{c} = \vec{a} - \vec{b} \qquad \qquad ①$$

我们的研究目标是用$|\vec{a}|$,$|\vec{b}|$和C,表示$|\vec{c}|$,联想到数量积的性质$\vec{c} \cdot \vec{c} = |\vec{c}|^2$,可以考虑用$\vec{c}$(即$\vec{a} - \vec{b}$)与其自身作数量积运算.

由①得$|\vec{c}|^2 = \vec{c} \cdot \vec{c} = (\vec{a} - \vec{b})^2 = \vec{a} \cdot \vec{a} + \vec{b} \cdot \vec{b} - 2\vec{a} \cdot \vec{b} = \vec{a}^2 + \vec{b}^2 - 2|\vec{a}||\vec{b}| \cos C$,

所以$c^2 = a^2 + b^2 - 2ab \cos C$.

第二种方案:对$\vec{c} = \vec{a} - \vec{b}$两边同时乘以$\vec{c}$,化简得$|\vec{c}| = |\vec{a}| \cos B + |\vec{b}| \cos A$.这就是射影定理(其中的一个表达式),解题中经常用到,有兴趣的同学课下

可以研究(两边同时乘以$\vec{a}$或$\vec{b}$,可以得到其他类似的式子).

追问4:类比第一种方案,你能用a,c和B表示b和用b,c和A表示a吗?

师生活动:学生分组讨论,教师引导学生注意三角形的边、角具有轮换对称性,类比得到另外两个公式.

预设答案:$b^2 = a^2 + c^2 - 2ac\cos B$,$a^2 = b^2 + c^2 - 2bc\cos A$.

追问5:你能用文字语言来叙述上面三角形边角的关系吗?

预设答案:三角形中任何一边的平方,等于其他两边平方的和减去这两边与它们夹角的余弦的积的两倍.

于是我们得到三角形边角关系的一个重要定理:

余弦定理(law of cosines)三角形中任何一边的平方,等于其他两边平方的和减去这两边与它们夹角的余弦的积的两倍.即

$$a^2 = b^2 + c^2 - 2bc\cos A,$$
$$b^2 = a^2 + c^2 - 2ac\cos B,$$
$$c^2 = a^2 + b^2 - 2ab\cos C.$$

追问6:你能用其他方法证明余弦定理吗?

预设答案:可以通过坐标法和几何法等方法证明,有兴趣的同学课下可以研究.

【设计意图】学会借助向量来探究证明余弦定理,理解三角形三边和一角之间存在的关系,进一步提升学生利用向量解决几何问题的能力,最后引发学生课下思考余弦定理的其他证法,培养学生的探究能力,感受向量运算的力量.

问题3:余弦定理指出了三角形三边和其中一个角之间的关系.应用余弦定理,我们可以解决已知三角形的两边及其夹角求第三边的问题.那么,如果已知三角形的三边,利用余弦定理可以确定三角形的三个角吗?

师生活动:学生独立思考,教师巡视,对有困难的学生进行指导.

预设答案:由余弦定理,可以得到如下结论:

$$\cos A = \frac{b^2 + c^2 - a^2}{2bc}, \quad \cos B = \frac{a^2 + c^2 - b^2}{2ac}, \quad \cos C = \frac{a^2 + b^2 - c^2}{2ab}.$$

已知三角形的三边可以直接计算出三角形的三个角.

【设计意图】让学生进一步理解余弦定理,并掌握其推论,把判定三角形全等的方法"SAS"和"SSS"从数量的角度进行刻画.

问题4:勾股定理给出了直角三角形中三边的关系,余弦定理则指出了三角形的三条边与其中一个角之间的关系,你能说说这两个定理之间的关系吗?

师生活动:学生思考并交流,教师巡视指导.

预设答案:如果△ABC中有一个角是直角,例如,$C = 90°$,这时 $\cos C = 0$. 由余弦定理可得 $c^2 = a^2 + b^2$,这就是勾股定理. 由此可见,余弦定理是勾股定理的推广,而勾股定理是余弦定理的特例.

【设计意图】学生通过探究思考,理解勾股定理和余弦定理的关系.

教师总结:一般地,三角形的三个角 A,B,C 和他们所对的边 a,b,c 叫做三角形的元素,已知三角形几个元素求其他元素的过程叫做解三角形.

通过刚才的学习,我们知道如果已知三角形两边和他们的夹角或者已知三角形三边可以求出剩余的其他元素,这就是解三角形.

3.例题讲解,初步应用

例1:在△ABC中,已知 $b = 60$ cm,$c = 34$ cm,$A = 41°$,解这个三角形(角度精确到 $1°$,边长精确到 1 cm).

师生活动:学生独立思考,借助计算器解决完成.

解:由余弦定理,得 $a^2 = b^2 + c^2 - 2bc \cos A = 60^2 + 34^2 - 2 \times 60 \times 34 \times \cos 41° \approx 1676.78$, 所以 $a \approx 41$ cm.

由余弦定理的推论,得 $\cos B = \dfrac{a^2 + c^2 - b^2}{2ac} = \dfrac{34^2 + 41^2 - 60^2}{2 \times 34 \times 41} = -\dfrac{763}{2\,788}$,

利用计算器,可得 $B \approx 106°$.

所以 $C = 180° - (A + B) \approx 180° - (41° + 106°) = 33°$.

例2:在△ABC中,$a = 7,b = 8$,锐角 C 满足 $\sin C = \dfrac{3\sqrt{3}}{14}$,求 B(精确到 $1°$).

师生活动:学生独立思考,教师巡视指导.

解:因为 $\sin C = \dfrac{3\sqrt{3}}{14}$,且 C 为锐角,

所以 $\cos C = \sqrt{1 - \sin^2 C} = \sqrt{1 - (\dfrac{3\sqrt{3}}{14})^2} = \dfrac{13}{14}$,

由余弦定理,得 $c^2 = a^2 + a^2 - 2ab \cos C = 49 + 64 - 2 \times 7 \times 8 \times \dfrac{13}{14} = 9$,

所以 $c = 3$.

进而 $\cos B = \dfrac{a^2 + c^2 - b^2}{2ac} = \dfrac{49 + 9 - 64}{2 \times 3 \times 7} = -\dfrac{1}{7}$.

利用计算器,可得 $B \approx 98°$.

【设计意图】进一步理解余弦定理及其推论,掌握利用余弦定理及其推论解三角形.

4.巩固练习,深化理解

完成课本44页练习1,2,3.

5.梳理小结,形成结构

通过本节课的学习,你有哪些收获? 试从知识、方法、数学思想等方面谈谈.

(1)知识:①余弦定理的探索过程;

②余弦定理及其推论,余弦定理和勾股定理的关系;

③会用余弦定理求解已知两边及其夹角和已知三边解三角形问题.

(2)思想方法:转化与化归,数形结合,方程思想.

6.作业布置,应用迁移

课本52~53页习题6.4第6,15题.

第4课时

(一)课时教学内容

平面向量的应用(2)——正弦定理.

(二)课时教学目标

(1)掌握正弦定理,了解正弦定理的多种证明方法.

(2)会用正弦定理求解已知两角及一边与已知两边和其中一个边的对角等解三角形问题.

(3)通过观察、讨论、概括总结等活动,提高推理论证、运算求解等能力,感受数形结合等数学思想,培养数学抽象、直观想象、数学运算等核心素养.

(三)教学重点与难点

教学重点:掌握正弦定理及其在解三角形中的应用.

教学难点:理解正弦定理的推导过程.

（四）教学过程设计

1.创设问题,导入新课

问题1：前面我们已经学习了利用余弦定理求解已知两边及其夹角和已知三边解三角形问题,那么在△ABC中,已知$A = 30°$,$B = 45°$,$a = 3$,求b.你能利用余弦定理来解三角形吗?

师生活动：学生思考并回答.

预设答案：不能,余弦定理反映的是三角形两边及其夹角之间的关系,问题1中给定的条件不能使用余弦定理来解题.

那么像问题1中已知三角形两角及其一边是否有相应的解三角形的公式呢?

【设计意图】创设问题情境,让学生感受余弦定理的局限性以及引入新的定理的必要性,调动学生学习的兴趣.

2.探究新知,得出结论

在△ABC中,设A的对边为a,B的对边为b,如果我们能得出A,B,a,b之间的定理关系,那么就可以直接解决问题1了.我们先从熟悉的直角三角形的边、角关系分析.

问题2：如图1,在Rt△ABC中,已知$C = 90°$,试探究A,a,B,b之间的关系.

师生活动：学生思考并小组讨论,教师引导学生利用初中的锐角三角函数推导证明.

预设答案：在Rt△ABC中,有

$$\sin A = \frac{a}{c}, \quad \sin B = \frac{b}{c}.$$

观察发现他们有一个共同的元素c,利用它把两个式子联系起来,可得

$$\frac{a}{\sin A} = \frac{b}{\sin B} = c.$$

图1

又因为$\sin C = \sin 90° = 1$,所以上式可以写成边与它对角的正弦的比相等的形式,即

$$\frac{a}{\sin A} = \frac{b}{\sin B} = \frac{c}{\sin C}.$$

【设计意图】通过初中直角三角函数的知识引出正弦定理,为一般三角形的探究指明方向.

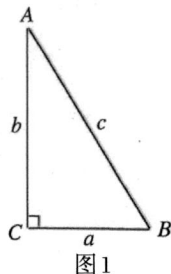

问题3：对于锐角三角形和钝角三角形，$\dfrac{a}{\sin A} = \dfrac{b}{\sin B} = \dfrac{c}{\sin C}$ 是否仍然成立？从已有知识出发，你有哪些研究思路？

师生活动：学生思考并小组讨论，教师巡视引导学生从已有知识出发思考.

预设答案：

（1）构造直角三角形，作 $\triangle ABC$ 某一边上的高，转化为直角三角形，利用锐角三角函数的定义证明；

（2）类比余弦定理证明，借助向量法解决.

追问1：如果用方法（1），作 $\triangle ABC$ 某一边上的高，构造直角三角形，是否需要分类？为什么？

预设答案：因为三角形的高有可能在三角形外，所以要分 $\triangle ABC$ 是锐角三角形、直角三角形和钝角三角形三种情况证明.

追问2：如何证明？

师生活动：学生思考并小组讨论，教师巡视指导.

预设答案：直角三角形已证，学生说明锐角三角形的证明过程，教师板书钝角三角形的证明.

如图2，过点 C 作 $CD \perp AB$ 于点 D，

在 $\triangle CAD$ 中，$\dfrac{CD}{b} = \sin\angle CAD = \sin(180° - A) = \sin A$，

$\therefore CD = b\sin A$，

在 $\triangle CBD$ 中，$\because \dfrac{CD}{a} = \sin B$，

$\therefore CD = a\sin B$，

$\therefore b\sin A = a\sin B$，

$\therefore \dfrac{a}{\sin A} = \dfrac{b}{\sin B}$.

同理 $\dfrac{b}{\sin B} = \dfrac{c}{\sin C}$，

$\therefore \dfrac{a}{\sin A} = \dfrac{b}{\sin B} = \dfrac{c}{\sin C}$.

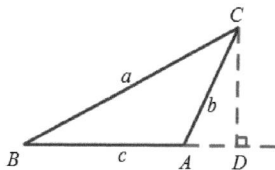

图2

追问3：想要用向量法证明 $\dfrac{a}{\sin A} = \dfrac{b}{\sin B} = \dfrac{c}{\sin C}$，我们需要解决一个问

题:向量的数量积运算中出现了角的余弦,而我们需要的是角的正弦,如何实现转化?

预设答案:由诱导公式 $\cos(\frac{\pi}{2} - \alpha) = \sin\alpha$ 可知,我们可以通过构造角之间的互余关系,把边与角的余弦关系转化为正弦关系.

以锐角三角形为例:

如图3,在锐角 $\triangle ABC$ 中,过点 A 作与 $\overrightarrow{AC}$ 垂直的单位向量 $\vec{j}$,则 $\vec{j}$ 与 $\overrightarrow{AB}$ 的夹角为 $\frac{\pi}{2} - A$,$\vec{j}$ 与 $\overrightarrow{CB}$ 的夹角为 $\frac{\pi}{2} - C$.

因为 $\overrightarrow{AC} + \overrightarrow{CB} = \overrightarrow{AB}$,所以 $\vec{j} \cdot (\overrightarrow{AC} + \overrightarrow{CB}) = \vec{j} \cdot \overrightarrow{AB}$.

由分配律得,$\vec{j} \cdot \overrightarrow{AC} + \vec{j} \cdot \overrightarrow{CB} = \vec{j} \cdot \overrightarrow{AB}$,

即 $\left|\vec{j}\right| \cdot \left|\overrightarrow{AC}\right| \cos\frac{\pi}{2} + \left|\vec{j}\right| \cdot \left|\overrightarrow{CB}\right| \cos(\frac{\pi}{2} - C) = \left|\vec{j}\right| \cdot \left|\overrightarrow{AB}\right| \cos(\frac{\pi}{2} - A)$,

即 $a\sin C = c\sin A$,所以 $\dfrac{a}{\sin A} = \dfrac{c}{\sin C}$.

同理,过点 C 作与 $\overrightarrow{CB}$ 垂直的单位向量 $\vec{m}$,可得 $\dfrac{b}{\sin B} = \dfrac{c}{\sin C}$,

因此 $\dfrac{a}{\sin A} = \dfrac{b}{\sin B} = \dfrac{c}{\sin C}$.

当 $\triangle ABC$ 是钝角三角形时,不妨设 A 为钝角(如图4),过点 A 作与 $\overrightarrow{AC}$ 垂直的单位向量 $\vec{j}$,则 $\vec{j}$ 与 $\overrightarrow{AB}$ 的夹角为 $A - \frac{\pi}{2}$,$\vec{j}$ 与 $\overrightarrow{CB}$ 的夹角为 $\frac{\pi}{2} - C$.仿照上述方法,同样可得 $\dfrac{a}{\sin A} = \dfrac{b}{\sin B} = \dfrac{c}{\sin C}$.

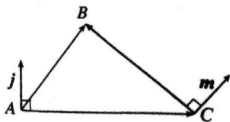

图3

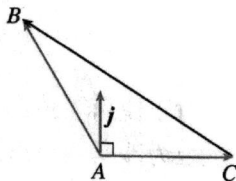

图4

追问4:如何用文字语言描述 $\dfrac{a}{\sin A} = \dfrac{b}{\sin B} = \dfrac{c}{\sin C}$.

预设答案:在一个三角形中,各边和它所对角的正弦的比相等.

追问5:在 Rt△ABC 中,$\dfrac{a}{\sin A}=\dfrac{b}{\sin B}=c$,其中斜边 c 是 Rt△ABC 的斜边长也是外接圆的直径,那么,请同学们猜想在任意三角形中有什么等式成立?

预设答案:猜想 $\dfrac{a}{\sin A}=\dfrac{b}{\sin B}=\dfrac{c}{\sin C}=2R$(其中 R 是 △ABC 外接圆半径).

教师:在任意三角形中,$\dfrac{a}{\sin A}=\dfrac{b}{\sin B}=\dfrac{c}{\sin C}=2R$ 成立,请同学们参考图5,课下思考并证明.

问题4:正弦定理可以解决解三角形的哪些类型问题?

师生活动:学生交流讨论并回答,教师梳理总结.

预设答案:两类问题,已知两角和一边,解三角形;已知两边和其中一边的对角,解三角形.

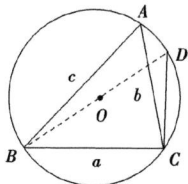

图5

【设计意图】引导学生类比构造直角三角形和余弦定理证明过程,思考正弦定理证明方法,重点介绍向量法证明,深化理解向量法的运用.课后要求学生继续探索结合三角形外接圆证明正弦定理,一方面深化对定理的认识,另一方面提高学生分析和解决问题的能力,发展逻辑推理素养.

3.公式运用,深化理解

引例:利用正弦定理解决问题1,已知在 △ABC 中,已知 $A=30°$,$B=45°$,$a=3$,求 b.

师生活动:学生独立思考并完成.

预设答案:在 △ABC 中,∵$\dfrac{a}{\sin A}=\dfrac{b}{\sin B}$,∴$b=\dfrac{a\sin B}{\sin A}=\dfrac{3\times\sin 45°}{\sin 30°}=$ $3\sqrt{2}$.

【设计意图】回归引例,通过新授知识解决问题,感受正弦定理的应用.

例1:在 △ABC 中,已知 $A=15°$,$B=45°$,$c=3+\sqrt{3}$,解这个三角形.

师生活动:学生独立思考并完成,教师巡视指导有困难的学生.

解:由三角形内角和定理,得

$C=180°-(A+B)=180°-(15°+45°)=120°.$

由正弦定理得,$a=\dfrac{c\sin A}{\sin C}=\dfrac{(3+\sqrt{3})\sin 15°}{\sin 120°}=\dfrac{(3+\sqrt{3})\sin(45°-30°)}{\sin 120°}$

$=\dfrac{(3+\sqrt{3})(\sin 45°\cos 30°-\cos 45°\sin 30°)}{\sin 120°}=\sqrt{2},$

$$b = \frac{c \sin B}{\sin C} = \frac{(3 + \sqrt{3}) \sin 45°}{\sin 120°} = \frac{(3 + \sqrt{3}) \times \frac{\sqrt{2}}{2}}{\frac{\sqrt{3}}{2}} = \sqrt{6} + \sqrt{2}.$$

例2:在 $\triangle ABC$ 中,已知 $B = 30°$, $b = \sqrt{2}$, $c = 2$,解这个三角形.

师生活动:学生独立思考完成,教师引导学生分类讨论.

解:由正弦定理,得

$$\sin C = \frac{c \sin B}{b} = \frac{2 \sin 30°}{\sqrt{2}} = \frac{\sqrt{2}}{2}.$$

因为 $c > b$, $B = 30°$,所以 $30° < C < 180°$,

于是 $C = 45°$ 或 $C = 135°$.

(1)当 $C = 45°$ 时, $A = 105°$.

此时 $a = \dfrac{b \sin A}{\sin B} = \dfrac{\sqrt{2} \sin 105°}{\sin 30°} = \dfrac{\sqrt{2} \sin(60° + 45°)}{\sin 30°}$

$$= \frac{\sqrt{2}(\sin 60° \cos 45° + \sin 45° \cos 60°)}{\sin 30°} = \sqrt{3} + 1.$$

(2)当 $C = 135°$ 时, $A = 15°$.

此时 $a = \dfrac{b \sin A}{\sin B} = \dfrac{\sqrt{2} \sin 15°}{\sin 30°} = \dfrac{\sqrt{2} \sin(45° - 30°)}{\sin 30°} = \sqrt{3} - 1.$

追问:为什么角 C 有两个值?

预设答案:根据"三角形中大边对大角"的结论,因为 $c > b$,所以 $C > B$,而 $B = 30°$,所以 $C = 45°$ 或 $C = 135°$ 都符合要求.

【设计意图】利用正弦定理解决两角及一边和已知两边和其中一个边的对角等解三角形问题,巩固正弦定理的应用.

4.梳理小结,形成结构

通过本节课的学习,你有哪些收获?试从知识、方法、数学思想等方面谈谈.

(1)知识:

①正弦定理: $\dfrac{a}{\sin A} = \dfrac{b}{\sin B} = \dfrac{c}{\sin C} = 2R$(其中 R 是 $\triangle ABC$ 外接圆半径).

②应用:已知三角形两角及一边,解三角形;已知两边和其中一边对角,解三角形.

(2)思想方法:从特殊到一般,类比,数形结合,方程思想.

5.作业布置,应用迁移

课本52~54页习题6.4第7,17,18题.

拓展题:(1)证明在任意三角形中 $\dfrac{a}{\sin A} = \dfrac{b}{\sin B} = \dfrac{c}{\sin C} = 2R$（其中 R 是 $\triangle ABC$ 外接圆半径）成立;

(2)已知两边和其中一个边的对角,讨论三角形解的情况.

第5课时

(一)课时教学内容

平面向量的应用(3)——余弦定理、正弦定理应用举例.

(二)课时教学目标

(1)了解实际问题中常用的测量相关术语.

(2)能够运用余弦定理、正弦定理等知识和方法解决一些有关测量距离、高度、角度的实际问题.

(3)通过余弦定理、正弦定理应用的学习,培养学生数学抽象、数学运算、数学建模等学科核心素养.

(三)教学重点与难点

教学重点:分析实际问题建立数学模型,利用余弦定理和正弦定理求解.

教学难点:由实际问题建立数学模型,画出示意图.

(四)教学设计过程

引导语:在实践中,我们经常会遇到测量距离、高度、角度等实际问题,我们通常需要借助经纬仪以及卷尺等测量角和距离的工具进行测量(经纬仪是一种根据测角原理设计的测量水平角和竖直角的工具).在实际生活中,我们常常遇到"不能到达"的困难,例如测量地月之间的距离,测量某建筑物的高度……(PPT展示相关图片)

对于未知的距离、高度等,我们在初中已经学习了很多测量方案,比如可以应用全等三角形、相似三角形的方法,或借助解直角三角形等不同的方法.但在实际测量问题的真实背景下,因条件的限制,以前学习的方法可能无法解决,这就需要我们设计恰当的测量方案,建立合适的数学模型来解决.本节课学习利用正弦定理、余弦定理在实践中的重要应用.

1.回顾旧知,了解相关术语

问题1:回忆正弦定理、余弦定理以及它们可以解决哪些类型的三角形?

师生活动:学生独立思考并回忆.

预设答案:正弦定理,$\dfrac{a}{\sin A} = \dfrac{b}{\sin B} = \dfrac{c}{\sin C} = 2R$(其中 R 是 $\triangle ABC$ 外接圆半径).

常用于:①已知两角和一边;②已知两边和其中一边的对角.

余弦定理:$\begin{cases} a^2 = b^2 + c^2 - 2bc\cos A, \\ b^2 = a^2 + c^2 - 2ac\cos B, \\ c^2 = a^2 + b^2 - 2ab\cos C. \end{cases}$

常用于:①已知三边;②已知两边和它们的夹角.

2.探究新知——测量(不可到达点)距离问题

引例:如图1,设 A,B 两点在河的两岸,要测量两点之间的距离,测量者在 A 的同侧所在的河岸边选一定点 C(称作测量基点),测出基线 AC 的距离是 55 m,$\angle BAC = 51°$,$\angle ACB = 75°$.求 A,B 两点的距离(精确到 0.1 m).

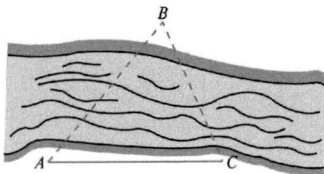

图1

术语解释:在测量过程中,根据测量的需要而确定的线段叫做基线,所取的定点叫基点.

师生活动:学生思考并讨论交流,教师引导学生分析问题.这是一道关于测量从一个可到达的点到一个不可到达的点之间的距离的问题,题目条件告诉了 $\triangle ABC$ 的两角和一边,可以应用正弦定理算出边 AB.

解:根据正弦定理得

$$\dfrac{AB}{\sin \angle ACB} = \dfrac{AC}{\sin \angle ABC},$$

$$AB = \dfrac{AC\sin \angle ACB}{\sin \angle ABC} = \dfrac{55\sin \angle ACB}{\sin \angle ABC}$$

$$= \dfrac{55\sin 75°}{\sin(180° - 51° - 75°)} = \dfrac{55\sin 75°}{\sin 54°} \approx 65.7.$$

答:A,B两点间的距离为65.7 m.

【设计意图】通过引例让学生掌握利用解三角形解决实际问题的关键,是把实际问题转为数学问题,为例1的学习做好铺垫.

例1:如图2,A,B两点都在河的对岸(不可到达),设计一种测量A,B两点间距离的方法,并求出A,B间的距离.

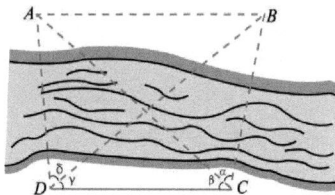

图2

师生活动:学生小组交流讨论,教师引导学生分析问题.首先要构造三角形,然后通过测量得到三角形中一些边角,再利用正弦定理和余弦定理来解决问题.由于河对岸两点都是不可到达的,因此,只能在能到达的岸边进行测量.学生类比引例能否在河岸取一个基点测量,但无法获得结果,教师引导学生修改方案,选取两个基点,就可以解决问题了.

追问1:选择一个基点C可以解决问题吗?

预设答案:不可以.

追问2:选择两个基点C,D可以吗?

预设答案:可以.

追问3:现在通过测量我们可以获得哪些条件? 这些条件可以解决问题了吗?

预设答案:可以测得$CD = a$,$\angle BCA = \alpha$,$\angle ACD = \beta$,$\angle CDB = \gamma$,$\angle BDA = \delta$.利用这些条件,结合正、余弦定理就可以解决问题了.

解:测量者可以在河岸边选定两点C,D,测得$CD = a$,并且在C,D两点分别测得$\angle BCA = \alpha$,$\angle ACD = \beta$,$\angle CDB = \gamma$,$\angle BDA = \delta$,在$\triangle ADC$和$\triangle BDC$中,应用正弦定理得

$$AC = \frac{a \sin(\gamma + \delta)}{\sin[180° - (\beta + \gamma + \delta)]} = \frac{a \sin(\gamma + \delta)}{\sin(\beta + \gamma + \delta)},$$

$$BC = \frac{a \sin \gamma}{\sin[180° - (\alpha + \beta + \gamma)]} = \frac{a \sin \gamma}{\sin(\alpha + \beta + \gamma)}.$$

计算出 AC 和 BC 后, 在 $\triangle ABC$ 中, 应用余弦定理计算出 A,B 两点间的距离

$$AB = \sqrt{AC^2 + BC^2 - 2AC \times BC \cos\alpha}.$$

追问4: 在上述测量方案下, 还有其他计算两点间距离的方法吗? 还有其他测量方案吗?

师生活动: 学生小组讨论, 师生一起对不同方法进行对比、分析. 如可以在 $\triangle ADC$, $\triangle BDC$ 中, 利用正弦定理求出 AD 和 BD, 在 $\triangle ABD$ 中, 利用余弦定理也可计算出:

$$AB = \sqrt{AD^2 + BD^2 - 2AD \times BD \cos\delta}.$$

练习: 学生阅读课本49页后, 请学生分析测量地球与月球之间的距离的原理.

【设计意图】通过例1引导学生学会分析问题, 把实际问题抽象成数学问题, 建立相应的数学模型, 培养学生分析和解决问题的能力.

3.探究新知——测量(底部不可到达)高度问题

例2: 如图3, AB 是底部 B 不可到达的一座建筑物, A 为建筑物的最高点. 设计一种测量建筑物高度 AB 的方法, 并求出建筑物的高度.

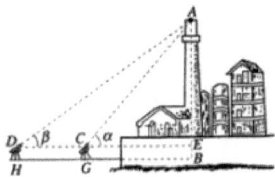

图3

师生活动: 学生独立思考, 教师引导学生分析. 由锐角三角函数知识可知, 由于建筑物的底部 B 是不可到达的, 所以不能直接测量出建筑物的高. 由解直角三角形的知识, 只要能测出一点 C(点 C 到地面的距离可求)到建筑物的顶部 A 的距离 CA, 并测出由点 C 观察 A 的仰角(对俯仰角的概念适当解释), 就可以计算出建筑物的高. 为此, 应再选取一点, 构造另一个含有 CA 的 $\triangle ACD$, 并进行相关的长度和角度的测量, 然后通过解三角形的方法计算出 CA.

解: 选择一条水平基线 HG, 使 H,G,B 三点在同一条直线上. 在 G,H 两点用测角仪器测得 A 的仰角分别是 $\alpha,\beta,CD = a$, 测角仪器的高是 h, 那么, 在 $\triangle$

ACD 中，根据正弦定理可得 $AC = \dfrac{a\sin\beta}{\sin(\alpha - \beta)}$.

所以 $AB = AE + h = AC\sin\alpha + h = \dfrac{a\sin\alpha\sin\beta}{\sin(\alpha - \beta)} + h.$

问题2：根据例1和例2，你能梳理我们刚才利用解三角形解决实际问题的过程吗？

师生活动：学生交流讨论梳理解决问题的过程，小组代表展示讨论结果，教师指导总结：

(1)审题：阅读问题，理解问题的实际背景、有关名词、术语，明确已知与所求，厘清量与量之间的关系；

(2)建模：根据题意画出示意图，将实际问题抽象、概括并转化为三角形模型问题；

(3)求解：应用余弦定理和正弦定理以及其他知识解出三角形的未知量，求数学模型的解.

【设计意图】通过例2帮助学生进一步提高学生解决问题的能力，并让学生自主梳理总结利用余弦定理、正弦定理等知识解决实际问题的一般过程，培养学生数学建模的素养.

4.探究新知——测量角度的问题

例3：位于某海域 A 处的甲船获悉，在其正东方向相距 $20\,\text{n mile}$ 的 B 处有一艘渔船遇险后抛锚等待营救.甲船立即前往救援，同时把消息告知位于甲船南偏西 $30°$，且与甲船相距 $7\,\text{n mile}$ C 处的乙船，那么乙船前往营救遇险渔船时的目标方向线(由观测点看目标的视线)的方向是北偏东多少度(精确到 $1°$)？需要航行的距离是多少海里(精确到 $1\,\text{n mile}$)？

师生活动：学生独立思考，教师引导学生分析：

(1)审题：根据问题中的文字语言理解题意和相关术语，由正东方向、南偏西 $30°$、目标方向线等信息，画出示意图.

(2)建模：根据已知条件与求解目标，把已知量和目标量尽可能集中在相关的三角形中，建立解三角形的数学模型.

(3)求解：利用正弦定理或余弦定理有序地解三角形，求数学模型的解.

解：如图4所示，连接 BC.

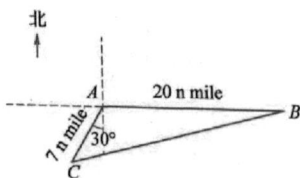

图4

在 $\triangle ABC$ 中，$AC = 7 \text{ n mile}$，$AB = 20 \text{ n mile}$，$\angle CAB = 120°$，

根据余弦定理得：$BC^2 = AC^2 + AB^2 - 2AC \times AB \cos \angle CAB = 589$.

所以 $BC \approx 24 \text{ n mile}$，根据正弦定理得，$\dfrac{\sin C}{20} = \dfrac{\sin 120°}{24}$，

所以 $\sin \angle ACB = \dfrac{5\sqrt{3}}{12}$. $\because 0° < C < 90°$，$\therefore C \approx 46°$.

因此，乙船前往营救遇险渔船时的方向约是北偏东 $46°+30° = 76°$，大约需要航行 24 n mile.

【设计意图】进一步提高学生的把实际问题转化为数学问题的能力，培养学生文字语言、图形语言和符号语言相互转译的能力以及数学建模的素养.

5.梳理小结，形成结构

通过本节课的学习，你有哪些收获？试从知识、方法、数学思想等方面谈谈.

（1）知识：

利用正弦定理和余弦定理解决实际问题的一般思路：

实际问题 —审题、画图 抽象概括→ 数学模型 —解三角形 推理运算→ 数学模型的解

（2）思想方法：数形结合，化归与转化.

6.作业布置，应用迁移

课本53页习题6.4第8，9题.

六、教学设计评析

向量具有明确的几何背景和丰富的物理背景，本单元就是用向量的方法解决数学和物理学科中的问题，需要综合运用向量知识、物理知识和其他数学知识.教学中要重点引导学生建立利用向量解决几何问题和物理问题的一般路径，如用向量法研究平面向量几何问题的过程可以简单表述为：几何图

形到向量—向量运算—向量到几何关系,这也为三角形中边角关系"正弦定理和余弦定理"的研究提供了基础.利用向量能把几何问题转化为向量运算,可以把原来复杂的几何思辨过程转化为较简单的向量运算过程,降低思考问题的难度;利用向量解决物理问题可以通过典型的物理现象,引导学生把物理问题转化为向量问题,经历数学建模的过程,提高从向量角度分析和解决实际问题的能力.

课例12　复数的概念

一、单元内容和内容解析

1.内容

本单元主要通过方程的求解,帮助学生理解引入复数的必要性,了解复数系的扩充过程,理解复数的概念;掌握复数的表示及其几何意义.本单元知识结构如下:

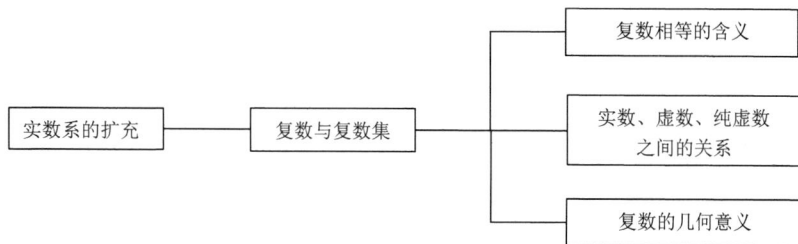

本单元建议用2课时.第1课时为数系的扩充和复数的概念;第2课时为复数的几何意义.

2.内容解析

(1)内容的本质:复数的引入是数系的又一次扩充,也是中学阶段数系的最后一次扩充.复数是一类重要的运算对象,有广泛的应用,复数可代数表示,也可三角表示,有其明显的几何意义,通过复数的学习,可以使学生对数的概念有一个更加完整的认识.

(2)蕴含的数学思想和方法:通过实数系向复数系的扩充和对复数几何意义的理解,让学生体会类比、数形结合的数学思想,提升学生的逻辑推理素

养,并感受人类理性思维在数系扩充中的作用.

(3)知识的上下位关系:复数的概念是整个复数内容的基础.通过引进虚数单位i,从而对数系进行了扩充,使学生对数的概念有一个初步完整的认识,体会虚数引入的必要性和合理性.通过复数的概念和几何意义的学习,为后续复数的四则运算以及复数的三角表示的学习做好准备.因此,复数的概念,对本章具有奠基性的作用.

(4)育人价值:通过数系扩充"规则"的归纳,体现数学的发现和创造过程,通过实数系向复数系的扩充,让学生体会理性思维在数系扩充中的作用,发展学生直观想象、数学运算、逻辑推理等数学核心素养.

(5)教学重点:复数的概念、代数形式和几何意义.

二、单元目标和目标解析

1.目标

(1)理解引入复数的必要性,了解复数的概念.

(2)理解复数的代数表示及其几何意义,知道复数模和共轭复数的含义.

(3)理解两个复数相等的含义.

2.目标解析

达成上述目标的标志是:

(1)能类比有理数系扩充到实数系的过程和方法,通过方程的解,认识复数.

(2)能描述复数代数式的结构特征,正确判断复数的实部、虚部,掌握复数集、实数集、虚数集之间的关系;能类比实数的几何意义,理解复数与有序数对以及平面向量之间一一对应的关系,能画出复数对应的点和向量.

(3)理解复数的模的含义,会求复数的模;知道共轭复数的含义,会求一个复数的共轭复数.

(4)能说明两个复数相等的含义,能根据复数相等的含义判断两个复数是否相等.

三、单元教学问题诊断分析

在义务教育阶段,学生经历了将数系从自然数系逐步扩充到实数系的系列过程,但当时考虑到学生在义务教育阶段的认知基础和认知能力,并未强调数系扩充中的一些"规则",因而他们对数系扩充"规则"的认识比较肤浅,甚至不了解.但扩充数系不能盲目进行,必须有一定的"规则",所以必须让学生理解"规则".

类比由实数认识复数的几何意义,对复平面的认知会影响学生对复数的几何意义的理解,学生可能不易接受"二维"的复数与点和向量的一一对应.

基于上述分析,可以确定本节的教学难点:复数的扩充过程和向量表示.

因此,本单元学习中要注意引导学生梳理已学的从自然数扩充到实数系的过程和方法,尤其是注重梳理从有理数系扩充到实数系时体现的"规则",让学生了解引入复数的必要性.通过梳理这个过程体现数系扩充过程中理性思维的作用,提升学生的逻辑推理素养.

四、单元教学支持条件分析

教学中可类比实数的研究思路研究复数,借助信息技术手段直观展示复数的代数表示和几何意义,还可利用微课视频和网络资源等展示复数的发展史,增强课堂趣味性.

五、教学设计过程

第1课时

(一)课时教学内容
数系的扩充和复数的概念.

(二)课时教学目标
(1)在情境中体会数系扩充的必要性,结合已有的数学经验梳理数系扩充的一般路径.

(2)理解复数的概念,掌握复数的代数表示,理解复数相等的含义.

(3)掌握实数、虚数、纯虚数之间的关系.

(三)教学重点与难点
教学重点:复数的概念.

教学难点:复数概念引入的必要性,复数系扩充过程的数学基本思想.

(四)教学设计过程

1.创设情境,激发认知冲突

情景:17世纪,德国著名数学家莱布尼茨曾经研究过如下问题.

已知:$x^2 + y^2 = 2, xy = 2$,(1)求 $x + y$ 的值;(2)求 x, y 的值.

师生活动:学生思考并回答,第一问比较容易解决,但是第二问转化后的两个一元二次方程:$x^2 \pm \sqrt{6}\, x + 2 = 0$,判别式都小于零,没有实数根.教师引导学生思考 $x + y$ 的值明明存在,但 x, y 却求不出来,莱布尼茨的困惑根源在于方程 $x^2 \pm \sqrt{6}\, x + 2 = 0$ 的根是什么? 如果利用一元二次方程求根公式,可以得 $x = \dfrac{\sqrt{6} \pm \sqrt{-2}}{2}$.

问题1:$\sqrt{-2}$ 可以表示"数"吗? 它表示什么意义的数呢?

预设答案:大部分同学可能会认为负数不能开平方,$\sqrt{-2}$ 没有意义.

教师讲解:历史有着惊人的相似,这样的疑问在数学的第一次危机:无理数的发现中也上演了.在发现无理数之前,如果直角三角形两直角边长都为 1,它的斜边长 $\sqrt{2}$ 也是无意义的,随着无理数的诞生,数系扩充到实数系,$\sqrt{2}$ 也就变得有意义了,数学向前迈出一大步.莱布尼茨感到矛盾的根源就是负数开平方,今天我们沿着数学家的足迹,也来研究负数开平方的问题.我们知道从方程的角度来看,负实数能不能开平方,就是方程 $x^2 + a = 0 (a > 0)$ 有没有解,进而可以归结为方程 $x^2 + 1 = 0$ 有没有解,那么我们能否通过数系扩充解决这个问题呢?

在数学发展的历史上出现这样的矛盾冲突不止一次,让我们从解方程的角度回忆一下数系的扩充过程,或许对我们所思考的这个问题有所启发!

问题2:完成下表,回顾历史上数系的每一次扩充有什么特点? 解决了什么问题? 都满足什么运算及运算律?

方程	N				
$x - 2 = 0$	{2}	**Z**			
$x + 2 = 0$	∅	{-2}	**Q**		
$2x - 1 = 0$	∅	∅	$\{\frac{1}{2}\}$	**R**	
$x^2 - 2 = 0$	∅	∅	∅	$\{-\sqrt{2}, \sqrt{2}\}$	?集
$x^2 + 1 = 0$	∅	∅	∅	∅	

预设答案:从学生认知水平的最近发展区出发,重构数系扩充过程,发现每次数系扩充有如下特点:引入新数,在新的数系中,原来的运算(律)和性质仍然适用,同时解决了某些运算在原来数系中不可实施的矛盾.

【设计意图】再现历史上数学家"莱布尼茨之惑",让学生感同身受地体验数学家的困惑,从解方程的角度回顾历史上数系的每一次扩充,引发学生产生认知冲突,自然地想到对实数集进行扩充,添加新数,使它的平方等于-1,为新知的引入做铺垫.

2.新知探究,概念形成

问题3:类比前面有理数和实数的扩充过程,我们要引入一个新数使得方程$x^2 + 1 = 0$有解,就是要聚焦"哪一个数的平方等于-1?"

预设答案:引入一个新数i,使得$x = i$是方程$x^2 + 1 = 0$的解,即$i^2 = -1$.

追问:得到的新数i除了满足$i^2 = -1$,还需满足什么?

预设答案:能进行加、减、乘、除运算,满足加法和乘法的交换律、结合律.

【设计意图】类比学过的数系扩充"规则",自然地引导学生探究数系的扩充,使新数i的添加变得水到渠成,培养学生的理性思维,积累研究数学问题的经验.

问题4:通过引入新数i,我们把实数系进一步扩充了,数集扩充以后,原来的加、减、乘、除运算仍然可以实施,据此,你能写出哪些与虚数单位i有关的新数?

师生活动:学生思考并小组交流讨论.

预设答案:学生可能举例$2 + 3i$, $\dfrac{1}{2} - \sqrt{3}i$, $-2i$, 0, $\dfrac{3}{1+i}$等.

追问:新数$\dfrac{3}{1+i}$在后面会继续研究,其余几个新数你能用一种统一的形式表示吗?

师生活动:教师引导学生发现,新数的表示形式是由原来的实数和新引入的虚数i进行运算形成的新数.

预设答案:$a + bi(a, b \in \mathbf{R})$,其中$-2i = 0 - 2i$, $0 = 0 + 0i$.

教师归纳:我们把形如$a + bi(a, b \in \mathbf{R})$的数叫做复数,其中$i$叫做虚数单位.全体复数所构成的集合$\mathbf{C} = \{a + bi | a, b \in \mathbf{R}\}$叫做复数集.复数通常用字母$z$表示,即$z = a + bi(a, b \in \mathbf{R})$,其中$a$叫做复数$z$的实部,$b$叫做复数$z$的虚部.

练习1:说出下列复数的实部与虚部.

$-2 + \dfrac{1}{3}\mathrm{i}, \sqrt{2} + \mathrm{i}, \dfrac{\sqrt{2}}{2}, \quad -\sqrt{3}\,\mathrm{i}, \mathrm{i}.$

【设计意图】让学生体会数集扩充以后,原来的加、减、乘、除运算仍然可以实施,从特殊到一般归纳出复数的代数形式,并通过练习进一步巩固.

3.概念辨析,深化理解

问题5:(1)在复数集 $\mathbf{C} = \{a + b\mathrm{i}|a, b \in \mathbf{R}\}$ 中任取两个数 $a + b\mathrm{i}$ 和 $c + d\mathrm{i}$,要满足什么条件才能相等?

(2)复数集 $\mathbf{C}$ 与实数集 $\mathbf{R}$ 之间有什么关系?

师生活动:学生独立思考并回答.

预设答案:(1)当且仅当 $a = c, b = d$ 时两个复数相等.

(2)实数集 $\mathbf{R}$ 是复数集 $\mathbf{C}$ 的子集.

追问1:复数 $z = a + b\mathrm{i}$ 是实数的充要条件是什么?

预设答案: $b = 0$

追问2: $a + b\mathrm{i} = 0$ 的充要条件是什么?

预设答案: $a = b = 0.$

教师归纳:对于复数 $z = a + b\mathrm{i}(a, b \in \mathbf{R})$,当且仅当 $b = 0$ 时,它是实数;当且仅当 $a = b = 0$ 时,它是实数0;当 $b \neq 0$ 时,它叫做虚数;当 $a = 0, b \neq 0$ 时,它叫做纯虚数.

追问3:你能对复数分类并用韦恩图来表示吗?

预设答案: 复数 $z = a + b\mathrm{i}(a, b \in \mathbf{R})\begin{cases} 实数\,(b = 0), \\ 虚数\,(b \neq 0)\begin{cases} 纯虚数\,(a = 0), \\ 非纯虚数\,(a \neq 0), \end{cases} \end{cases}$

韦恩图如图1所示.

练习2:指出下列各数中,哪些是实数,哪些是虚数,哪些是纯虚数?

$2 + \sqrt{7}, \quad 0.618, \quad \dfrac{2}{7}\mathrm{i}, \quad 0, \quad \mathrm{i},$

$5\mathrm{i} + 8, \quad \mathrm{i}(1 - \sqrt{3}), \quad \sqrt{2} - \sqrt{2}\,\mathrm{i}.$

图1

【设计意图】让学生理解两个复数相等的充要条件,了解虚数、纯虚数的概念,进而引导学生理解复数集和实数集之间的关系以及复数的分类,进一步深化学生对复数集是实数集的"扩充"的理解.

4.例题讲解,初步运用

例1:当实数m取什么值时,复数$z = m + 1 + (m - 1)\mathrm{i}$是下列数?

(1)实数;(2)虚数;(3)纯虚数.

师生活动:学生思考,独立完成例1,教师巡视指导有困难的学生.

解:(1)当$m - 1 = 0$,即$m = 1$时,复数z是实数.

(2)当$m - 1 \neq 0$,即$m \neq 1$时,复数z是虚数.

(3)当$m + 1 = 0$,且$m - 1 \neq 0$,即$m = -1$时,复数z是纯虚数.

练习3:求满足下列条件的实数x, y的值.

(1)$(x + y) + (y - 1)\mathrm{i} = (2x + 3y) + (2y + 1)\mathrm{i}$;

(2)$(x + y - 3) + (x - 2)\mathrm{i} = 0$.

【设计意图】帮助学生进一步理解复数的概念和复数的分类,强化对复数相等含义的理解.

5.梳理小结,形成结构

通过本节课的学习,你有哪些收获? 试着从知识、方法、数学思想、经验等方面谈一谈.

(1)知识:

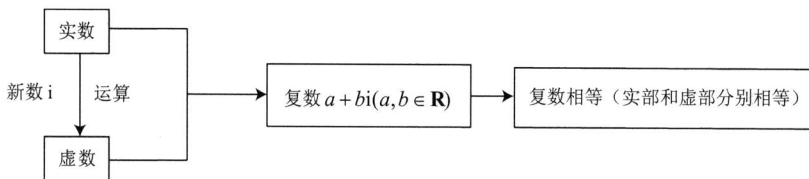

(2)思想方法:类比.

6.作业布置,应用迁移

课本73页习题7.1第1,2,3题.

第2课时

(一)课时教学内容

复数的几何意义.

(二)课时教学目标

(1)了解复平面的概念,理解复数的几何意义.

(2)会利用几何意义求复数的模.

(3)理解共轭复数的概念,并会求共轭复数.

(三)教学重点与难点

教学重点:复数的几何意义及复数的模.

教学难点:复数的几何意义及模的有关应用.

(四)教学过程设计

1.复习回顾,引入新课

问题1:复数的一般形式是什么? 两个复数相等的充要条件是什么?

师生活动:学生独立思考回忆并回答.

预设答案:复数一般形式 $z = a + bi(a, b \in \mathbf{R})$;两个复数相等的充要条件是"两个复数的实部和虚部分别相等".

追问1:如何确定一个复数?

预设答案:由有序实数对(a, b)唯一确定.

追问2:实数与数轴上的点是一一对应的,类比实数的表示,复数是否也存在几何表示呢?

【设计意图】复习复数的代数表示形式和两个复数相等的定义,让学生认识复数是由有序实数对(a,b)唯一确定,并类比实数的几何意义激发学生探索复数的几何意义的兴趣,为复数几何意义的学习做好铺垫.

2.新知探究,抽象概念

问题2:复数 $z = a + bi$ 由有序实数对(a, b)唯一确定,由此你能想到复数的几何表示方法吗?

师生活动:学生思考并交流讨论,教师引导学生理解复数应当是"二维数",复数 $z = a + bi$ 是由有序实数对(a, b)唯一确定的,而有序实数对(a, b)在直角坐标平面内与点(a, b)是一一对应的.

预设答案:复数 $z = a + bi$ 与平面直角坐标系中的点(a, b)之间可以建立一一对应关系.

教师归纳:如图1,在平面直角坐标系中,以复数 $z = a + bi$ 的实部 a 为横坐标,虚部 b 为纵坐标确定了点 $Z(a, b)$,我们可以用点 $Z(a, b)$ 来表示复数 $a + bi$.

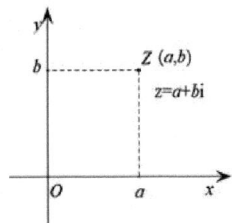

图1

这个建立了直角坐标系表示复数的平面叫做复平面,x 轴叫做实轴,y 轴叫做虚轴.

追问 1：实轴和虚轴上的点表示什么数？

预设答案：实轴上的点表示实数,除原点外,虚轴上的点都表示纯虚数.

练习：请指出复平面上的原点(0，0),(2，0),(0，－1),(-2，3)分别表示哪些复数？

预设答案：分别表示实数 0,实数 2,纯虚数 –i,复数 –2 + 3i.

追问 2：从上述练习,你能得到什么？

预设答案：复平面内的每一个点都有唯一的一个复数和它对应.

师生总结：复数集 **C** 中的数与复平面内的点按如下方式建立了一一对应的关系,复数 $z = a + bi \xleftrightarrow{\text{一一对应}}$ 复平面内的点 $Z(a，b)$,这是复数的一种几何意义.

【**设计意图**】借助平面内的点表示复数,建立复数与复平面内点的一一对应关系,让学生理解这是复数的一种几何意义.

问题 3：在平面直角坐标系中,每一个平面向量都可以用一个有序实数对来表示,而有序实数对与复数是一一对应的.你能用平面向量来表示复数吗？

师生活动：教师引导学生回顾平面向量的知识,复平面内任意一点 $Z(a，b)$ 与以原点为起点,点 $Z(a，b)$ 为终点的向量 $\overrightarrow{OZ}$ 对应.

预设答案：复数集中的数与复平面内以原点为起点的向量建立了一一对应关系.复数 $z = a + bi \xleftrightarrow{\text{一一对应}}$ 平面向量 $\overrightarrow{OZ}$,这是复数的另一个几何意义.

师生归纳：复数的几何意义.

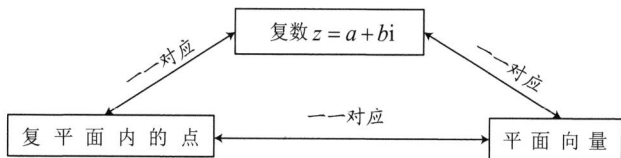

为了方便,我们常把复数 $z = a + bi$ 说成点 Z 或者向量 $\overrightarrow{OZ}$.

追问：向量 $\overrightarrow{OZ}$ 的模如何表示？我们可以定义复数的模吗？

预设答案：$|z| = |a + bi| = \sqrt{a^2 + b^2}$.

教师总结：向量 $\overrightarrow{OZ}$ 的模叫做复数 $z = a + bi$ 的模或者绝对值,记作 $|z|$ 或 $|a + bi|$.即 $|z| = |a + bi| = \sqrt{a^2 + b^2}$,其中 $a，b \in \mathbf{R}$.当 $b = 0$ 时,$z = a + bi$ 是一个实数 a,它的模就等于 $|a|$(a 的绝对值).

【设计意图】借助平面内的点与平面向量的对应关系来建立复数与向量之间的一一对应关系,进而建立三者之间的对应关系,完成复数的几何意义的探究.

3.例题讲解,初步运用

例1:设复数 $z_1 = 4 + 3i$,$z_2 = 4 - 3i$.

(1)在复平面中画出复数 z_1,z_2 对应的点和向量;

(2)求复数的模,并比较它们的模的大小.

师生活动:学生独立思考并尝试,完成后教师讲解、点评.

解:(1)如图2,复数 z_1,z_2 对应的点分别为 Z_1,Z_2,对应的向量分别为 $\overrightarrow{OZ_1}$,$\overrightarrow{OZ_2}$.

(2)$|z_1| = |4 + 3i| = \sqrt{4^2 + 3^2} = 5$,$|z_2| = |4 - 3i| = \sqrt{4^2 + (-3)^2} = 5$.

所以 $|z_1| = |z_2|$.

追问:复数 z_1,z_2 有怎么的关系?

预设答案:实部相等,虚部互为相反数;在复平面内关于实轴对称.

图2

教师总结:一般地,当两个复数的实部相等,虚部互为相反数时,这两个复数叫做互为共轭复数.虚部不等于0的两个共轭复数也叫做共轭虚数.复数 z 的共轭复数用 $\bar{z}$ 表示,即如果 $z = a + bi$,那么 $\bar{z} = a - bi$.

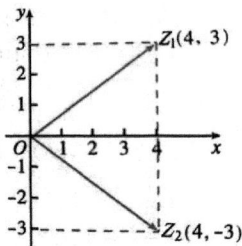

例2:设 $z \in \mathbf{C}$,在复平面内 z 对应的点为 Z,那么满足下列条件的点 Z 的集合是什么图形?

(1)$|z| = 1$;   (2)$1 < |z| < 2$.

师生活动:学生思考并小组交流讨论,教师巡视并适时加以引导点拨.

解:(1)由 $|z| = 1$ 得,向量 $\overrightarrow{OZ}$ 的模等于1,所以满足条件 $|z| = 1$ 的点 Z 的集合是以原点 O 为圆心,以1为半径的圆.

(2)不等式 $1 < |z| < 2$ 可化为不等式 $\begin{cases} |z| < 2, \\ |z| > 1. \end{cases}$

不等式 $|z| < 2$ 的解集是圆 $|z| = 2$ 的内部所有的点组成的集合,不等式 $|z| > 1$ 的解集是圆 $|z| = 1$ 外部所有的点组成的集合,这两个集合的交集,就是上述不等式组的解集,也就是满足条件 $1 < |z| < 2$ 的点 Z 的集合.

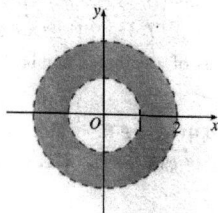

图3

容易看出,所求的集合是以原点 O 为圆心,以 1 及 2 为半径的两个圆所夹的圆环,但不包括圆环的边界(如图 3).

【设计意图】通过例题帮助学生加强对复数的几何意义和模的认识,理解复数、点、向量三者之间的联系,为后面复数的四则运算做好铺垫.

4.巩固练习,深化理解

完成课本 73 页练习 1,2,3.

5.梳理小结,形成结构

通过本节课的学习,你有哪些收获? 试着从知识、方法、数学思想、经验等方面谈一谈.

(1)知识:

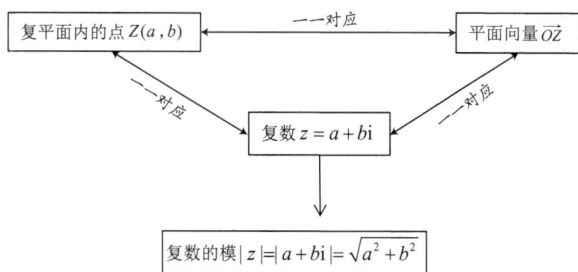

(2)思想方法:类比,数形结合.

6.作业布置,应用迁移

课本 73~74 页习题 7.1 第 4,8 题.

六、教学设计评析

复数系是中学数学最后一次数系的扩充,其研究的整体架构和实数完全一致,所以可以引导学生回忆运算一般路径:背景—概念—基本性质—运算及运算律—联系与应用,在此基础上构建本章的研究路径.教学中可以借助已有的数系扩充经验,从特殊到一般,帮助学生梳理数系扩充的"规则",在"规则"的引导下进行实数系到复数系的扩充,感受引入复数的必要性和合理性,引导学生进一步体会数系扩充的基本思想.本单元作为复数的起始单元,复数的概念是整个复数内容的基础,所以要注重复数概念的建构过程.复数的有关概念都是围绕复数的代数形式展开的,因此可以引导学生按照研究路径自主探究复数中可能存在的数,归纳总结出复数的一般表示方法,经历复数形式化的过程,发展学生数学抽象素养.

第二章 立体几何课例

课例13 空间点、直线、平面的位置关系

一、单元内容和内容解析

1.内容

本单元主要学习空间点、直线、平面之间的位置关系.本单元知识结构如下：

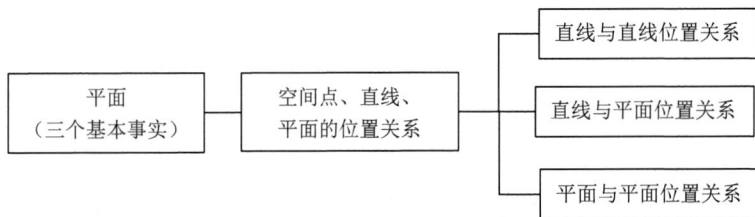

本单元建议用2课时.第1课时为平面；第2课时为点、线、面的位置关系.

2.内容解析

(1)内容的本质：点、直线、平面是组成几何图形的基本要素,对这些基本元素之间关系的了解是立体几何研究的基础.

(2)蕴含的数学思想和方法：在直观认识的基础上,类比直线的研究过程研究平面的性质；根据公共点的情况对线线、线面、面面的位置关系分类讨论,体现分类与整合的思想.

(3)知识的上下位关系：前面已经学习了从整体的角度认识空间几何体,包括认识空间几何体的特征,会画它们的直观图,计算它们的表面积和体积等.本节课将开始从局部的角度,以长方体为载体,直观认识和描述空间中

点、直线、平面的位置关系,为后面空间中直线、平面的平行和垂直学习做好铺垫.

(4)育人价值:在研究平面及其几何性质的基础上,以长方体为载体,直观认识和描述空间中点、线、面的位置关系及其符号表示,发展学生直观想象、抽象概括的核心素养.

(5)教学重点:平面的基本性质及其推论;空间直线、平面的位置关系.

二、单元目标和目标解析

1.目标

(1)了解平面及其基本性质,发展直观想象核心素养.

(2)理解空间中点、直线、平面的位置关系,发展直观想象和数学抽象核心素养.

2.目标解析

达成上述目标的标志是:

(1)在直观认识的基础上,感受平面的概念.

(2)通过关于平面的基本事实、推论及定理,知道平面的基本性质.

(3)能说明空间中点、线、面的位置关系并能用三种语言(文字、符号、图形)表述.

三、单元教学问题诊断分析

平面的三个基本事实及其推论是立体几何的理论基础.对于平面,学生仅有直观感受,其"平"和"无限延展"是客观存在的,但学生会对为什么还要学习三个基本事实,并用它们对平面的特征进行刻画不理解.因此,需要引导学生理解三个基本事实的意义就是去刻画平面这一不加定义的概念,利用基本事实,就可以用直线的"直"和"无限延伸"来刻画平面的"平"和"无限延展".

对于空间中点、直线、平面的位置关系,学生不仅要熟悉它们之间有哪些位置关系,还需要学会使用符号语言表示,但用集合的符号语言表示几何元素之间的关系,学生还不习惯,这种不习惯是由于学生对图形表达的几何要素之间的关系不理解.

基于上述分析,可以确定本节的教学难点:对于三个基本事实刻画平面

基本性质的理解;三种语言(图形语言、文字语言、符号语言)及其相互转化.

因此,本单元学习中可以利用多媒体提升直观性,引导学生理解图形或文字语言所反映的几何关系的本质,逐步熟悉用符号语言表达.

四、单元教学支持条件分析

教学中可利用信息技术工具,动态展示"直线网"编制成平面的过程,便于学生更加直观地感受平面的基本特征,借助信息技术多角度展示几何体模型,帮助学生体会点、线、面的位置关系.

五、教学设计过程

第1课时

(一)课时教学内容

平面.

(二)课时教学目标

(1)了解平面的概念,会用图形与字母表示平面.

(2)会用图形、文字、符号三种语言形式表述三个基本事实和推论.

(三)教学重点与难点

教学重点:平面的三个基本事实、三个推论.

教学难点:对基本事实的理解和符号语言表示.

(四)教学设计过程

引导语:前面我们学习了简单几何体的结构特征,知道了立体图形都是由点、直线、平面等基本元素组成的.因此,要进一步研究立体图形的结构特征,就要研究这些基本元素之间的位置关系.本节课我们先研究平面及其基本性质,在此基础上研究点、直线、平面之间的位置关系.

1.创设情境,导入新课

问题1:初中我们已经学过直线,那么日常生活中有哪些例子给我们直线的形象? 直线有哪些基本特征? 怎么表示一条直线呢?

师生活动:学生独立思考并回答,教师梳理总结.

预设答案:灯管、黑板的边缘、笔直的公路等都给我们直线的形象.

直线的基本特征:①直的,②向两端无限延伸.

直线的表示方法:直线AB或者直线a.

【设计意图】回忆直线的概念、基本特征和表示方法,为平面的学习做好铺垫.

2.探究新知——平面的概念、特征及表示

问题2:日常生活中有哪些例子给我们平面的形象?平面又有哪些基本特征?

师生活动:学生思考并交流,小组代表汇报,教师梳理总结.

预设答案:"桌面""墙面""水面"等都给我们平面的形象.

平面基本特征:①平的,②无限延展.

追问:请大家观察图1中的长方体,说一说怎么表示一个平面呢?

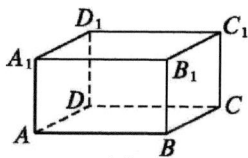

图1

预设答案:用平行四边形表示平面.当平面水平放置时,常把平行四边形的一边画成横向;当平面竖直放置时,常把平行四边形的一边画成竖向(如图2).用符号表示为:平面$ABCD$、平面AC、平面BD或者用希腊字母α,β,γ等表示.

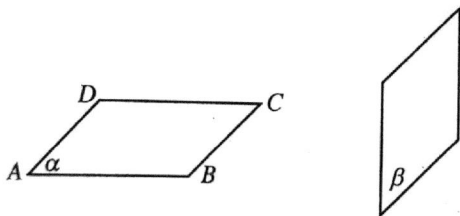

图2

【设计意图】类比直线的概念、基本特性、表示方法,结合长方体的直观图,得出平面的概念、基本特征、表示方法,让学生体会研究方法的一致性.

3.探究新知——平面的性质

问题3:生活中,自行车用一个脚架和两个车轮着地就可以"站稳",三脚架的三脚着地就可以支撑照相机.我们知道,过两点可以确定一条直线,结合实例你能说明几点可以确定一个平面?

师生活动:学生思考并分组讨论,教师巡视指导,讨论后由学生总结.学生容易得到三点可以确定一个平面,教师要引导学生思考是否任意三点都可以确定一个平面?

预设答案:不共线的三点可以确定一个平面.

师生总结:

基本事实1:过不在一条直线上的三个点,有且只有一个平面.(如图3)

追问1:"有且只有"是什么意思? 用"只有一个"或者"有一个"来代替可不可以?

预设答案:"有"说明图形存在,"只有"说明图形唯一;不能使用"只有一个"或者"有一个"来代替.

追问2:我们知道直线和平面上都有无数个点,直线和平面都可以看成是点的集合.那么点和直线、点和平面的位置关系如何用数学符号语言刻画呢?(如图4)

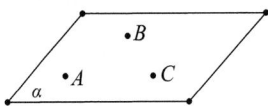

图3

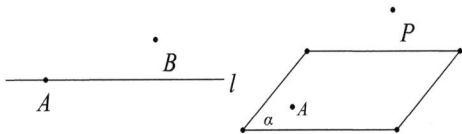

图4

预设答案:若点A在直线l上,记作$A \in l$;若点B不在直线l上,记作$B \notin l$;若点A在平面α内,记作$A \in \alpha$;若点P在平面α外,记作$P \notin \alpha$.

【设计意图】类比直线的基本事实得到"不共线的三点确定一个平面"的基本事实1,类比集合给出其图形表示以及点和直线、平面之间位置关系的符号语言表示.

基本事实1刻画了点与平面的关系,下面我们来刻画直线与平面的关系.

问题4:生活中,如果一根直尺放在桌面上,那么直尺的整个边缘就落在了桌面上.请问如何刻画直尺的边缘在桌面上? 需要无数个公共点吗? 结合实例思考:如果直线l与平面α有一个公共点P,直线l是否在平面α内? 如果直线l与平面α有两个公共点呢?

师生活动:学生独立思考并回答,教师引导学生通过实际操作感受直线与平面的关系.

预设答案:如果直线l与平面α有一个公共点P,直线l不在平面α内;直线l与平面α有两个公共点,直线l一定在平面α内.

教师总结:

基本事实2:如果一条直线上的两个点在一个平面内,那么这条直线在这个平面内.

追问1:你能用图形语言表示基本事实2吗?

预设答案:如图5.

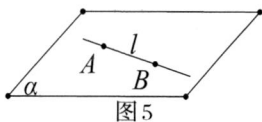
图5

追问2:直线与平面位置关系能用集合语言描述吗?

预设答案:因为平面可以看成是直线的集合,如果直线l上所有点都在平面α内,就说直线l在平面α内,记作$l \subset \alpha$;否则,就说直线l不在平面α内,记作$l \not\subset \alpha$.

追问3:基本事实2用符号语言如何表示?

预设答案:$A \in l, B \in l$,且$A \in \alpha, B \in \alpha \Rightarrow l \subset \alpha$.

问题5:我们知道,平面具有"平"和"无限延展"的特征.而基本事实2反映了直线与平面的位置关系.我们能不能利用这种位置关系,用直线的"直"和"无限延伸"刻画平面的"平"和"无限延展"?

师生活动:学生思考并小组讨论,由小组代表回答,教师用信息技术手段展示辅助学生理解.

预设答案:如图6,由基本事实1,给定不共线三点A, B,C,它们可以确定一个平面ABC;连接AB,BC,CA,由基本事实2,这三条直线都在平面ABC内,进而连接这三条直线上任意两点所得直线也都在平面ABC内,所有这些直线可以编织成一个"直线网",这个"直线网"可以铺满平面ABC.组成这个"直线网"的直线的"直"和向各个方向无限延伸,说明了平面的"平"和"无限延展".

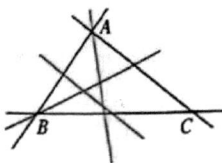
图6

【设计意图】从基本事实1的"点与平面的关系"到基本事实2的"直线与平面的关系",反映了研究问题的一般思路,并要求学生会用三种语言相互转化,加深对基本事实2的理解.最后借助信息技术手段用直线的"直"和"无限延伸"刻画平面的"平"和"无限延展".

基本事实1和2分别从点与平面、直线与平面关系的角度对平面进行了刻画.接下来,我们从平面与平面关系的角度对平面进一步刻画.

问题6:把三角尺的一个角立在课桌面上,三角尺所在平面与课桌面所在平面是否相交于一点B? 为什么?(如图7)

师生活动:学生独立思考并回答,教师引导学生把三角尺想象成无限延展的平面,用它去"穿透"课桌面,可以想象两个平面相交于一条直线,还可以让学生观察教室里相邻的墙面在地面的墙角处有一个公共点,这两个墙面相交于过这个点的一条直线.

预设答案:三角尺所在平面与课桌面所在平面相交于一条直线.

师生总结:

基本事实3:如果两个不重合的平面有一个公共点,那么它们有且只有一条过该点的公共直线.

追问1:基本事实3用图形语言和符号语言如何表示?

预设答案:如图8(教师要引导学生画出此图,并说明虚线的意义).

　　图7

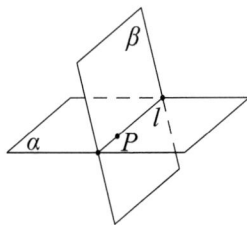
　　图8

符号语言:$P \in \alpha$,且$P \in \beta \Rightarrow \alpha \bigcap \beta = l$,且$P \in l$.

追问2:类似基本事实2,你能结合基本事实3,进一步说明平面的"平"和"无线延展"的基本特征吗?

预设答案:如果两个平面有一个公共点,那么这两个平面一定相交于过这个公共点的一条直线.两个平面相交成一条直线的事实,进一步说明了平面的"平"和"无限延展".

【设计意图】结合生活中的实例,按照点与平面、直线与平面、平面与平面关系的研究思路,归纳得出基本事实3,进一步说明平面的"平"和"无限延展"的基本特征.

4.性质应用,深化理解

问题7:基本事实1给出了确定一个平面的一种方法.利用基本事实1和基本事实2,再结合"两点确定一条直线",你还可以得到确定一个平面的方法吗?

师生活动:学生思考并分组讨论,由小组代表汇报讨论结果,教师梳理归纳.

师生总结:如图9.

推论1 经过一条直线和这条直线外一点,有且只有一个平面.

推论2 经过两条相交直线,有且只有一个平面.

推论3 经过两条平行直线,有且只有一个平面.

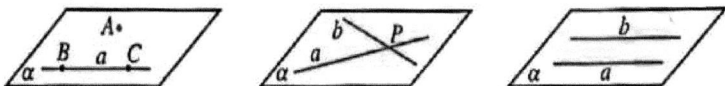

图9

推论1说理:设点A是直线a外一点,在直线a上任取两点B,C,则由基本事实1,经过A,B,C三点确定一个平面α.再由基本事实2,直线a也在平面α内,因此平面α经过直线a和点A,即一条直线和这条直线外一点确定一个平面.

对于三个推论,要求学生画出图形,并结合图形师生共同对推论1从存在性和唯一性的角度进行说理,确认其正确性.对于推论2和推论3,由学生独立完成说理过程.教师说明基本事实和推论在后续研究直线、平面之间位置关系中的作用.

【设计意图】引导学生从基本事实1,2得到三个推论,进一步体会关于直线、平面的基本事实在确定平面中的作用.

5.梳理小结,形成结构

通过本节课的学习,你有哪些收获?试从知识、方法、数学思想、经验等方面谈谈.

(1)知识:

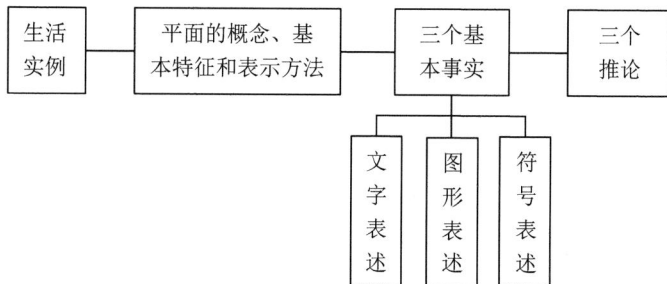

(2)思想方法:类比.

6.作业布置,应用迁移

课本132页习题8.4第6,7,8题.

第2课时

(一)课时教学内容

空间点、直线、平面之间的位置关系.

(二)课时教学目标

(1)能通过长方体中的直线、平面之间的关系,抽象、归纳出直线与直线、直线与平面、平面与平面之间的位置关系.

(2)能用符号语言表达直线与直线间的相交、平行;直线在平面内,直线与平面相交、平行;平面与平面的平行、相交等所有可能的位置关系.

(三)教学重点与难点

教学重点:了解空间中直线、平面之间的位置关系.

教学难点:直线与直线、直线与平面、平面与平面的位置关系的图形表达.

(四)教学过程设计

1.创设情境,导入新课

问题1:前面我们认识了空间中点、直线、平面之间的一些位置关系,下面借助我们熟悉的长方体思考(如图1):空间中点与直线的位置关系是什么? 点与平面的位置关系是什么? 用数学符号语言如何表示?

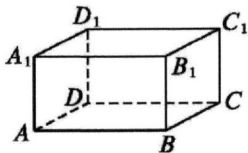

图1

师生活动:学生结合图形思考后回答,教师点评.

预设答案:

空间中点和直线的位置关系有两种:点在直线上和点在直线外.

例1:$A \in$ 直线 AB,$A_1 \notin$ 直线 AB.

空间中点和平面的位置关系有两种:点在平面内,点在平面外.

例2:$A \in$ 平面 $ABCD$,$A_1 \notin$ 平面 $ABCD$.

追问:直线与直线、直线与平面、平面与平面之间有哪些位置关系呢?

【设计意图】复习上节所学知识,引入本节新课,建立知识间的联系,提高学生类比推理的能力.

2.探究新知,数学抽象

问题2: 观察长方体,直线 AB 与其他棱所在直线有哪些不同的位置关系?举例说明.

师生活动: 学生观察长方体(如图1),举例说明空间中两直线平行、相交关系,并发现异面直线关系.

预设答案: 空间中位置关系有三种,例如:直线 AB 和 CD,直线 AB 和 BC,直线 AB 和 CC_1.

追问1: 这三种位置关系和我们初中学习的平面中的两直线位置关系相同吗?

预设答案: 直线 AB 和 CD 平行,直线 AB 和 BC 相交,直线 AB 和 CC_1 不在同一平面内,与平面中的两直线位置关系不相同.

教师总结: 不同在任何一个平面内的两条直线叫做异面直线.

两条直线的位置关系有三种:

$$
\begin{cases}
\text{共面直线}\begin{cases}\text{相交直线:在同一平面内,有且只有一个公共点;}\\ \text{平行直线:在同一平面内,没有公共点;}\end{cases}\\
\text{异面直线:不同在任何一个平面内,没有公共点.}
\end{cases}
$$

追问2: 异面直线用图形如何表示?

预设答案: 通常用一个或两个平面衬托(如图2).

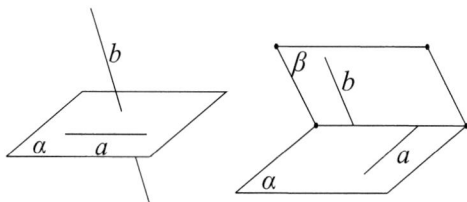

图2

【设计意图】 学生通过观察并概括总结得到空间中两条直线位置关系,提升学生直观想象等核心素养.

问题3: 在长方体中(如图1),直线 AB 与长方体的六个面所在的平面有几种位置关系?举例说明.

师生活动: 学生思考并分组讨论,由小组代表汇报讨论结果,教师引导学生根据直线和平面公共点数量进行分类,梳理总结.

预设答案:有三种位置关系:①直线 AB 在平面 $ABCD$ 内,有无数个公共点;②直线 AB 与平面 BCC_1B_1 只有一个公共点;③直线 AB 与平面 CDD_1C_1 没有公共点.

教师总结:直线与平面的位置关系有三种:

(1)直线在平面内——有无数个公共点;

(2)直线与平面相交——有且只有一个公共点;

(3)直线与平面平行——没有公共点.

当直线与平面相交或平行时,直线不在平面内,也称为直线在平面外.

追问1:直线与平面的三种位置关系用图形如何表示?

预设答案:如图3.

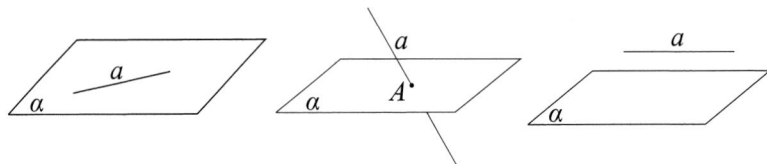

图3

追问2:直线与平面的三种位置关系用符号语言如何表示?

预设答案:直线在平面内,$a \subset \alpha$;直线与平面相交,$a \cap \alpha = A$;直线与平面平行,$a // \alpha$.

【设计意图】类比直线的位置关系让学生自主探究直线与平面的三种位置关系,并能用图形语言和符号语言表示,培养学生的知识迁移能力,提升学生直观想象素养.

问题4:类比直线与平面的位置关系你能说明平面与平面之间有哪些位置关系吗? 用图形语言和符号语言如何表示?

师生活动:学生思考并分组讨论,教师对有困难的学生进行指导.最后由学生代表汇报交流结果,教师梳理总结.

师生总结:

两个平面之间的位置关系有两种:

(1)两个平面平行——没有公共点;

(2)两个平面相交——有一条公共直线.

图形语言:如图4.

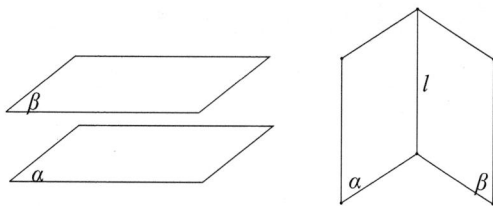

图4

符号语言:两个平面平行 $\alpha // \beta$;两个平面相交 $\alpha \bigcap \beta = l$.

【设计意图】类比直线与平面的三种位置关系,放手让学生自主探究平面与平面的位置关系,进一步熟悉图形语言和符号语言,培养学生的知识迁移能力,提升学生直观想象素养.

3.例题讲解,初步应用

例3:如图5,用符号表示下列图形中直线、平面之间的位置关系.

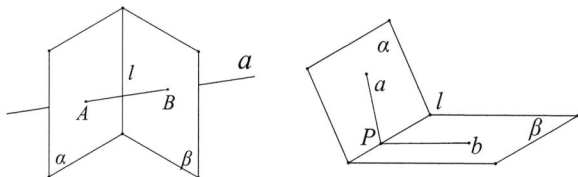

图5

师生活动:学生独立思考并回答,教师规范板书.

解:在(1)中,$\alpha \bigcap \beta = l, a \bigcap \alpha = A, a \bigcap \beta = B$;

在(2)中,$\alpha \bigcap \beta = l, a \subset \alpha, b \subset \beta, a \bigcap l = P, b \bigcap l = P, a \bigcap b = P$.

【设计意图】巩固本节的所学知识,熟悉图形、文字、符号三种语言之间的转化,训练学生正确地认识和描述空间图形.

例4:如图6,$AB \bigcap \alpha = B, A \notin \alpha, a \subset \alpha, B \notin a$,直线 AB 与 a 具有怎样的位置关系? 为什么?

师生活动:学生独立思考并回答,在学生说明理由的基础上,教师引导学生用反证法说明.

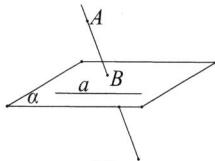

图6

解:直线 AB 与 a 是异面直线.理由如下:

若直线 AB 与直线 a 不是异面直线,则它们相交或平行,设它们确定的平面为 β,则 $B \in \beta, a \subset \beta$,由于经过点 B 与直线 a 有且仅有一个平面 α,因此平面 α 与 β 重合,从而 $AB \subset \alpha$,进而 $A \in \alpha$,这与 $A \notin \alpha$ 矛盾,所以直线 AB 与 a 是异面直线.

追问:从例4中我们得到了一种判断异面直线的方法,你能使用文字语言叙述吗?

预设答案:与一个平面相交的直线和这个平面内不经过交点的直线是异面直线.

【设计意图】例4提供了一种判断异面直线的方法,通过反证法,帮助学生更好地理解异面直线,熟悉三种语言的转化,提升学生直观想象与逻辑推理素养.

4.巩固练习,深化应用

完成课本131页练习第1,2,3,4题.

5.梳理小结,形成结构

通过本节课的学习,你有哪些收获? 试从知识、方法、数学思想、经验等方面谈谈.

(1)知识:

```
                  ┌─────────────────────────────────────────┐
                  │ 点与直线的位置关系:点在直线上、点在直线外  │
                  └─────────────────────────────────────────┘
  ┌───┐         ┌─────────────────────────────────────────┐         ┌───┐
  │空间│         │ 点与平面的位置关系:点在平面内、点在平面外  │         │文字│
  │中点│         └─────────────────────────────────────────┘         │语言│
  │、 │         ┌─────────────────────────────────────────┐         │、 │
  │直线│─────────│ 直线与直线的位置关系:平行、相交、异面      │─────────│图形│
  │、 │         └─────────────────────────────────────────┘         │语言│
  │平面│         ┌─────────────────────────────────────────┐         │、 │
  │的位│         │ 直线与平面位置关系:平行、相交、直线在平面内 │         │符号│
  │置关│         └─────────────────────────────────────────┘         │语言│
  │系 │         ┌─────────────────────────────────────────┐         │表示│
  └───┘         │ 平面与平面位置关系:平行、相交            │         └───┘
                  └─────────────────────────────────────────┘
```

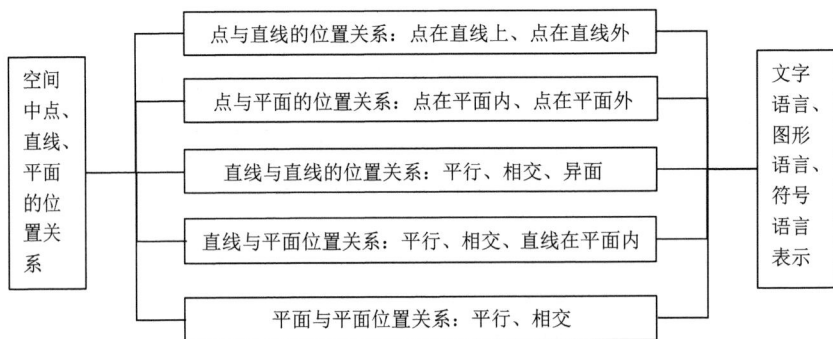

(2)思想方法:类比、分类与整合、特殊与一般.

6.作业布置,应用迁移

课本131~134页习题8.4第1,4,5题.

六、教学设计评析

本单元的重点是直线、平面之间的位置关系,研究这些位置关系,先要理解点、直线、平面这些组成几何图形的基本要素,这也是整个立体几何研究的基础.教学中可以引导学生从生活实例出发,注意联系长方体和教室中的实例,让学生经历从实例中抽象空间图形的过程,强化由实际模型到图形,再由图形到实际模型的训练,逐步培养学生由图形想象空间位置关系的能力.另外本单元空间中点、直线和平面的位置关系都是按照"几何模型—图形—文字—符号"的路径进行研究的,要引导学生将符号语言与图形语言、文字语言相结合,充分体现图形语言的直观性和符号语言的简洁性.

课例14 空间直线、平面的平行

一、单元内容和内容解析

1.内容

本单元主要学习空间直线、平面的平行,内容包括直线与直线的平行、直线与平面的平行、平面与平面的平行.本单元知识结构如下:

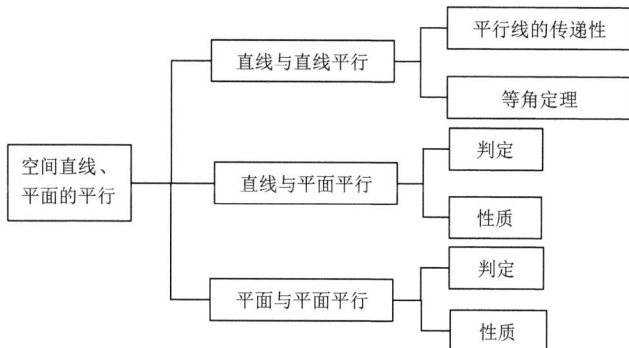

本单元建议用3课时.第1课时为直线与直线平行;第2课时为直线与平面平行;第3课时为平面与平面平行.

2.内容解析

(1)内容的本质:在整体认识空间中点、直线、平面的位置关系的基础上,研究空间直线与平面间的特殊位置关系——平行.

(2)蕴含的数学思想和方法:按照"直观感知—操作确认—思辨论证"的认识过程,从一般到特殊研究平行这种特殊的位置关系,把空间问题转化为平面问题,无限问题转化为有限问题,体现化归与转化的思想方法.

(3)知识的上下位关系:前面在研究平面的基础上,整体认识了空间点、线、面的位置关系,本节进一步研究空间直线与平面间的特殊位置关系——平行,也为后续空间直线与平面间另一种特殊位置关系——垂直的研究打下

基础.

(4)育人价值:经历从实际背景中抽象出数学模型,从现实生活中抽象出几何问题的过程,经历观察、实验、猜想、证明等合情推理活动,发展学生的直观想象、数学抽象和逻辑推理核心素养.

(5)教学重点:直线、平面平行的判定和性质.

二、单元目标和目标解析

1.目标

(1)类比平面中平行线的判定与性质,了解空间直线间的传递性以及空间等角定理并会应用,发展直观想象核心素养.

(2)掌握空间直线与平面平行的判定和性质,发展学生直观想象与逻辑推理的素养.

(3)掌握空间平面与平面平行的判定和性质,发展学生直观想象与逻辑推理的素养.

2.目标解析

达成上述目标的标志是:

(1)能类比平面中平行直线的传递性和邻补角性质,了解空间中直线与直线平行的传递性以及空间中的等角定理.

(2)能通过直观感知,操作确认,归纳出直线与平面平行、平面与平面平行的判定定理.

(3)能从定义和基本事实出发,归纳并证明直线与平面、平面与平面平行的性质定理.

三、单元教学问题诊断分析

前面已经学习了空间中直线与直线、直线与平面、平面与平面的位置关系,因此学生能够在实物中凭直观找到直线与平面平行的关系,但本节学习的思维要从经验型抽象思维上升到理论型抽象思维,这对于部分学生还是很有挑战性的.特别在直线和平面、平面与平面平行的性质研究过程中,不同于以往的通过观察、操作获得图形的性质的过程,而是要更侧重于对提出问题和解决问题的思路呈现,体现思辨论证的过程,这对学生来说具有一定的难度.

另外,在直线与平面平行的判定和性质的应用过程中,对于定理中条件的梳理,文字语言、图形语言、符号语言的相互转化,对于学生来说都是比较困难的,需要在教学中不断引导和规范.

基于上述分析,可以确定本节的教学难点:直线与平面、平面与平面平行的判定定理与性质定理的发现过程;直线、平面平行的判定和性质定理的应用.

四、单元教学支持条件分析

通过信息技术展示和学生实际动手操作相结合,让学生直观感受把线面平行转化为线线平行的过程,帮助学生发现和理解判定定理和性质定理,提升学生空间想象能力.

五、教学设计过程

第1课时

(一)课时教学内容

直线与直线平行.

(二)课时教学目标

(1)理解基本事实4,会用基本事实4证明线线平行,发展直观想象核心素养.

(2)掌握等角定理及其证明方法,能用等角定理解决问题,发展逻辑推理核心素养.

(三)教学重点与难点

教学重点:了解基本事实4和等角定理.

教学难点:能应用基本事实4和等角定理解决问题.

(四)教学设计过程

1.创设情境,导入新课

问题1:在平面内,平行线的传递性如何叙述?若一个角的两边分别平行于另一个角的两边,那么这两个角有什么关系?

师生活动:学生独立思考并回答,教师点评.

预设答案：

传递性：在平面内，若两条直线都与第三条直线平行，则这两条直线互相平行；

在平面内，若一个角的两边分别平行于另一个角的两边，那么这两个角相等或互补.

那么在空间中，这些结论是否成立呢？

【设计意图】从平面内直线平行的传递性和等角定理出发，自然联想到在空间中结论是否成立，激发学生探索欲，为本节课学习做好准备.

2.探究新知，定理归纳

问题2：在长方体 $ABCD - A_1B_1C_1D_1$ 中（如图1），$BB_1 // AA_1$，$DD_1 // AA_1$，那么 BB_1 与 DD_1 平行吗？观察你所在的教室，你能找到实例吗？实际生活中还有没有这样的实例呢？

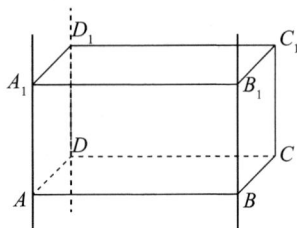

图1

师生活动：学生独立思考并回答，教师引导学生多举例，观察班级的桌椅、黑板等物体，也可通过折纸让学生实际操作，增强学生直观感受.

预设答案：BB_1 与 DD_1 平行.

师生总结：

基本事实4：平行于同一条直线的两条直线平行.

【设计意图】观察学生熟悉的长方体，并结合大量实例，感知结论的正确性，归纳总结形成基本事实4.

例1：如图2，空间四边形 $ABCD$ 中，E，F，G，H 分别是边 AB，BC，CD，DA 的中点. 求证：四边形 $EFGH$ 是平行四边形.

证明：连接 BD，

∵ EH 是 $\triangle ABD$ 的中位线，

∴ $EH // BD$，且 $EH = \dfrac{1}{2}BD$.

同理 $FG // BD$，且 $FG = \dfrac{1}{2}BD$，

∴ $EH // FG$ 且 $EH = FG$，

∴ 四边形 $EFGH$ 为平行四边形.

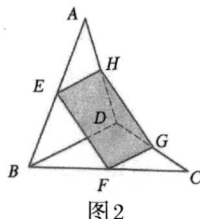

图2

追问:在例1中,如果再加上条件 $AC = BD$,那么四边形 $EFGH$ 是什么图形?

预设答案:菱形.

【设计意图】基本事实4的简单应用,体会平行线的传递性.

问题3:空间中,如果一个角的两边与另一个角的两边分别对应平行,那么这两个角仍然相等或互补吗?

师生活动:学生思考并分组讨论,由小组代表汇报结果,教师引导学生观察图形,PPT直观展示两种位置关系.(如图3)

预设答案:空间中,如果一个角的两边与另一个角的两边分别对应平行,则这两个角相等或互补.

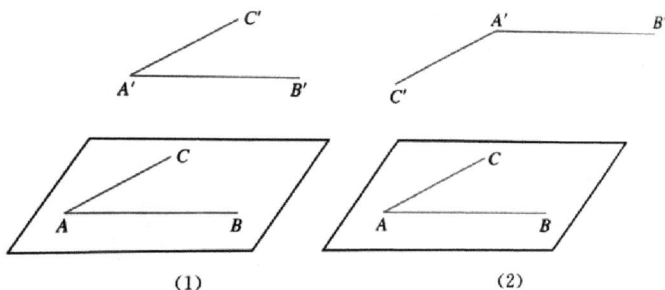

图3

追问1:你能证明这个结论吗?

师生活动:学生思考并交流讨论,教师适时协助,以师生问答的形式共同完成第一种情形的证明,另一种情形交由学生自主完成.

预设答案:如图4,分别在 $\angle BAC$ 和 $\angle B'A'C'$ 的两边上截取 AD, AE 和 $A'D'$, $A'E'$,使得 $AD = A'D'$, $AE = A'E'$,连接 AA', DD', EE', DE, $D'E'$,

$\because AD /\!/ A'D'$ 且 $AD = A'D'$,

$\therefore$ 四边形 $ADD'A'$ 是平行四边形,

$\therefore AA' /\!/ DD'$ 且 $AA' = DD'$,

同理可证 $AA' /\!/ EE'$ 且 $AA' = EE'$,

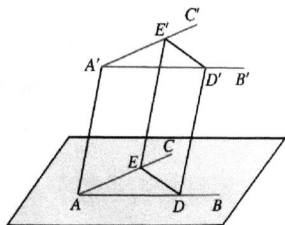

$\therefore$ 四边形 $DD'E'E$ 是平行四边形,$\therefore DE = D'E'$,

$\therefore \triangle ADE \cong \triangle A'D'E'$,

$\therefore \angle BAC = \angle B'A'C'$.

图4

对于第二种情况可以参照第一种,同学们自主证明.

这样我们得到等角定理:如果空间中两个角的两条边分别对应平行,那么这两个角相等或互补.

追问2:基本事实4和等角定理都是由平面图形推广到立体图形得到的,是不是所有关于平面图形的结论都可以推广到空间呢?若不能,请举例说明.

预设答案:不一定都能推广.例如,平面内,垂直于同一条直线的两条直线平行,空间中则不正确.

【设计意图】证明空间中的等角定理,培养学生数学思维的严谨性.

2.巩固练习,定理应用

课本135页练习第1,2,3,4题.

4.梳理小结,形成结构

通过本节课的学习,你有哪些收获?试从知识、方法、数学思想、经验等方面谈谈.

(1)知识:

(2)思想方法:类比.

6.作业布置,应用迁移

教科书第143页习题8.5第3,4题.

第2课时

(一)课时教学内容

直线与平面平行.

(二)课时教学目标

(1)通过直观感知—操作确认—思辨论证的认识方法,完整经历直线与平面平行的判定定理的发现过程,进一步渗透化归与转化的数学思想,渗透立体几何中将空间问题降维转化为平面问题的一般方法,培养学生直观感知、数学建模、逻辑推理能力等核心素养.

(2)能从定义和基本事实出发,归纳并证明直线与平面平行的性质定理,发展学生直观想象与逻辑推理素养.

（3）能准确使用数学符号语言、文字语言表述判定定理和性质定理,培养学生观察、探究、发现问题的能力,培养数学抽象、直观想象、逻辑推理等核心素养.

(三)教学重点与难点

教学重点:直线与面平行的判定定理及性质定理的理解.

教学难点:直线与面平行的判定定理及性质定理的推导.

(四)教学设计过程

1.创设情境,导入新课

问题1:在日常生活中,有哪些实例给我们以线面平行的直观感受呢?

图1　　　　　　　　　　　图2

师生活动:学生举例后教师展示图1和图2.

追问:图中的"红线"一定平行于地面吗? 根据定义来判断方便吗?

【设计意图】从数学学科内部发展的需要来引起认知冲突,并说明本节课学习的必要性,促进知识系统的主动建构.

2.探究新知——直线与平面平行的判定

问题2:(1)如图3,在生活中,门扇的两边是平行的,当门扇绕着一边转动时,另一边与墙面有公共点吗? 此时门扇转动的一边与墙面平行吗?

(2)如图4,将一块矩形硬纸板 $ABCD$ 平放在桌面上,把这块纸板绕边 DC 转动,在转动的过程中(AB 离开桌面),DC 的对边 AB 与桌面有公共点吗? 边 AB 与桌面平行吗?

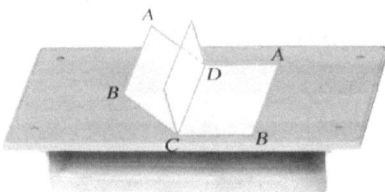

图3　　　　　　　　　　图4

预设答案:(1)门扇绕着一边转动时,另一边与墙面没有公共点,感觉门扇转动的一边与墙面平行;

(2)硬纸板$ABCD$绕边DC转动,DC的对边AB与桌面没有公共点,感觉边AB与桌面平行.

动手操作:我们一起来做个折纸实验.请同学们拿出事先准备的卡纸,在它的四个顶点处标上A, B, C, D,将它放在桌面上并将桌面所在平面记作α,请你任意折叠卡纸,将折痕描出来,记作EF.

问题3:直线CD与折痕EF平行吗?直线CD与平面α平行吗?为什么呢?如何折叠可以使直线CD与平面α平行呢?为什么呢?请同学们分组交流(让学生充分讨论后,教师选取二个小组展示).

预设答案:

小组代表一:当折痕EF与CD不平行时(如图5),四边形$CDEF$为梯形,两腰DC, EF延长后一定相交,设交点为M,则点M在直线EF上,所以点M在平面α内,即直线CD与平面α相交.

小组代表二:当折痕EF与CD平行时(如图6),直线CD与平面α平行.

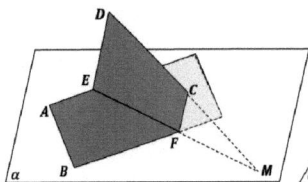
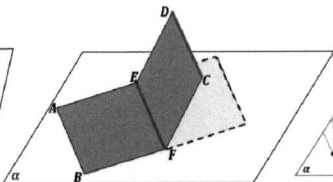
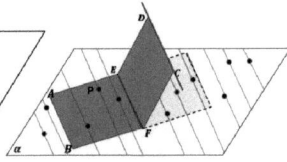

图5　　　　　　　　　　图6　　　　　　　　　　图7

追问1:目前要说明直线CD与平面α平行,我们依据什么?

预设答案:线面平行的定义,就要说明直线CD与平面α没有公共点.

追问2:图中直线CD与平面α无限延伸,怎么说明它们没有公共点?

预设答案:要说明直线 CD 与平面 α 没有公共点,要说明平面 α 内的所有点都不在直线 CD 上(如图7).因为折痕 EF 与直线 CD 平行,所以直线 EF 上的所有点都不在直线 CD 上.对于在平面 α 内但不在折痕 EF 上的任意点 P,都可以作一条直线与 EF 平行,即它们都与直线 CD 平行.因此,平面 α 内任意一点都不在直线 CD 上,所以直线 CD 与平面 α 没有公共点,即直线 CD 平行于平面 α.

追问3:要使平面外的直线 CD 平行于平面 α,只要直线 CD 与平面 α 内的几条直线平行就可以了?

预设答案:一条就可以了.

追问4:你能总结出空间直线与平面平行的一个判定方法吗?

预设答案:如果平面外一条直线与此平面内的一条直线平行,那么该直线与此平面平行.

师生总结:

直线与平面平行的判定定理:如果平面外一条直线与此平面内的一条直线平行,那么该直线与此平面平行.

追问5:直线与平面平行的判定定理用图形语言和符号语言如何表示?

预设答案:

图形表示:如图8.

符号表示:$\left.\begin{array}{r} a \not\subset \alpha \\ b \subset \alpha \\ a /\!/ b \end{array}\right\} \Rightarrow a /\!/ \alpha.$

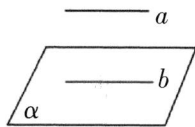

图8

教师总结:直线与平面的平行关系(空间问题)转化为直线间的平行关系(平面问题),即线线平行 $\Rightarrow$ 线面平行.

【设计意图】通过"直观感知—操作确认—思辨论证"的认识方法,经历直线与平面平行的判定定理的发现过程,进一步渗透化归与转化的数学思想.

例1:求证空间四边形相邻两边中点的连线平行于经过另外两边的平面.

师生活动:引导学生写出已知、求证,画出图形,利用直线与平面平行的判定定理解决问题.

已知:如图9,空间四边形 $ABCD$ 中,E,F 分别是 AB,AD 的中点.

求证:$EF/\!/$平面 BCD.

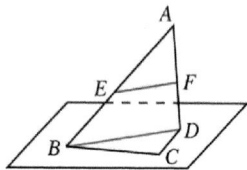

图9

证明:连接BD,

$\because AE = EB$,$AF = FD$,

$\therefore EF /\!/ BD$.

又$EF \not\subset$平面BCD,$BD \subset$平面BCD,

$\therefore EF /\!/$平面BCD

【设计意图】通过例题加深学生对判定定理的理解,培养学生规范答题、逻辑推理等核心素养.

3.探究新知——直线与平面平行性质

问题4:直线和平面平行的判定定理得到了一条直线与平面平行的充分条件,反过来,如果一条直线与一个平面平行,能推出哪些结论,即直线和平面平行的必要条件是什么?

师生活动:学生思考并小组讨论,教师引导学生利用课本、笔等物体进行实际操作来直观感受,讨论完成后小组代表汇报讨论结果,教师梳理引导.

追问1:如果一条直线与平面平行,那么这条直线是否与这平面内的所有直线都平行?

预设答案:不是.

追问2:这条直线和平面内的直线有哪些位置关系?

预设答案:平行(共面)或者异面.

追问3:在什么条件下,平面α内的直线与直线a平行呢?

预设答案:平面α内与直线a共面的直线.

追问4:你能用准确的语言来描述这个结论吗?

预设答案:如果一条直线与一个平面平行,那么过该直线的任意一个平面与已知平面的交线与该直线平行.

追问5:你能用图形语言及符号语言表示这个结论吗?

图形语言:如图10.

符号语言:$\left.\begin{array}{l} a /\!/ \alpha \\ a \subset \beta \\ \alpha \bigcap \beta = b \end{array}\right\} \Rightarrow a /\!/ b.$

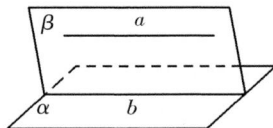

图10

追问6:你能证明这个结论吗?

预设答案:已知$a /\!/ \alpha$,$a \subset \beta$,$\alpha \bigcap \beta = b$.求证:$a /\!/ b.$

证明:$\because \alpha \bigcap \beta = b$,$\therefore b \subset \alpha.$

又 $a//\alpha,\therefore a$ 与 b 无公共点.

又 $a\subset\beta,b\subset\beta,\therefore\ a//b.$

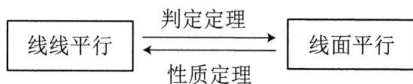

教师总结:

直线与平面平行的性质定理:一条直线与一个平面平行,如果过该直线的平面与此平面相交,那么该直线与交线平行.

【设计意图】让学生通过"直观感知—思辨论证—形成定理"的过程,引导学生将猜想规范化,感受数学结论的发现与形成过程.

例2:如图11所示的一块木料中,棱 BC 平行于面 $A'C'$.

(1)要经过面 $A'C'$ 内一点 P 和棱 BC 将木料锯开,在木料表面应该怎样画线?

(2)所画的线与平面 AC 是什么位置关系?

师生活动:学生先独立思考,再小组讨论,教师引导学生作"辅助平面",利用线面平行的判定定理与性质定理解决相关问题.

解:(1)如图12所示,在平面 $A'C'$ 内,过点 P 作直线 EF,使 $EF//B'C'$,并分别交棱 $A'B',D'C'$ 于点 E,F.连接 BE,CF,则 EF,BE,CF 就是应画的线.

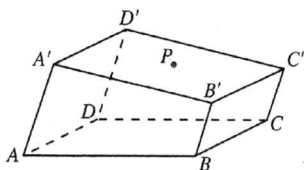
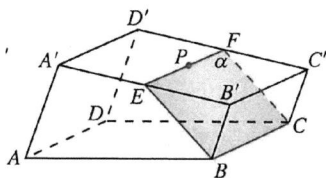

图11　　　　　　　　图12

(2)因为棱 BC 平行于平面 $A'C'$,平面 BC' 与平面 $A'C'$ 相交于 $B'C'$,所以 $BC//B'C'$.由(1)知,$EF//B'C'$,所以 $EF//BC$.而 BC 在平面 AC 内,EF 在平面 AC 外,所以 $EF//$ 平面 AC.

【设计意图】利用直线与平面的判定定理与性质定理解决实际问题,强化学生对定理的理解.

4.巩固练习,深化运用

完成课本138~139页练习第2,4题.

5.梳理小结,形成结构

通过本节课的学习,你有哪些收获?试从知识、方法、数学思想、经验等方面谈谈.

(1)知识:

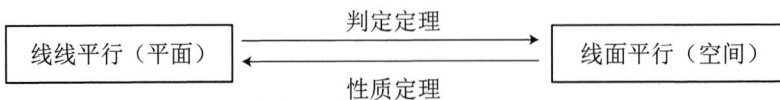

(2)思想方法:类比、化归与转化、特殊与一般.

6.作业布置,应用迁移

课本143~144页习题8.5第6,10题.

第3课时

(一)课时教学内容

平面与平面平行.

(二)课时教学目标

(1)能通过直观感知,归纳出平面与平面平行的判定定理和性质定理,并加以证明,发展学生直观形象、数学抽象和逻辑推理核心素养.

(2)会应用平面与平面平行的判定定理证明平面与平面平行,能利用性质定理解决一些简单的空间线面位置关系,发展学生直观形象和逻辑推理核心素养.

(三)教学重点与难点

教学重点:平面与平面平行的判定定理与性质定理.

教学难点:探索发现平面与平面平行的判定定理与性质定理的过程,应用判定定理和性质定理解决问题.

(四)教学设计过程

1.复习回顾,引入新课

问题1:回忆直线和平面平行的判定定理和性质定理,用符号语言如何描述?

师生活动:学生回答,教师点评.

预设答案:

判定定理:如果平面外一条直线与此平面内的一条直线平行,那么该直

线与此平面平行.(如图1)

符号表示: $\left.\begin{array}{l}a\not\subset\alpha\\b\subset\alpha\\a/\!/b\end{array}\right\}\Rightarrow a/\!/\alpha.$

性质定理:一条直线与一个平面平行,如果过该直线的平面与此平面相交,那么该直线与交线平行.(如图2)

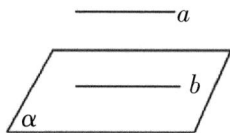
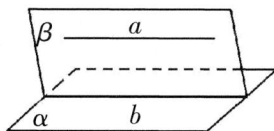

图1 图2

符号语言: $\left.\begin{array}{l}a/\!/\alpha\\a\subset\beta\\\alpha\bigcap\beta=b\end{array}\right\}\Rightarrow a/\!/b.$

追问1:按照我们研究的顺序,接下来应该研究哪一类平行问题呢?

预设答案:平面与平面平行的判定与性质.

追问2:那么平面与平面平行如何判断呢? 平面与平面平行又有哪些性质呢?

【设计意图】回顾直线与平面的判定定理和性质定理,引出问题,为平面与平面的判定定理和性质定理的类比学习做好铺垫.

2.探究新知——平面与平面平行的判定

问题2:两个平面平行是否可以通过定义判断?

师生活动:学生思考并回答,教师引导.

预设答案:由于平面的无限延展,很难去判断平面与平面是否有公共点,因此很难直接利用定义判断.

追问:类似于直线与平面平行的判定那样,平面与平面平行的判定问题能否转化为直线和平面的平行?

预设答案:平面与平面平行就是一个平面内任一直线都平行于另一个平面.

【设计意图】从数学学科内部发展的需要来引起认知冲突,并说明本课学习的必要性,类比直线与平面平行的判定来明确平面与平面平行探究策略——两个平面平行问题转化为一个平面内的直线平行另一个平面问题.

问题3: 平面内的直线有无数多条,我们难以对所有直线逐一检验,能否将"一个平面内的任意一条直线平行于另一个平面"中的"任意一条直线"减少,得到更简便的方法? 减少到多少条合适呢?

师生活动: 学生操作验证后回答,教师引导学生说明理由,并给出猜想.

预设答案: 根据基本事实的推论2,3,两条平行直线或两条相交直线都可以确定一个平面.

猜想:一个平面内两条直线平行于另一个平面可以判定两条直线平行.

问题4: 如图3,a,b分别是矩形硬纸片的两条对边所在直线,它们都和桌面平行,请观察硬纸片与桌面平行吗?

如图4,c,d分别是三角尺的相邻两边所在直线,它们都和桌面平行,请观察这个三角尺与桌面平行吗?

图3   图4

师生活动: 学生思考并分组探究,再由小组代表汇报,教师梳理总结.

预设答案: 图3硬纸片与桌面不一定平行;图4三角尺一定与桌面平行.

接着教师借助长方体模型说明(PPT展示,如图5).

追问1: 从上面操作探究中你发现什么结论?

你能用文字语言叙述吗?

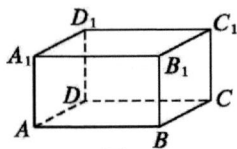

图5

师生总结:

平面与平面判定定理:如果一个平面内的两条相交

直线与另一个平面平行,则这两个平面平行,即线面平行⇒面面平行.

追问2: 用图形语言和符号语言如何表示?

图形语言:图6.

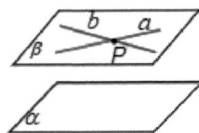

图6

符号语言:$\left. \begin{array}{l} a\subset\beta,\ b\subset\beta \\ a\bigcap b=P \\ a//\alpha,\ b//\alpha \end{array} \right\} \Rightarrow \alpha//\beta.$

追问3: 两条相交直线与两条平行直线都可以确定一个平面,为什么可以利用两条相交直线判定两个平面平行,而不能利用两条平行直线呢? 你能从向量的角度解释吗?

预设答案:平面内两条相交直线可以确定两个不共线向量,由平面向量基本定理可知它们把这个平面内的所有向量表示出来,从而可以表示平面内所有直线;而两条平行直线所代表的向量是共线的,它们不能表示这个平面内与之方向不同的直线.

【设计意图】经历"直观感知—操作确认—思辨论证"的认知过程,发现平面与平面平行的判定定理,进一步渗透化归与转化的数学思想.

例1:如图7,已知正方体 $ABCD-A_1B_1C_1D_1$,求证:平面 AB_1D_1// 平面 C_1BD.

师生活动:学生独立思考,教师引导学生共同完成.

证明:$\because ABCD-A_1B_1C_1D_1$ 为正方体,

$\therefore D_1C_1//A_1B_1$ 且 $D_1C_1=A_1B_1,AB//A_1B_1$ 且 $AB=A_1B_1$,

$\therefore D_1C_1//AB$ 且 $DC=AB$,

$\therefore$ 四边形 D_1C_1BA 为平行四边形,

$\therefore D_1A//C_1B$.

又 $D_1A \not\subset$ 平面 $BC_1D,C_1B \subset$ 平面 BC_1D,

$\therefore D_1A//$ 平面 BC_1D.

同理 $D_1B_1//$ 平面 BC_1D.

又 $D_1A \bigcap D_1B_1=D_1$,

$\therefore$ 平面 $AB_1D_1//$ 平面 C_1BD.

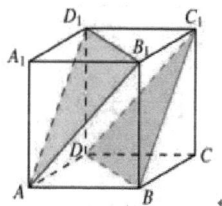
图7

教师总结:线线平行 $\Rightarrow$ 线面平行 $\Rightarrow$ 面面平行.

【设计意图】体会平面与平面的平行转化为直线与平面平行,再到直线与直线平行的空间位置关系,进一步理解线线平行、线面平行与面面平行之间的相互转化.

3.探究新知——平面与平面平行的性质

问题5:下面我们研究平面与平面平行的性质.类比直线与平面平行性质的研究,已知两个平面平行,我们可以得到哪些结论?

师生活动:学生思考并小组讨论,教师引导学生借助长方体模型(如图8),类比直线与平面平行的性

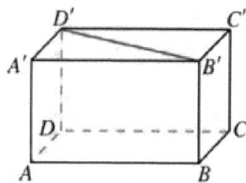
图8

质,我们从线面关系和线线关系的角度进行猜想.

预设答案:(1)一个平面内的直线必平行于另一个平面;

(2)一个平面内的直线与另一个平面内的直线没有公共点,它们是异面直线或者平行直线.

追问1:分别位于两个平行平面内的两条直线什么时候平行呢?

预设答案:两条直线共面时平行.

追问2:由上面探究你能得到什么结论?

预设答案:一个平面与这两个平行平面相交,交线平行.

问题6:你能证明这个结论吗?

师生活动:学生思考交流讨论,教师巡视并对有困难的学生进行指导.

预设答案:如图9,平面$\alpha/\!/\beta$,平面γ分别与平面α,β相交于直线a,b.

$\because \alpha \cap \gamma = a, \beta \cap \gamma = b$,

$\therefore a \subset \alpha, b \subset \beta$.

又$\alpha/\!/\beta$,

$\therefore a,b$没有公共点.

又a,b同在平面γ内,$\therefore a/\!/b$.

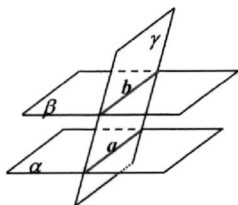

图9

师生总结:

平面与平面平行的性质定理1:两个平面平行,如果另一个平面与这两个平面相交,那么这两条交线平行.

追问:用符号语言如何表示?

预设答案:$\left. \begin{array}{l} \alpha/\!/\beta \\ \alpha \cap \gamma = a \\ \beta \cap \gamma = b \end{array} \right\} \Rightarrow a/\!/b.$

平面与平面平行的性质定理2:$\left. \begin{array}{l} \alpha/\!/\beta \\ a \subset \alpha \end{array} \right\} \Rightarrow a/\!/\beta.$

【设计意图】让学生体验"直观感知—操作确认—逻辑证明—形成定理"的过程,引导学生论证猜想,感受数学结论的发现与形成过程.

例2:求证夹在两个平行平面间的平行线段相等.

师生活动:学生思考并回答,教师引导学生画出符合题意的图形,写出已知,求证,再利用平面与平面平行的性质定理加以证明.

已知:如图10,α//β,AB//CD,且$A \in \alpha$,$C \in \alpha$,$B \in \beta$,$D \in \beta$.求证:$AB = CD$.

证明:过平行直线AB,CD作平面γ,与平面α和β
分别相交于AC和BD.

∵ α//β,

∴ BD//AC.

又AB//CD,

∴四边形$ABCD$是平行四边形.

∴ $AB = CD$.

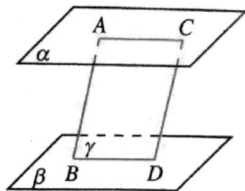

图10

【设计意图】利用平面与平面的性质定理解决问题,强化学生对性质定理的理解.

4.巩固练习,深化应用

完成课本142～143页练习第3,4题.

5.梳理小结,形成结构

通过本节课的学习,你有哪些收获?试从知识、方法、数学思想、经验等方面谈谈.

(1)知识:

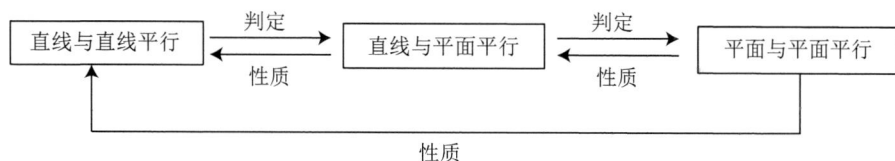

(2)思想方法:类比、化归与转化、特殊与一般.

6.作业布置,应用迁移

课本144~145页习题8.5第8,11,13题.

六、教学设计评析

本单元的研究按照"直观感知—操作确认—思辨论证"的认识过程展开,这种研究思路在前面几个单元的几何研究中已经在不断地渗透,而本单元紧扣研究对象,明确揭示这一"一般路径",把隐形的指导思想显性化,培养学生应用"一般路径"进行研究的意识和观念,这种观念对后续学习将会有非常重要的指导作用.本单元的学习不是孤立的,要引导学生从整体上进行分析,通过类比,在知识发生发展的过程中提出一系列问题,开展探究活动,获得猜

想,给出证明,得到定理.如在研究完线面平行后,对于面面平行可以让学生类比提出问题,解决问题得出结论.学生掌握这种发现和提出问题的方法,就能自觉地开展下一单元的研究.

课例15　空间直线、平面的垂直

一、单元内容和内容解析

1.内容

本单元主要学习空间直线、平面的垂直,内容包括直线与直线的垂直、直线与平面的垂直、平面与平面的垂直.本单元知识结构如下:

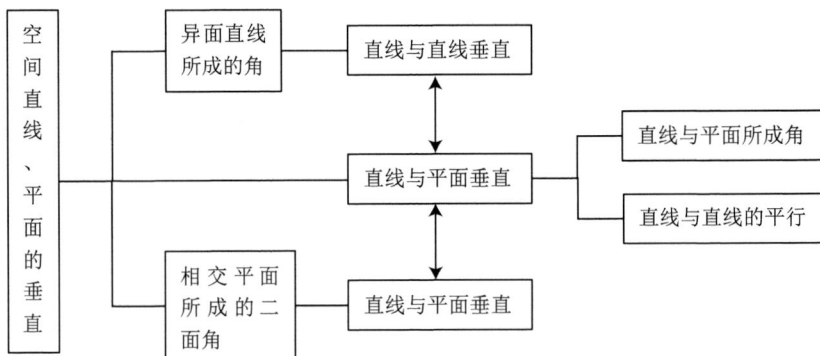

本单元建议用5课时.第1课时为直线与直线垂直;第2课时为直线与平面垂直(1);第3课时为直线与平面垂直(2);第4课时为平面与平面垂直(1);第5课时为平面与平面垂直(2).

2.内容解析

(1)内容的本质:与平行的关系类似,垂直也是空间直线、平面之间的一种特殊位置关系,在研究空间图形位置关系中具有重要的作用.

(2)蕴含的数学思想和方法:按照"直观感知—操作确认—思辨论证"的认识过程,从一般到特殊研究垂直这种特殊的位置关系,把空间问题转化为平面问题,无限问题转化为有限问题,体现化归与转化的思想方法.

(3)知识的上下位关系:本节是在学习了空间点、线、面的位置关系和空间中直线、平面的平行基础上进行的,主要研究直线、平面的另一种特殊的位置关系——垂直,这是立体几何部分最后一节,也为选修部分利用向量解决立体几何问题提供了理论基础.

(4)育人价值:经历从实际背景中抽象出数学模型,从现实生活中抽象出几何问题的过程,经历观察、实验、猜想、证明等合情推理活动,发展学生的直观想象、数学抽象和逻辑推理核心素养.

(5)教学重点:直线、平面垂直的判定和性质.

二、单元目标和目标解析

1.目标

(1)理解异面直线所成的角的定义,并可以作出异面直线所成的角.

(2)理解直线与平面垂直的意义,能理解并运用直线与平面垂直判定定理和性质定理.

(3)理解点到平面的距离、直线与平面所成的角的概念.

(4)理解二面角的平面角的概念,并能计算简单的二面角的大小.

(5)理解平面与平面垂直的定义,掌握平面与平面垂直的判定定理与性质定理.

2.目标解析

达成上述目标的标志是:

(1)能说明直线与直线垂直、直线与平面垂直和平面与平面垂直的含义;知道有关点、直线、平面之间的距离.

(2)能通过直观感知、操作确认,归纳出直线与平面垂直、平面与平面垂直的判定定理,能确认定理的条件和结论.

(3)能从定义和基本事实出发,归纳并证明直线与平面垂直、平面与平面垂直的性质定理,并能利用性质定理分析解决有关问题.

(4)会求简单空间图形中两条异面直线所成的角、直线与平面所成的角和二面角的大小.

(5)能综合运用公理、定理和已获得的结论证明一些空间图形的位置关系的简单命题.

三、单元教学问题诊断分析

本节是本章的最后一节,学生的知识积累、解决问题的方法都已较为丰

富,因此本节的学习要让学生以"一般观念"为引导,自主提出研究对象,确定研究内容,启发学生寻找研究方法,侧重让学生发现问题和提出问题,能熟练使用符号语言表达数学对象,这对学生来说比较困难.另外,本节要综合运用公理、定理和已获得的结论去解决一些问题,这对学生知识的运用具有较高要求,对学生来说有较大难度.

基于上述分析,可以确定本节的教学难点:直线与平面、平面与平面垂直的判定定理和性质定理的发现过程以及应用.

四、单元教学支持条件分析

将立体图形和生活中常见的物体进行对比,并利用信息技术手段建立空间几何模型,让学生从不同的角度观察图形,增强学生直观认识,提升学生空间想象能力.

五、教学设计过程

第1课时

(一)课时教学内容

直线与直线垂直.

(二)课时教学目标

(1)理解空间中直线与直线的所成的角,会求异面直线所成的角,发展数学抽象和逻辑推理核心素养.

(2)能够通过平移直线判断并证明空间中直线与直线垂直,发展直观想象和逻辑推理核心素养.

(三)教学重点与难点

教学重点:通过直线在空间中的平移刻画空间中直线与直线所成的角,能够通过平移后两直线的垂直证明异面直线的垂直.

教学难点:掌握空间中直线与直线所成的角的定义及其计算方法.

(四)教学设计过程

1.创设情境,导入新课

问题1:前面我们已经学习了空间中直线、平面一种特殊位置关系——平行,我们是如何研究的? 直线和平面还有其他的特殊位置关系吗? 我们应该怎样研究?

师生活动:学生思考并回忆直线、平面平行的研究路径,教师梳理并引导学生说出直线、平面垂直的研究路径.

预设答案:

```
┌──────────────┐  判定  ┌──────────────┐  判定  ┌──────────────┐
│  直线与直线平行  │←──────│  直线与平面平行  │←──────│  平面与平面平行  │
└──────────────┘  性质  └──────────────┘  性质  └──────────────┘
        ↑                                              │
        │                    性质                       │
        └──────────────────────────────────────────────┘
┌──────────────┐      ┌──────────────┐      ┌──────────────┐
│  直线与直线垂直  │──────│  直线与平面垂直  │──────│  平面与平面垂直  │
└──────────────┘      └──────────────┘      └──────────────┘
```

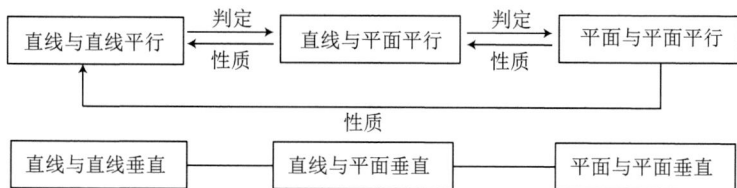

【设计意图】类比直线、平面的研究路径,让学生自主梳理空间中另一种特殊位置关系——垂直的研究路径.

2.探究新知——异面直线垂直

问题2:空间两直线的位置关系有几种?

师生活动:学生独立思考并回答.

图1

预设答案:平行,相交,异面.

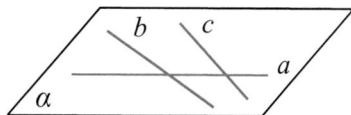

追问1:图1中平面α内直线b和c都与直线a相交,如何刻画不同相交直线之间的差异呢?

预设答案:利用两直线所成角的大小来刻画它们的差异.

追问2:平面内两直线的夹角如何定义?

预设答案:平面内,两条直线相交形成四个角,其中不大于90度的角称为这两条直线所成的角(或夹角).

追问3:如何刻画两条异面直线的位置关系呢? 请看下面的问题.

【设计意图】复习空间中两直线位置关系和平面内相交直线位置的刻画方法,自然引出对空间中异面直线位置关系刻画方法的思考,并提供了研究的方向.

问题3:如图2所示,在正方体$ABCD-A'B'C'D'$中,直线$A'C'$与直线AB,直线$A'D'$与直线AB都是异面直线,直线$A'C'$与直线$A'D'$相对于直线AB的位置相同吗? 如果不同,如何表示这种差异呢?

师生活动:学生独立思考并回答,类比相交直线位置的刻画,学生容易想到利用直线的夹角来刻画.

预设答案:直线$A'C'$与直线$A'D'$相对于直线AB的位置不同,我们可以用

"异面直线所成的角"来刻画它们的位置关系.

追问1:两条异面直线没有交点,它们所成角没有办法直接度量,你能解决这个问题吗?

预设答案:通过平移把异面直线转化为相交直线.

教师总结:如图3,已知两条异面直线a,b,经过空间任一点O作直线$a'//a,b'//b$,则把a'与b'所成的角叫做异面直线a与b所成的角(或夹角).

如果两条异面直线所成的角是直角,那么我们就说这两条异面直线互相垂直.直线a与直线b垂直,记作$a \perp b$.

追问2:直线a,b所成角的大小与点O的位置有关吗?

预设答案:与点O的位置无关.

追问3:两条直线垂直是否一定相交?

预设答案:不一定,可能是相交垂直或者异面垂直.

追问4:空间两条直线所成角α的取值范围是什么?

预设答案:当两条直线平行时,规定它们所成的角为$0°$,所以空间两条直线所成角α的取值范围是$0 \leqslant \alpha \leqslant 90°$.

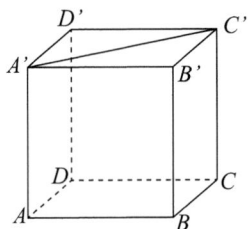

图2

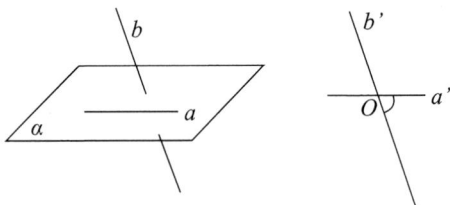

图3

【设计意图】类比平面内两直线所成角,抽象概括出异面直线所成角的定义,体会把立体图形的问题转化为平面图形问题的思想方法.

3.例题讲解,初步应用

例1:如图4,已知正方体$ABCD-A'B'C'D'$.

(1)哪些棱所在的直线与直线AA'垂直?

(2)求直线BA'与CC'所成的角大小.

(3)求直线BA'与AC所成的角大小.

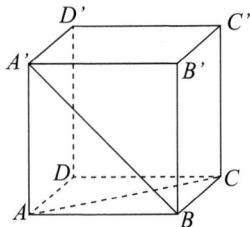

图4

师生活动:学生独立思考并回答,教师规范板书.

解：(1)棱 $AB,BC,CD,DA,A'B',B'C',C'D',D'A'$ 所在直线分别与直线 AA' 垂直．

(2)∵$ABCD - A'B'C'D$ 是正方体，∴ $BB'//CC'$．

∴ $\angle A'BB'$ 为直线 BA' 与 CC' 所成的角．

∵ $\angle A'BB' = 45°$，∴直线 BA' 与 CC' 所成的角为 $45°$．

(3)连接 $A'C'$．

∵$ABCD - A'B'C'D$ 是正方体，

∴ $AA'//CC'$ 且 $AA' = CC'$．

∴四边形 $AA'C'C$ 是平行四边形，∴ $AC//A'C'$．

∴ $\angle BA'C'$ 为异面直线 BA' 与 AC 所成的角．

连接 BC'，易知 $\triangle A'BC$ 是等边三角形，

∴ $\angle BA'C' = 60°$．

∴异面直线 BA' 与 AC 所成的角是 $60°$．

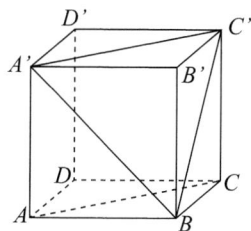

图5

【**设计意图**】巩固异面直线所成角的定义,初步掌握依据定义、定理对空间图形进行论证、计算的方法．

例2：如图6,在正方体 $ABCD - A_1B_1C_1D_1$ 中,O_1 为底面 $A_1B_1C_1D_1$ 的中心.

求证:$AO_1 \perp BD.$

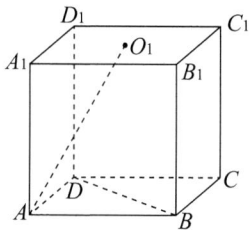

图6

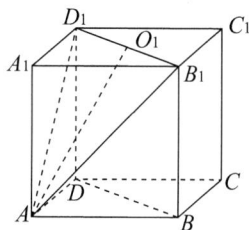

图7

师生活动:学生独立思考并回答,教师巡视,对有困难的学生进行指导.

解:如图7,连接 B_1D_1.

∵ $ABCD - A_1B_1C_1D_1$ 是正方形,∴ $BB_1//DD_1$ 且 $BB_1 = DD_1$.

∴四边形 BB_1D_1D 是平行四边形,∴ $B_1D_1//BD$.

∴直线 AO_1 与 B_1D_1 所成角即为直线 AO_1 与 BD 所成角.

连接 AB_1,AD_1,易证 $AB_1 = AD_1$.

又 O_1 为底面 $A_1B_1C_1D_1$ 的中心,∴ $AO_1 \perp B_1D_1$,

∴ $AO_1 \perp BD.$

【设计意图】巩固异面直线垂直的概念,体会解决立体几何问题的重要思想——转化思想.

4.巩固练习,深化应用

完成课本148页练习第2,3题.

5.梳理小结,形成结构

通过本节课的学习,你有哪些收获?试从知识、方法、数学思想、经验等方面谈谈.

(1)知识:

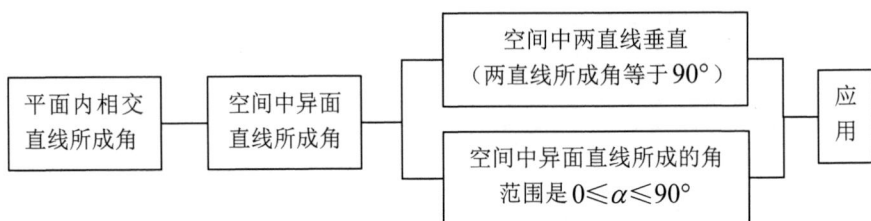

(2)思想方法:类比、化归与转化.

6.作业布置,应用迁移

课本148页练习第4题,第164页习题8.6第1(1)题.

第2课时

(一)课时教学内容

直线与平面垂直的定义和判定.

(二)课时教学目标

(1)理解直线与平面垂直的意义,理解点到平面的距离、直线与平面成角的概念.

(2)探索直线与平面垂直的判定定理,能应用判定定理证明直线和平面垂直的简单问题,能求简单的直线与平面所成的角.

(三)教学重点与难点

教学重点:直线与平面垂直判定、线面夹角.

教学难点:发现并验证直线与平面垂直的判定定理.

(四)教学设计过程

1.创设情境,引入新课

问题1:上节课我们学习了直线与直线垂直,按照研究问题的顺序,下面应该研究哪些内容?

师生活动:学生回忆本单元的研究路径,教师引导学生主动提出问题,类比梳理研究内容.

预设答案:下面我们将研究直线与平面垂直的定义、判定、性质和应用.

在日常生活中,我们对直线与平面垂直有很多感性认识,如图1中旗杆与地面的位置关系,教室里相邻墙面的交线与地面的位置关系等,都给我们以直线与平面垂直的形象.下面我们一起来研究直线与平面垂直,把直观的模型数学化,用精确的数学语言刻画直线与平面垂直.

图1

【设计意图】按照直线、平面垂直的一般研究顺序,让学生主动提出问题,并展示生活中的直线与平面垂直的图片,直观感受线、面垂直,激发学生的学习兴趣.

2.探究新知——直线与平面垂直的定义

问题1:如图2,在阳光下观察直立于地面的旗杆AB及它在地面的影子BC,旗杆所在直线与影子所在直线的位置关系是什么? 随着太阳的移动,影子BC的位置也会移动,而旗杆AB与影子BC所成的角度是否会发生改变?

师生活动:学生思考并回答.

预设答案:旗杆所在直线与影子所在直线垂直,随着太阳的移动,旗杆AB与影子BC所成的角度不会发生改变.

追问:旗杆AB与地面上任意一条不过点B的直线$B'C'$的位置关系如何?

预设答案:对于地面上不过点B的任意一条直线$B'C'$,总能在地面上找到过点B的一条直线与之平行,因此旗杆AB与地面上任意一条不过点B的直线$B'C'$垂直.

问题2:你能给直线与平面垂直下定义吗?

师生总结:如果直线l与平面α内的任意直线都垂直,就说直线l与平面α互相垂直,记作$l\perp\alpha$.直线l叫做平面α的垂线,平面α叫做直线l的垂面.直线与平面垂直时,它们唯一的公共点P叫做垂足.

追问1:图形语言与符号语言如何表示?

图形语言:如图3,画直线与平面垂直时,通常把直线画成与表示平面的平行四边形的一边垂直.

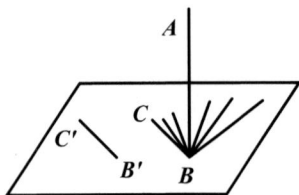
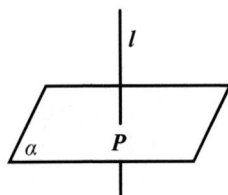

图2 图3

符号语言:$\forall a\subset\alpha$,都有$l\perp a\Rightarrow l\perp\alpha$.

追问2:直线与平面垂直的定义中,"任意"能改为"无数"吗?

师生活动:学生思考并回答.

预设答案:不能(教师展示PPT,如图4).

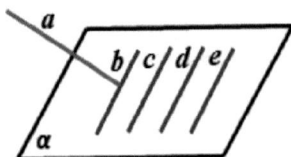

图4

【**设计意图**】通过观察具体情境来归纳直线与平面垂直的概念.

问题3:在同一平面内,过一点有且只有一条直线与已知直线垂直,这一结论推广到空间,过一点垂直于已知平面的直线有几条? 为什么?

师生活动:学生独立思考后回答,教师引导学生动手操作验证.

预设答案:过一点垂直于已知平面的直线有且只有一条.

教师总结:过一点作垂直于已知平面的直线,则该点与垂足间的线段,叫做这个点到该平面的垂线段,垂线段的长度叫做这个点到该平面的距离.

在棱锥、圆锥的体积公式中,它们的高就是它们的顶点到底面之间的距离.

【设计意图】类比平面几何性质,结合直线与平面垂直的定义,给出类似性质,为后面"平面与平面垂直的性质定理"的探究做必要的铺垫.

3.探究新知——直线与平面垂直的判定

问题4: 根据定义判断直线与平面垂直需要验证一条直线与一个平面内的所有直线都垂直,比较困难.类比线面与面面平行的判定定理,直线与平面垂直的判定有没有其他可行的方法?

动手操作: 准备一块三角形的纸片,我们一起来做如图5所示的实验:过△ABC的顶点A翻折纸片,得到折痕AD,将翻折后的纸片竖起放置在桌面上(BD,DC与桌面接触),引导学生思考:

(1)折痕AD与桌面垂直吗?

(2)如何翻折才能使折痕AD与桌面垂直?为什么?

预设答案: AD所在直线与桌面所在平面α垂直的充要条件是折痕AD是BC边上的高.由于翻折之后垂直关系不变,所以直线AD与平面α内的两条相交直线都垂直,平面α可以看成是由两条相交直线BD和DC唯一确定的,所以当直线AD垂直于两条相交直线时,就能保证直线AD与桌面垂直.(如图6)

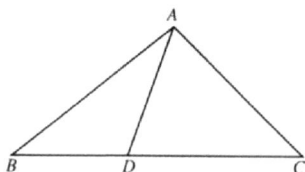

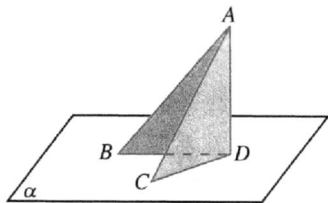

图5　　　　　　　　　图6

追问1: 你能根据上述实验归纳出直线与平面垂直的判定定理吗?

师生总结: 一条直线与一个平面内的两条相交直线都垂直,则该直线与此平面垂直.

追问2: 图形语言和符号语言如何表示?

图形语言:如图7.

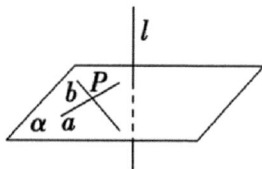

图7

符号语言:$a \subset \alpha$, $b \subset \alpha$, $a \bigcap b = P$, $l \perp a$, $l \perp b \Rightarrow l \perp \alpha$.

追问3:两条平行直线可以确定一个平面,那么定理中的"两条相交直线"能否改为"两条平行直线"? 如果改为"无数条"呢?

预设答案:不能改为"两条平行直线"或者"无数条直线",反例如图4.

【设计意图】采用了"观察模型—直观感知—设计验证—理性分析"的方式探究直线与平面垂直的判定定理,实现图形语言、符号语言、文字语言之间的转换,发展学生的逻辑思维.

例1:求证:如果两条平行直线中的一条直线垂直于一个平面,那么另一条直线也垂直于这个平面.

师生活动:引导学生写出已知、求证,画出图形,共同分析证明思路.根据直线与平面垂直的判定定理知,只需证明一条直线垂直于这个平面内的两条相交直线即可. 因此,需要构造出平面内的两条相交直线,再利用"两条平行直线中的一条垂直于某一直线,则另一条也垂直于这一条直线"进行转化.

已知:如图8,$a//b$,$a \perp \alpha$,求证:$b \perp \alpha$.

解:如图9,在平面α内取两条相交的直线m,n.

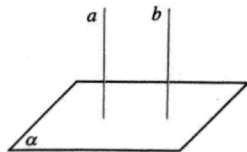

图8

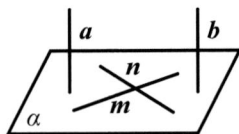

图9

$\because$直线$a \perp \alpha$,

$\therefore a \perp m$,$a \perp n$.

$\because b//a$,

$\therefore b \perp m$,$b \perp n$.

又$m \subset \alpha$,$n \subset \alpha$,m,n是两条相交直线,

$\therefore b \perp \alpha$.

追问:你能用直线与平面垂直的定义证明这个结论吗?

预设答案:在平面上任取一条直线m.

$\because$直线$a \perp \alpha$,$\therefore a \perp m$.

$\because b//a$,$\therefore b \perp m$.

又m是平面α内任意一条直线,$\therefore b \perp \alpha$.

【设计意图】通过例题引导学生利用定义和判定定理证明直线与平面垂直,加强学生对定义和判定定理的理解.

4.探究新知——直线与平面所成的角

问题5:直线与平面垂直是直线与平面相交的特殊形式,不同的直线与平面相交的情况也是不同的,那么直线与平面相交,但不与这个平面垂直,如何刻画呢?

师生活动:学生思考后回答,教师引导学生类比异面直线的刻画方法,利用角度来刻画,引出线面角的概念,并重点介绍斜线在平面上的射影的概念.

教师总结:如图10,一条直线 l 与一个平面 α 相交,但不与这个平面垂直,这条直线叫做这个平面的斜线,斜线和平面的交点 A 叫做斜足,过斜线上斜足外一点 P 向平面 α 引垂线 PO,过垂足 O 和斜足 A 的直线 AO 叫做斜线在这个平面上的射影,平面的一条斜线和它在平面的射影所成的角,叫做这条直线和这个平面所成的角.

追问1:如果 AB 是平面 α 内的任意一条不与直线 AO 重合的直线,那么直线 PA 与直线 AB 所成的角和直线 PA 与这个平面所成角的大小关系是什么?为什么?

师生活动:学生思考后,教师巡视指导.

预设答案:斜线与平面所成角是它与该平面所有直线所成的角中的最小角.如图11,过 P 作 $PM \perp AB$ 于点 M,因为 $\sin\theta = \dfrac{PO}{PA}$,$\sin\angle PAM = \dfrac{PM}{PA}$,在 $\mathrm{Rt}\triangle POM$ 中,$PO < PM$,所以 $\sin\theta < \sin\angle PAM$,即 $\theta < \angle PAM$.

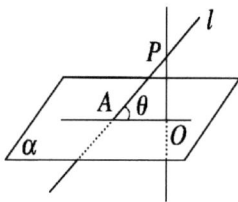

图10

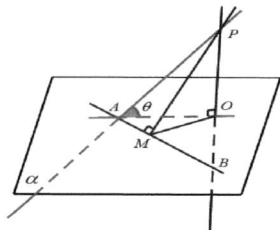

图11

追问2:直线和这个平面所成的角取值范围是什么?

预设答案:$0° \leqslant \theta \leqslant 90°$.

【设计意图】类比异面直线的刻画方法引出直线与平面所成的角的概念,并得到斜线在平面上的射影的概念,发展学生空间想象能力.

例2：如图12，在正方体 $ABCD - A_1B_1C_1D_{11}$ 中，求直线 A_1B 和平面 A_1DCB_1 所成角.

师生活动：学生独立思考，教师引导学生求直线 A_1B 和平面 A_1DCB_1 所成角，关键是找出直线 A_1B 在平面 A_1DCB_1 的射影，即问题转化为过点 B 作平面 A_1DCB_1 的垂线.

解：如图12，连接 BC_1，B_1C，BC_1 与 B_1C 相交于点 O，连接 A_1O.设正方形棱长为 a.

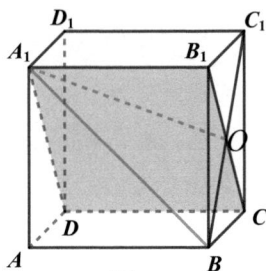

∵ $A_1B_1 \perp B_1C_1$，$A_1B_1 \perp B_1B$，$B_1C_1 \bigcap B_1B = B_1$，

∴ $A_1B_1 \perp$平面 BCC_1B_1.

∴ $A_1B_1 \perp BC_1$，

又 $BC_1 \perp B_1C$，

∴ $BC_1 \perp$平面 A_1DCB_1.

∴ A_1O 为斜线 A_1B 在平面 A_1DCB_1 上的射影，

$\angle BA_1O$ 是 A_1B 和平面 A_1DCB_1 所成的角.

图12

在 $Rt\triangle A_1BO$ 中，$A_1B = \sqrt{2}\,a$，$BO = \dfrac{\sqrt{2}}{2}a$，

∴ $BO = \dfrac{1}{2}A_1B$，

∴ $\angle BA_1O = 30°$.

∴直线 A_1B 和平面 A_1DCB_1 所成的角为 $30°$.

【设计意图】巩固直线和平面所成的角的概念以及直线和平面垂直的判定定理.

5.梳理小结，形成结构

通过本节课的学习，你有哪些收获？试从知识、方法、数学思想、经验等方面谈谈.

(1)知识：

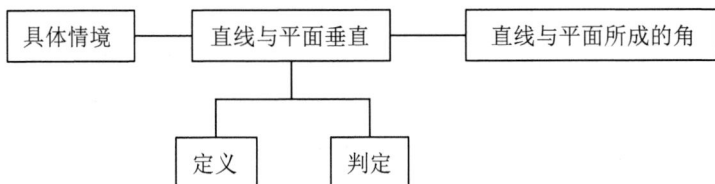

(2)思想方法：类比、化归与转化，特殊与一般.

6.作业布置,应用迁移

课本152页练习第4题,第164页习题8.6第19题.

第3课时

(一)课时教学内容

直线与平面垂直的性质.

(二)课时教学目标

(1)掌握直线和平面垂直的性质定理,发展数学抽象核心素养.

(2)了解直线到平面的距离和两个平行平面之间距离定义,发展直观想象核心素养.

(3)直线与平面垂直的性质定理的应用,发展逻辑推理核心素养.

(三)教学重点与难点

教学重点:直线与平面垂直的性质定理.

教学难点:直线与平面垂直的性质定理的探究及应用.

(四)教学设计过程

1.创设情境,引入新课

问题1:回忆直线与平面的垂直定义和判定定理,你能用三种语言进行描述吗? 接下来我们要研究什么?

师生活动:学生思考并回答,教师点评.

预设答案:线面垂直定义和判定定理(略),下面我们要研究直线与平面垂直的性质.

【设计意图】回顾前面内容,并梳理研究顺序,为本节课学习做好铺垫.

2.探究新知——直线与平面垂直的性质

问题2:如图1,观察长方体$ABCD-A'B'C'D'$,你能猜想直线与平面垂直有哪些性质吗?

师生活动:学生独立思考并回答,教师对于学生合理的猜想要予以肯定,学生可能会想探究直线a与平面α内直线的关系,但由定义直线a与平面α内所有直线都垂直,所以可以引导学生探究a,α与其他直线或平面的关系.如在平面内,垂直于同一条直线的两条直线平行,在空间中是否有类似的性质呢?

预设答案:

猜想:垂直于同一平面的两条直线平行.

追问1：你能用图形语言和符号语言表示猜想吗？

预设答案：图形语言如图2.

符号语言：$a \perp \alpha, b \perp \alpha \Rightarrow a // b$.

追问2：你能证明这个猜想吗？

预设答案：

证明：（反证法）如图3，假定a与b不平行，且$b \bigcap \alpha = O$，作直线b'，

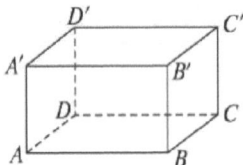

图1

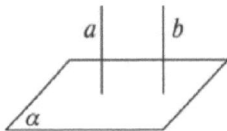

图2

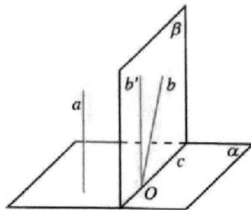

图3

使$O \in b', a // b'$. 直线b'与直线b确定平面β，设$\alpha \bigcap \beta = c$，则$O \in c$.

$\because a \perp \alpha, b \perp \alpha, \therefore a \perp c, b \perp c$.

$\because b' // a, \therefore b' \perp c$.

$\because O \in b, O \in b', b \subset \beta, b' \subset \beta$，即在同一平面内，过点$O$有两条直线与同一条直线垂直，显然不可能，因此$b // a$.

追问3：在$a \perp \alpha$的条件下，如果平面α外的直线b与直线a垂直，你能得到什么结论？

如果平面β与平面α平行，你又能得到什么结论？

预设答案：(1)$a \perp \alpha, b \not\subset \alpha, b \perp a$，则$b // \alpha$；(2)$a \perp \alpha, \alpha // \beta$，则$a \perp \beta$.

追问4：你能证明上述结论吗？

师生活动：学生板演，教师巡视指导，最后师生共同完成.

追问5：你还能提出更多的问题，发现更多的结论吗？

预设答案：学生思考后回答，对于合理的结论要给予肯定.

【设计意图】学生通过"直观感知—猜想—证明"得到直线与平面垂直性质定理，并让学生进一步发现更多的结论，充分揭示"垂直"与"平行"之间的联系与转化.

3.例题讲解，初步应用

例1：如图4，直线l平行于平面α，求证：直线l上各点到平面α的距离

相等.

师生活动:学生独立思考,教师引导学生将问题具体化,转化为直线上任意两点到平面α的距离相等.

证明:过直线l上任意两点A,B分别作平面α的垂线AA_1,BB_1,垂足分别为A_1,B_1.

$\because AA_1 \perp \alpha, BB_1 \perp \alpha$,

$\therefore AA_1 \parallel BB_1$.

设直线AA_1,BB_1确定的平面为β,

$\beta \cap \alpha = A_1B_1$,

$\because l \parallel \alpha$,

$\therefore l \parallel A_1B_1$,

$\therefore$四边形AA_1B_1B是矩形,$\therefore AA_1 = BB_1$.

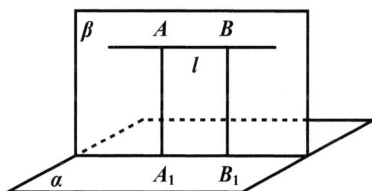

图4

因为A,B是直线l上任取的两点,可知直线l上各点到平面α的距离相等.

教师总结:当一条直线与一个平面平行时,直线上任意一点到平面的距离都相等,我们称这个距离为这条直线到这个平面的距离.

追问:如果两个平面平行,这两个平面间的距离如何描述?

预设答案:当两个平面平行时,其中一个平面内的任意一点到另一个平面的距离都相等,我们把这个距离叫做两个平行平面间的距离.

教师总结:在棱柱、棱台的体积公式中,它们的高就是它们底面间的距离.

【设计意图】应用直线与平面垂直的性质解决问题,进一步理解性质定理,在此基础上给出直线与平面间距离和平面与平面间距离,并完善棱柱、棱台高的概念.

例2:推导棱台的体积公式$V_{棱台} = \dfrac{1}{3}h(S' + \sqrt{S'S} + S)$,其中$S',S$分别是棱台的上、下底面面积,$h$是高.

师生活动:引导学生结合图形寻找体积计算过程中所需要的条件,在计算过程中对涉及的空间位置关系予以严格的逻辑推理.

解:如图5,延长棱台各侧棱交于点P,得到截得棱台的棱锥.过点P做棱台的下底面的垂线,分别与棱台的上、下底面交于点O',O,则PO垂直于棱台上

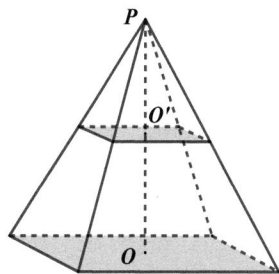

图5

底面,从而 $O'O = h$.

设截得棱台的棱锥的体积为 V,去掉的棱锥的体积为 V'、高为 h',则 $PO = h'$,于是 $V' = \frac{1}{3}S'h'$,$V = \frac{1}{3}S(h' + h)$,

所以棱台的体积 $V_{棱台} = V - V' = \frac{1}{3}S(h' + h) - \frac{1}{3}S'h' = \frac{1}{3}[Sh + (S - S')h']$ ①

由棱台的上、下底面平行,可以证明棱台的上、下底面相似,并且 $\frac{S'}{S} = \frac{h'^2}{(h' + h)^2}$,

$\therefore h' = \frac{\sqrt{S'}h}{\sqrt{S} - \sqrt{S'}}$,

代入①,得 $V_{棱台} = \frac{1}{3}\left[Sh + (S - S')\frac{\sqrt{S'}h}{\sqrt{S} - \sqrt{S'}}\right] = \frac{1}{3}h\left[S + (S - S')\frac{\sqrt{S'}}{\sqrt{S} - \sqrt{S'}}\right] = \frac{1}{3}h(S' + \sqrt{S'S} + S)$.

【设计意图】从抽象性质到实际问题,通过推导棱台的体积公式,加深对定理外延的理解,为后续空间性质的学习做好铺垫.

4.巩固练习,深化应用

完成课本155页练习第2,3题.

5.梳理小结,形成结构

通过本节课的学习,你有哪些收获? 试从知识、方法、数学思想、经验等方面谈谈.

(1)知识:

```
                    ┌─── 直线与平面的距离
直线与平面 ──────────┤
垂直的性质           └─── 平面与平面的距离 ─── 棱柱、棱台的高 ─── 棱台体积公式
```

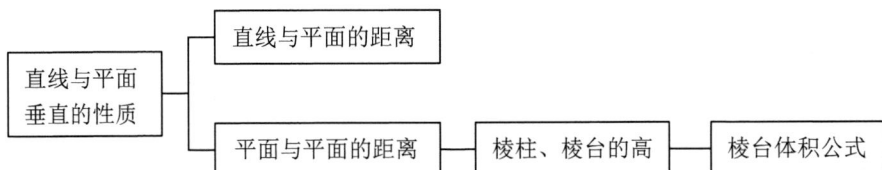

(2)思想方法:类比、化归与转化.

6.作业布置,应用迁移

课本162~164页习题8.6第1(2),2,16题.

第4课时

(一)课时教学内容

平面与平面垂直的定义和判定.

(二)课时教学目标

(1)理解二面角的有关概念,能求简单二面角的平面角大小,发展学生数学抽象核心素养.

(2)了解平面与平面垂直的定义,掌握平面与平面垂直的判定定理,会用定理证明平面与平面的垂直关系,发展学生逻辑推理核心素养.

(三)教学重点与难点

教学重点:平面与平面垂直的判定定理.

教学难点:二面角及其平面角,平面与平面垂直的判定定理的应用.

(四)教学设计过程

1.创设情境,引入新课

在日常生活中,有很多平面与平面相交的例子.比如笔记本电脑打开过程中,屏幕和键盘所在的平面相对位置在变化;打开门的过程中,门与墙所在的平面相对位置也在变化.如何刻画两个平面之间的位置关系呢?

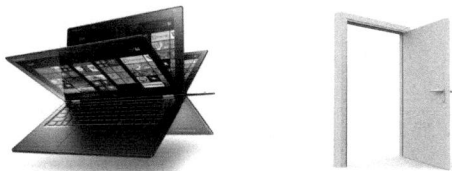

图1

【设计意图】从生活中的实例出发,能增强课堂的趣味性,也为后面的探究活动埋下伏笔,使课堂探究活动有章可循、有据可依.

2.探究新知——二面角及其平面角

问题1:前面我们如何刻画空间中两直线的不同位置关系和直线与平面的不同位置关系?

师生活动:学生思考后回答,教师点评.

预设答案:利用两直线夹角刻画空间中两条直线的不同位置关系,利用直线与平面所成角刻画直线与平面的不同位置关系.

追问:空间中两直线夹角和直线与平面所成角的取值范围是什么?

预设答案:空间中两直线夹角取值范围:$0° \leqslant \theta \leqslant 90°$;直线与平面所成角的取值范围:$0° \leqslant \theta \leqslant 90°$.

【设计意图】通过复习直线与直线所成角、直线与平面所成角,建立知识间的联系,提高学生概括能力、类比推理能力.

问题2:同学们知道,一条直线上的一个点把这条直线分成两个部分,其中的每一部分都叫做射线.类似地,一条直线可以把平面分成几个部分? 每个部分可以称为什么?

师生活动:学生观察思考,教师引导学生类比"旧知"给半平面及二面角下定义.

预设答案:如图2,分为两个部分,每个部分称为半平面.

追问1:平面几何中"角"是怎样定义的?

预设答案:从一点出发的两条射线所组成的图形叫做角.(如图3)

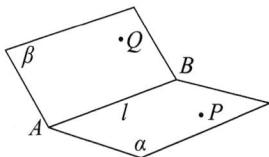
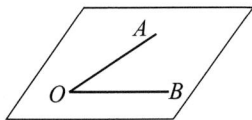

图2   图3

追问2:你能类比平面几何中角的定义给出二面角的定义吗?

预设答案:从一条直线出发的两个半平面组成的空间图形称为二面角.这条直线叫做二面角的棱,每个半平面叫做二面角的面.

追问3:仿照平面几何中角的记法 $\angle AOB$,二面角可以怎么表示?

预设答案:如图2,二面角 $\alpha - l - \beta$,二面角 $P - l - Q$,二面角 $P - AB - Q$.

【设计意图】展示平面图形到空间图形的抽象过程,体验二面角图形的生成过程,激发学生的理性思维,协助学生循序渐进地构建二面角及其相关概念.

问题3:角也可以看成平面内一条射线绕着端点从一个位置旋转到另一个位置所成的图形.同样,二面角也可以看作是一个半平面以其棱为轴旋转而形成的图形.例如我们常说"把门开大一些或小一些",这说明二面角有大小.那么,我们能否也用"平面角"来度量二面角的"大小"呢? 请同学们回忆前面学习的异面直线所成角、直线和平面所成角,我们的度量方法是什么?

预设答案:把空间角转化为平面角而且平面角的大小是唯一的!

追问 1:那么用什么样的"平面角"来度量二面角的"大小"呢? 我们规定当两个半平面重合时,二面角大小为 $0°$,两个半平面展开成一个平面时,二面角大小为 $180°$.请同学们用卡纸做一个二面角,动手画图操作并分组讨论,尝试找到度量二面角大小的方法.

动手操作:引导学生用卡纸做一个二面角,动手画图操作并分组讨论,尝试找到度量二面角大小的方法,学生充分讨论后,小组代表展示,教师引导学生观察所折成的平面角是否具有"唯一性".

小组一:我们将 $\alpha-l-\beta$ 展开成平面后任意画一条直线.(如图 4)

小组二:当平面 α 与平面 β 重合时,我们任意作一个角.(如图 5)

小组三:我们让角的两边与公共棱 l 垂直.(如图 6)

  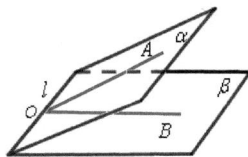

图 4   图 5   图 6

追问 2:是否都可行呢?

预设答案:第一组作法,当直线与公共棱不垂直时,与两个半平面重合时二面角大小为 $0°$ 角矛盾!(如图 7)第二组作法,当角的两边与公共棱不同时垂直时,与两个半平面展开成平面时二面角大小为 $180°$ 角矛盾!(如图 8)另外,这两种作法,不同的人作出的角大小可能不一样,不具有"唯一性"!

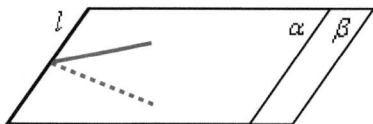 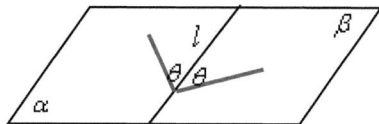

图 7   图 8

追问 3:第三组作法可以吗?(如图 6)你能否解释它的合理性?

预设答案:若角的两边与公共棱 l 垂直,当二面角 $\alpha-l-\beta$ 展开成平面时,$\angle AOB=180°$,当平面 α 与平面 β 重合时,$\angle AOB=0°$,与二面角大小情况吻合;另外,在公共棱 l 任意选择点 O 作 $\angle AOB$,由等角定理可知角的大小不变,具备"唯一性".

师生总结:

二面角的平面角:如图9,在二面角 $\alpha-l-\beta$ 的棱 l 上任意一点 O,以点 O 为垂足,在半平面 α 和 β 内分别作垂直于棱 l 的射线 OA,OB,则射线 OA,OB 构成的 $\angle AOB$ 叫做二面角的平面角.

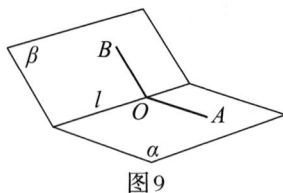

图9

二面角的大小可以用它的平面角来度量,二面角的平面角是多少度,就说这个二面角是多少度.平面角是直角的二面角叫做直二面角.

追问4: 二面角的平面角的取值范围是什么?

预设答案: $0° \leqslant \theta \leqslant 180°$.

【设计意图】 结合空间问题平面化的思想,学生动手操作,合作互助,交流讨论去探究知识,发现结论,使知识的生成更合理,全面提升学生的自主探究能力.

问题4: 教室相邻的两个墙面与地面可以构成几个二面角? 分别指出构成这些二面角的面、棱、平面角及其度数.你有什么发现?

师生活动: 学生观察教室的墙面,可以发现与地面之间均相交,并且所成的二面角都是直二面角,教师引导学生给出两个平面垂直的定义.

师生总结: 一般地,两个平面相交,如果它们所成的二面角是直二面角,就说这两个平面互相垂直.

追问: 两个平面互相垂直用图形语言和符号语言如何表示?

预设答案:

图形语言:如图10,画两个互相垂直的平面时,通常把表示平面的两个平行四边形一组边画成垂直.

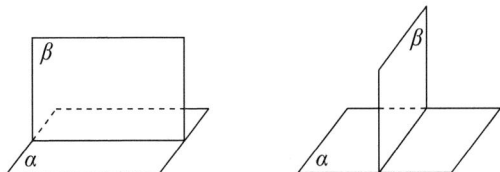

图10

符号语言: $\alpha \perp \beta$.

【设计意图】 结合生活实例让学生对平面与平面垂直有一个感性、直观的认识,理解平面与平面垂直的概念.

220

3.探究新知——平面与平面垂直的判定

问题5:对于两个相互垂直的平面,除了根据定义,通过度量其二面角的平面角的大小来判定它们是否垂直外,是否存在其他的判定方法呢? 请同学们类比面面平行的判定方法观察下面两个实例:

(1)如图11,把一本书竖直放置在桌面上,不同书页面与桌面的位置关系.

(2)如图12,建筑工人在砌墙时,常用铅垂线来检测所砌的墙面与地面是否垂直.你能分析其中蕴含的道理并总结出相应的结论吗?

 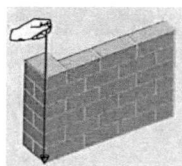

图11   图12

师生活动:观察实例,学生小组讨论,由学生代表汇报,教师引导学生发现平面与平面之间的垂直可以转化为直线与平面垂直.

预设答案:平面与平面垂直可以转化为直线与平面垂直.

结论:如果一个平面经过另一平面的垂线,那么这两个平面垂直.

追问1:用图形语言和符号语言如何表示?

预设答案:图形语言如图13.

符号语言:$\left. \begin{array}{l} a \subset \beta \\ a \perp \alpha \end{array} \right\} \Rightarrow \alpha \perp \beta.$

追问2:你能证明这个结论吗?

预设答案:

证明:设 $\alpha \cap \beta = l$,

∵ $a \perp \alpha$, $l \subset \alpha$,

∴ $a \perp l$.

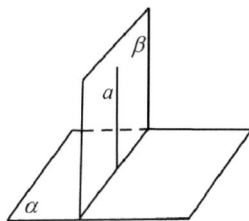

图13

设垂足为 O,B 为直线 a 上异于 O 的点,则 $OB \perp l$,在平面 α 内,过 O 作 $OA \perp l$,则 $\angle AOB$ 即为二面角的平面角.

∴ $a \perp \alpha$, $OA \subset \alpha$,

∴ $a \perp OA$,

即 $OB \perp OA$,

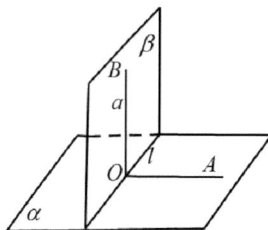

图14

∴ $\angle AOB = 90°$,即二面角 $\alpha - l - \beta$ 是直二面角,

∴ $\alpha \perp \beta$.

【设计意图】引导学生类比面面平行的判定方法去观察两个面面垂直实例,寻找相同的条件,透过面面垂直现象发现本质原因,教会学生用数学的眼光观察问题,促进学生对新知的理解和掌握,充分获得学习的愉悦感和成就感,培养学生抽象概括的核心素养.

4.例题讲解,深化理解

例1:如图15,在正方体 $ABCD - A'B'C'D'$ 中,求证:

平面 $A'BD \perp$ 平面 $ACC'A'$.

证明:∵ $ABCD - A'B'C'D'$ 是正方体,

∴ $AA' \perp$ 平面 $ABCD$.

∵ $AA' \perp BD$,又∵ $BD \perp AC$,

∴ $BD \perp$ 平面 $ACC'A'$,

∴平面 $A'BD \perp$ 平面 $ACC'A'$.

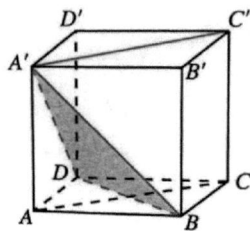

图15

例2:如图16,AB 是 $\odot O$ 的直径,PA 垂直于 $\odot O$ 所在平面,C 是圆周上不同于 A,B 的任意一点.求证:平面 $PAC \perp$ 平面 PBC.

证明:∵ $PA \perp$ 平面 ABC,$BC \subset$ 平面 ABC,

∴ $PA \perp BC$,

∵点 C 是圆周上不同于 A,B 的任意一点,

AB 是 $\odot O$ 的直径,

∴ $\angle BCA = 90°$,即 $BC \perp AC$,

又 $PA \bigcap AC = A$,$PA \subset$ 平面 PAC,$AC \subset$ 平面 PAC,

∴ $BC \perp$ 平面 PAC,

又 $BC \subset$ 平面 PBC,

∴平面 $PAC \perp$ 平面 PBC.

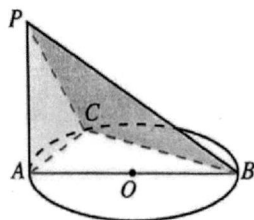

图16

【设计意图】通过例题加强学生对面面垂直的判定定理的理解,掌握运用定理解决问题的方法,教师及时规范学生的答题,适时点评,在证明过程中进一步体会降维转化思想在立体几何中的应用.

5.巩固练习,深化理解

完成课本158~159页练习第3,4题.

6.梳理小结,形成结构

通过本节课的学习,你有哪些收获?试从知识、方法、数学思想、经验等方面谈谈.

(1)知识:

```
┌──────┐   ┌────────────┐   ┌──────────────┐   ┌──────────────┐
│ 二面角 │───│ 二面角的平面角 │───│ 平面与平面垂直   │───│ 平面与平面垂   │
└──────┘   └────────────┘   │ (直二面角)    │   │ 直的判定定理   │
                            └──────────────┘   └──────────────┘
```

(2)思想方法:类比、化归与转化、特殊与一般.

7.作业布置,应用迁移

课本163页习题8.6第6,7,8题.

第5课时

(一)课时教学内容

平面与平面垂直的性质.

(二)课时教学目标

(1)掌握平面与平面垂直的性质定理的探究过程,发展直观想象和逻辑推理核心素养.

(2)能运用平面与平面垂直的性质定理进行相关的证明或计算,发展数学运算与逻辑推理核心素养.

(三)教学重点与难点

教学重点:平面与平面垂直的性质定理.

教学难点:平面与平面垂直的性质定理的探究及应用.

(四)教学设计过程

1.复习回顾,导入新课

问题1:(1)平面与平面垂直是如何定义的?

(2)平面与平面垂直的判定定理如何描述?

师生活动:学生思考并分别用文字语言和符号语言回答.

预设答案:(1)如果两个平面所成的二面角是直角,就说这两个平面互相垂直,记作:$\alpha \perp \beta$.

(2)如果一个平面经过另一平面的垂线,那么这两个平面垂直.

223

符号语言：$\left.\begin{array}{c} l \subset \alpha \\ l \perp \beta \end{array}\right\} \Rightarrow \alpha \perp \beta.$

追问：按照我们研究的顺序，接下来我们要研究什么？

预设答案：研究平面与平面垂直的性质.

【设计意图】回顾上节课内容，并梳理研究路径，为本节课学习做好铺垫.

2.探究新知——平面与平面垂直的性质

问题2：如图1，设 $\alpha \perp \beta, \alpha \bigcap \beta = a$，则 β 内任意一条直线 b 与 a 有什么位置关系？b 与 α 有什么位置关系？

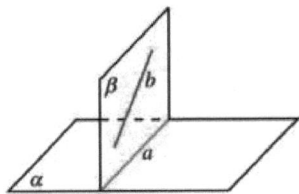　　　　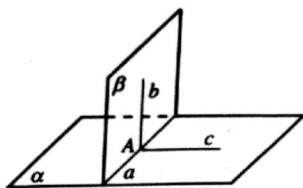

图1　　　　　　　　　　图2

师生活动：学生思考并小组讨论，小组代表汇报结果，教师梳理.

预设答案：b 与 a 平行或相交. 当 b 与 a 平行时，由线面平行的判定定理可知，$b // \alpha$；当 b 与 a 相交时，b 与 α 也相交.

追问1：平面 β 内什么样的直线与平面 α 垂直？

预设答案：当 $b \perp a$ 时，$b \perp \alpha$.

追问2：你能证明该结论吗？

预设答案：

证明：设 b 与 a 的交点为 A，过点 A 在 α 内作直线 $c \perp a$，

则直线 b,c 所成角就是二面角 $\alpha - a - \beta$ 的平面角.

由 $\alpha \perp \beta$ 知，$b \perp c$.

又 $\because b \perp a$，a 和 c 是 α 内的两条相交直线，所以 $b \perp \alpha$.

教师总结：

平面与平面垂直的性质定理：两个平面垂直，如果一个平面内有一直线垂直于这两个平面的交线，那么这条直线与另一个平面垂直，即平面与平面垂直 $\Rightarrow$ 直线与平面垂直.

追问3：你能用符号语言表示吗？

$$\left.\begin{array}{l}\alpha \perp \beta \\ b \subset \beta \\ \alpha \cap \beta = a \\ b \perp a\end{array}\right\} \Rightarrow b \perp \alpha.$$

预设答案：

【设计意图】学生通过直观感知、思辨说理得到平面与平面垂直的性质定理，发展直观想象和逻辑推理核心素养.

问题3：设平面$\alpha \perp$平面β，点P在平面α内，过点P作平面β的垂线a，则直线a与平面α具有什么位置关系？

师生活动：学生思考并回答，教师引导学生通过具体操作确认.

预设答案：直线a在平面α内.

追问1：你能把这个结论用图形语言和符号语言表示并证明吗？

预设答案：

已知：如图3、图4，$\alpha \perp \beta$，$P \in \alpha$（或$P \in a$），$a \perp \beta$.

求证：$a \subset \alpha$.

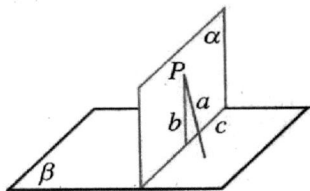
图3

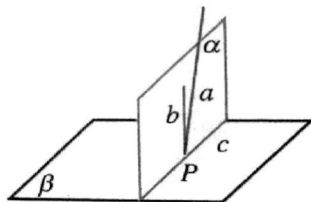
图4

证明：如图3，设$\alpha \cap \beta = c$. 过点P在平面α内作直线$b \perp c$，根据平面与平面垂直性质定理有$b \perp \beta$.

因为经过一点只能有一条直线与平面β垂直，所以直线a与直线b重合.

$\therefore a \subset \alpha$.

追问2：两个平面垂直，可以在一个平面内作另一个平面的垂线，如果直线不在两个平面内，又能得到哪些结论呢？

例1：如图5，已知平面$\alpha \perp$平面β，直线$a \perp \beta$，$a \not\subset \alpha$，判断a与α的位置关系.

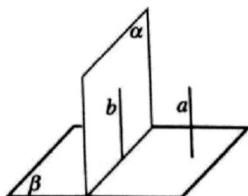

图5

师生活动:学生通过操作猜想结论,再通过推理得到结果.

解:在α内作垂直于α与β交线的直线b.

∵ α⊥β,∴ b⊥β.

又a⊥β,∴ a∥b.

又a⊄α,∴ a∥α.

即直线a与平面α平行.

追问:你能用文字语言描述上述平面与平面的两个性质吗?

预设答案:如果一条直线垂直于两个互相垂直的平面中的一个,则这条直线要么在另一个平面内,要么与另一平面平行.

【设计意图】在平面与平面垂直的性质定理的基础上,让学生认识平面与平面垂直的其他性质,进一步加深对性质定理的认识.

例2:如图6,已知$PA⊥$平面ABC,平面$PAB⊥$平面PBC,求证:$BC⊥$平面PAB.

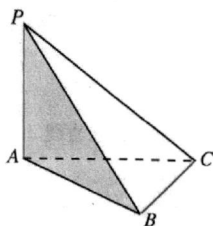

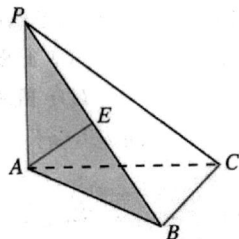

图6　　　　　　　图7

师生活动:学生独立思考并回答,教师引导学生根据已知条件,运用直线与平面垂直的定义、平面与平面垂直的性质和判定定理解决问题.

解:如图,过点A作$AE⊥PB$,垂足为E.

∵平面$PAB⊥$平面PBC,平面$PAB\bigcap$平面$PBC= PB$,

$\therefore AE \perp$ 平面 $PBC.$

$\because BC \subset$ 平面 $PBC,$

$\therefore AE \perp BC.$

$\because PA \perp$ 平面 $ABC, BC \subset$ 平面 $ABC,$

$\therefore PA \perp BC.$

又 $PA \bigcap AE = A,$

$\therefore BC \perp$ 平面 $PAB.$

【设计意图】综合运用直线与平面垂直的定义、平面与平面垂直的性质和判定定理,发展学生的逻辑推理核心素养.

问题4:回顾本章的研究路径,说说直线与直线垂直、直线与平面垂直、平面与平面垂直之间的关系?

预设答案:

```
┌──────────────┐  判定   ┌──────────────┐  判定   ┌──────────────┐
│ 直线与直线垂直 │ ⇄      │ 直线与平面垂直 │ ⇄      │ 平面与平面垂直 │
└──────────────┘        └──────────────┘  性质   └──────────────┘
```

【设计意图】梳理本节的研究内容,进一步体会直线与平面之间的位置关系可以相互转化.

3.巩固练习,深化理解

完成课本161~162页第2,4题.

4.梳理小结,形成结构

通过本节课的学习,你有哪些收获? 试从知识、方法、数学思想、经验等方面谈谈.

(1)知识:

```
                    ┌──────────────────┐
                    │ 平面与平面垂直判定 │
                    └──────────────────┘
┌──────────────────┐                        ┌──────┐
│ 平面与平面垂直定义 │                         │ 应用 │
└──────────────────┘                        └──────┘
                    ┌──────────────────┐
                    │ 平面与平面垂直性质 │
                    └──────────────────┘
```

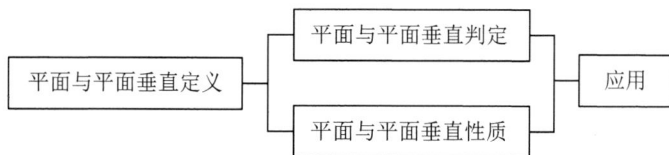

(2)思想方法:类比、化归与转化.

6.作业布置,应用迁移

课本163页习题8.6第9,10题.

六、教学设计评析

　　本单元是立体几何的最后一节,学生的知识积累和解决问题的方法都比较丰富,所以本单元要继续强化几何研究的一般观念"直观感知—操作确认—思辨论证",鼓励学生在一般观念的引导下自主提出问题、设计探究方案、提出猜想,证明并形成结论.教学中尽量让学生发挥主体作用,教师适时加以追问对学生的研究思路进行梳理,使学生的研究过程逻辑清晰,形成完整的知识结构.另外,本单元仍然要重视空间中垂直关系的图形语言、文字语言和符号语言表述,但有了前面研究的基础,可以让学生去自主类比表述,教师加以指导总结即可,发展学生的直观想象和逻辑推理素养.

第三章　概率与统计课例

课例16　随机抽样

一、单元内容和内容解析

1.内容

本单元主要学习数据收集的方法和途径,先介绍简单随机抽样和分层随机抽样两种抽样方法,再简单介绍获取数据的一些基本途径.本单元知识结构如下:

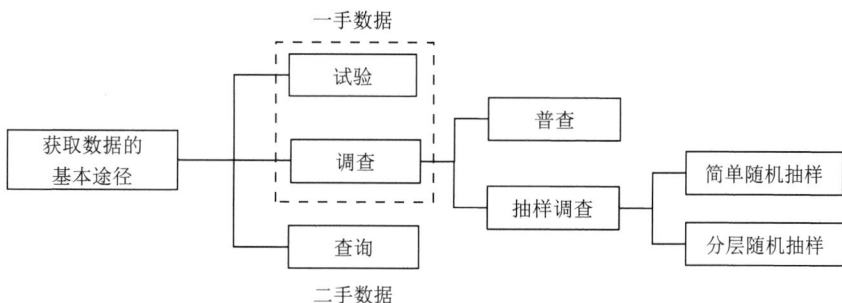

本单元建议用4课时.第1课时为简单随机抽样(1);第2课时为简单随机抽样(2);第3课时为分层随机抽样;第4课时为获取数据的途径.

2.内容解析

(1)内容的本质:统计的研究对象是数据,如何收集数据获得研究对象是统计研究的重要内容.统计获取数据有多种途径,随机抽样是其中一种基本途径,是按照事先设计的程序从总体中抽取部分个体的抽样方法.

(2)蕴含的数学思想和方法:通过实际问题,理解随机抽样的必要性和重

要性,能够根据实际问题的特点选择抽样方法进行数据收集,体现抽样思想的运用.

(3)知识的上下位关系:本单元是高中阶段统计学习的第一步,掌握根据实际问题的特点选择合适的方法获取有代表性的观测资料,为后续数据的整理、分析并解决问题提供了基础.

(4)育人价值:本单元通过对简单随机抽样和分层抽样的概念和应用的学习,可以帮助学生进一步学习数据收集的方法,了解样本和总体的关系,培养学生数据分析、数学抽象的核心素养.

(5)教学重点:简单随机抽样,分层随机抽样,样本和总体的关系.

二、单元目标和目标解析

1.目标

(1)了解获取数据的基本途径及相关概念.

(2)掌握简单随机抽样.

(3)掌握分层随机抽样.

(4)掌握抽样方法的选择.

2.目标解析

达成上述目标的标志是:

(1)知道获取数据的基本途径,能初步认识总体、样本、样本量的概念,并结合具体问题进行描述性说明,知道样本的随机性.

(2)通过实例,感悟抽样的必要性,知道简单随机抽样的含义,掌握抽签法和随机数法;结合实例,会计算样本均值和方差,知道样本和总体之间的关系.

(3)通过实例,知道分层随机抽样的特点和适用范围,会用各层样本量比例分配的方法进行抽样;结合具体实例,会计算分层随机抽样的样本均值和方差.

(4)在实际情境中,能根据实际问题的特点,选择不同的抽样方法获取数据,设计恰当的抽样方法解决问题.

三、单元教学问题诊断分析

学生在义务教育阶段已经初步学习了简单的数据的收集、整理和分析.

本单元是在此基础上进一步认识统计知识.学生对数据处理已经有了一定的认识,且高中生都有一定的生活经验,但对于实际问题中如何收集数据,以及收集过程中需要注意什么,这种实践性较强的活动学生以往较少接触,所以在实际问题中如何根据需要选择合适的方法获取有效数据对学生具有一定的困难.

基于上述分析,可以确定本节的教学难点:根据实际问题的特点,设计恰当的抽样方法解决问题;样本和总体的关系.

因此,本单元学习中要注意引导学生结合实例认识各种抽样方法的特点和适用范围,增强学生的实际操作能力,从中体会抽样方法的重要性.

四、单元教学支持条件分析

本单元教学中要帮助学生学会使用电子表格等统计软件,让学生经历随机抽样和分层抽样的过程,避免机械、繁琐的数据整理和计算,把学习的重点放在随机抽样的实施方法上.

五、教学设计过程

第1课时

(一)课时教学内容

简单随机抽样(1).

(二)课时教学目标

(1)了解获取数据的基本途径及相关概念.

(2)通过实例,了解抽样的必要性和重要性,知道简单随机抽样的含义及其解决问题的过程.

(3)掌握两种简单随机抽样方法:抽签法和随机数法.

(三)教学重点与难点

教学重点:简单随机抽样的相关概念.

教学难点:简单随机抽样的运用.

(四)教学设计过程

1.展示情境,引入新课

引导语:"大数据"时代已经来临,数据已经渗透到各个领域.

展示情境:(1)2020年开展了第七次全国人口普查,调查了全国人口出生变动情况以及房屋情况.调查数据显示,截至2020年11月1日0时,我国人口共141 178万人,与第六次全国人口普查的133 972万人相比,增加7 206万人,增长5.38%,年平均增长率为0.53%,比2000年到2010年的年平均增长率0.57%下降0.04个百分点.数据表明,我国人口10年来继续保持低速增长态势.从人口结构来看,人口老龄化程度进一步加深.为了应对人口老龄化问题,2021年5月31日中共中央政治局会议指出,实施一对夫妻可以生育三个子女政策及配套支持措施.

(2)"抖音"平台已经风靡全球,刷抖音时如果喜欢玩游戏的你会刷到教你练技术的,喜欢时尚的会刷到美妆、穿搭视频…平台会收集你刷视频的停留时间、看过的视频类型、点赞的视频,然后分析你喜欢的视频类型、感兴趣的视频,最后给你推送的大概率将会是会吸引你观看的视频.

(3)中国的新能源汽车近些年迎来了飞速发展,新能源汽车的电池充放电次数是反映汽车性能的一个重要指标.经抽样调查,测算出我国三元锂电池的充放电次数可以达到2 000次以上,充分满足人们的日常需求,这大大提高了消费者的购买热情.

这些都是数据给我们生活带来的变化,但要阅读这些数据就要具备统计学的知识.

问题1:初中我们已经初步认识过统计学了,它是通过收集数据和分析数据来认识未知现象的一门学科.那么统计学解决问题一般步骤是什么?

师生活动:学生回忆初中统计学有关知识并回答问题,学生可能表述不完整或不确切,教师适时加以引导.

预设答案:

选择适当的方法获取数据 → 对数据整理和分析 → 提取信息并推断总体情况 → 解决相应的实际问题

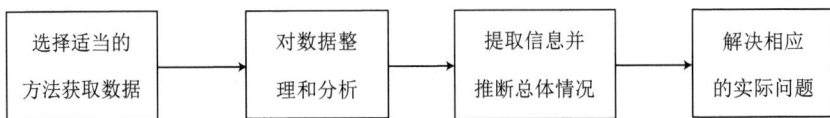

【设计意图】通过现实生活中的实例,让学生感受统计就在我们身边.体会学习统计的必要性,激发学生对本章学习的兴趣.通过对初中知识的回忆了解统计学解决问题的一般流程,为本章的学习建立框架.

问题2:数据的收集是统计最先要解决的问题,那么我们学习过哪些收集数据的方法呢?

师生活动:学生回忆思考,教师根据情境加以引导.

预设答案:普查与抽样调查.

师生总结:像人口普查这样,对每一个调查对象都进行调查的方法,称为全面调查(又称普查).

在一个调查中,我们把调查对象的全体称为总体,组成总体的每一个调查对象称为个体.

为了强调调查目的,也可以把调查对象的某些指标的全体作为总体,每一个调查对象的相应指标作为个体.

追问1:为什么不每年进行人口普查?

预设答案:人口普查需要花费巨大的人力、财力,不宜经常进行.

师生总结:为了及时掌握全国人口变动状况,我国每年还会进行一次人口变动情况的调查,根据抽取的居民情况来推断总体的人口变动情况.像这样,根据一定目的,从总体中抽取一部分个体进行调查,并以此为依据对总体的情况作出估计和判断的方法,称为抽样调查(或称抽查).

我们把从总体中抽取的那部分个体称为样本,样本中包含的个体数称为样本容量.

调查样本获得的变量值称为样本的观测数据,简称样本数据.

追问2:电瓶的充放电次数、灯泡的使用寿命、种子发芽率等应采取什么调查方式? 为什么?

预设答案:抽样调查.他们都具有毁损性.

相对全面调查而言,抽样调查的数据结果虽没有普查全面、准确,但具有花费少、效率高、调查毁损性小的特点,在总体规模较大的调查中,如果经费、时间上受限,那么抽样调查是比较合适的调查方法.因此,抽样调查具有不可替代的作用.

【设计意图】利用问题情境探究得出普查与抽查的异同,体会抽样调查的必要性.

2.探究新知,概念形成

问题3:假设口袋中有红色和白色共1 000个小球,除颜色外,小球的大小、质地完全相同,你能通过抽样调查的方法估计袋中红球所占的比例吗?

师生活动:学生小组交流讨论,教师根据小组的选择是放回抽样还是不放回抽样分类加以引导,学生讨论完成后由学生代表展示讨论结果.

追问1：抽样调查是为了反映总体的特征,抽取的样本需要满足什么特征？如何抽取样本？

预设答案：抽取的样本要客观、公正,具有代表性.

(1)采用有放回摸球,我们可以从袋中随机摸出一个球,记录颜色后放回,摇匀后再摸出一个球,如此重复n次.根据初中的概率知识可知,随着摸球次数的增加,摸到红球的频率会逐渐稳定于摸到红球的概率,即口袋中红球所占的比例.因此,可以通过放回摸球,用频率估计出红球的比例.

(2)采用不放回摸球,即从袋中随机摸出一个球后不再放回袋中,每次摸球都在余下的球中随机摸取,如此摸出n个球(或一次性批量随机抽取n个球).用摸出球中的红球占摸出球的比例来估计除红球的比例.

特别地,当样本量 $n = 1\,000$ 时,不放回摸球已经把袋中的所有球取出,这就完全了解了袋中红球的比例.

追问2：放回摸球和不放回摸球每次摸球时袋中每个球被摸到的可能性是否相同？

预设答案：相同.

追问3：放回摸球和不放回摸球哪个效率更高？

预设答案：不放回摸球效率更高.

追问4：放回摸球和不放回摸球哪个得到的样本更好？ 为什么？

预设答案：不放回摸球判断更准确.因为放回抽取可能会出现同一个球被多次摸到的极端情况,而且取之不尽,不能对袋中的红球作出准确的判断.

师生总结：一般地,设一个总体含有 N(N为正整数)个个体,从中逐个抽取 $n(1\leqslant n<N)$ 个个体作为样本,如果抽取是放回的,且每次抽取时总体内的各个个体被抽到的概率都相等,我们把这样的抽样方法叫做放回简单随机抽样;如果抽取是不放回的,且每次抽取时总体内未进入样本的各个个体被抽到的概率是相等的,我们把这样的抽样方法叫做不放回简单随机抽样.我们把放回简单随机抽样和不放回简单随机抽样统称为简单随机抽样.通过简单随机抽样获得的样本称为简单随机样本.

从总体中,逐个不放回地随机抽取n个个体作为样本,一次性批量随机抽取n个个体作为样本,两种方法是等价的.

除非特殊声明,本章所称的简单随机抽样指不放回简单随机抽样.

【**设计意图**】通过探究,了解放回摸球和不放回摸球的特点,进而得出简单随机抽样的概念.

3.案例探究,方法应用

现实生活中我们经常会使用简单随机抽样来进行抽样调查,实现简单随机抽样的方法有很多,抽签法和随机数法是比较常用的两种方法.

案例:一家家具厂要为树人中学高一年级制作课桌椅,他们事先想了解全体高一年级学生的平均身高,以便设定可调节课桌椅的标准高度.已知树人中学高一年级有712名学生,如果要通过简单随机抽样的方法调查高一年级学生的平均身高,应该怎么抽取样本?

阅读课本175~176页,尝试使用抽签法和随机数法完成样本抽取并回答下列问题.

师生活动:学生先阅读课本,然后小组讨论交流,教师引导学生了解抽样中的学生总体、个体、变量分别是什么,了解抽签法和随机数法抽取样本的实施过程.

问题4:抽签法的实施步骤有哪些?

预设答案:(1)树人中学全体高一年级学生的身高是总体,每一位学生的身高是个体.

(2)抽签法的步骤:

①将总体中的所有个体编号(编号);

②把号码写在形状、大小相同的号签上,将号签放在一个不透明容器中,并搅拌均匀(制签);

③每次从中不放回抽取一个号签,直到抽取到足够的样本量(抽取).

追问1:为什么要给学生编号?编号用学号可以吗?

预设答案:对个体进行编号,然后用随机产生的编号代表进入样本的个体,即用编号产生的随机性实现个体抽取的随机性.使用学号也可以产生相同的效果.

追问2:抽签法有什么优缺点?

预设答案:

优点:简单易行.缺点:当总体个数较多时很难搅拌均匀,产生的样本代表性差的可能性很大.因此,抽签法一般适用于总体中个体数不多的情形.

问题5:随机数法的实施步骤有哪些?

预设答案:随机数法的步骤:

①将总体中的所有个体编号(编号);

②在随机数表中任选一个数作为起始数(选起始数);

③从选定的数开始依次向右(或向左、向上、向下)读,将编号范围内的数取出,编号范围外的数去掉,直到取满样本容量的样本(抽取样本).

追问1:怎样产生随机数?

预设答案:(1)用随机试验生成随机数;

(2)用信息技术手段生成随机数:

①用计算器生成随机数;②用电子表格软件生成随机数;③用R统计软件生成随机数.

追问2:随机数法有什么优缺点?

预设答案:

优点:随机数表数字较多,因此当总体容量较多时,抽取较为便利;

缺点:起始位置及抽取方向是人为确定的,不同的人选取的样本会有差别.

【**设计意图**】通过案例探究抽签法和随机数法的实施方法,并掌握其优缺点.

问题6:抽签法和随机数法有什么异同?

师生活动:学生对比两种方法的实施过程,引导学生发现抽签法和随机数法本质上都是产生随机数,实施过程类似,只是产生过程不同.

预设答案:

相同点:两者都是先编号,再随机产生n个编号,最后将产生的编号所对应的n个个体作为样本;不同点:产生随机数的工具不同.

追问:对比抽签法与随机数法,如何选取合适的方法?

预设答案:当总体容量较小时,选择抽签法;当总体容量较大时,选择随机数法.

【**设计意图**】通过对比了解抽签法和随机数法各自的特点,让学生在面对一个抽样问题时,能够选择并使用合适的抽样工具实现简单随机抽样.

问题7:用简单随机抽样方法抽取样本,样本量是否越大越好?

师生活动:学生独立思考,教师引导学生思考样本量变大后可能会产生的问题,特别是当样本容量和总体一样大时就是全面调查了,结合全面调查和抽样调查的区别来思考.

预设答案:在重复试验中,试验次数越多,频率越接近概率的可能性越大.与此相似,用简单随机抽样的方法抽取样本,样本量越大,结果越准确.当样本量和总体一样大时就是全面调查了.一般来说,样本量大的要比样本量小的好,增加样本量可以较好地提高估计的效果.但在实际情况中,样本量大会导致人力、费用、时间等成本的增加.因此,抽样调查中样本量的选择要根据实际问题的需要,并不一定是越大越好.

【设计意图】进一步理解简单随机抽样方法抽取样本的概念.

4.初步应用,巩固概念

完成课本177页的练习1~4题.

5.梳理小结,形成结构

通过本节课的学习,你有哪些收获?试从知识、方法、数学思想、经验等方面谈谈.

(1)知识:

```
数据收集 ── 调查 ┬── 普查
                  └── 抽样调查 ── 简单随机抽样 ┬── 抽签法
                                                └── 随机数法
```

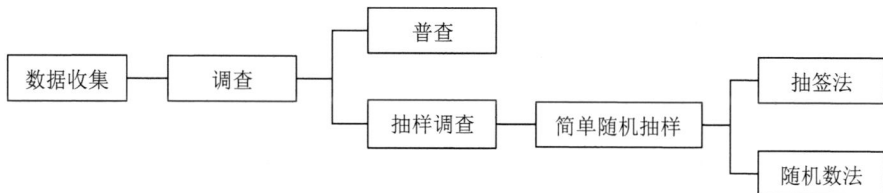

(2)思想方法:抽样思想.

6.布置作业,应用迁移

完成课本188页习题9.1第1,2,4题

第2课时

(一)课时教学内容

简单随机抽样(2).

(二)课时教学目标

(1)会计算总体平均数和样本平均数.

(2)会用样本平均数去估计总体平均数,用样本中的比例去估计总体中的比例.

(3)了解样本与总体之间的关系.

(三)教学重点与难点

教学重点:数据平均数的概念及意义.

教学难点:简单随机抽样的应用及数据平均数的意义.

(四)教学设计过程

1.创设情境,导入新课

情境:国家队要从甲、乙两名气枪运动员选择一位参加世锦赛,两人在预选赛上分别打靶10次,成绩分别是:

甲:9 9 10 8 9 10 9 8 9 10

乙:10 9 9 8 8 10 9 8 8 10

如果你是教练会挑选哪名运动员参加世锦赛,为什么?

师生活动:学生独立思考,利用初中的统计知识学生很容易想到使用平均数来估计两名选手的整体情况,注意要引导学生使用一般方法和加权平均数的形式算出甲、乙的平均数,依次来反映两者的整体竞技水平.

预设答案:选择甲运动员,原因是甲的平均数是9.1,乙的平均数是8.9,甲的平均数大于乙.

追问:你是如何计算甲成绩的平均数的?

预设答案:① $\dfrac{9+9+10+8+9+10+9+8+9+10}{10}=9.1$;

② $\dfrac{2\times8+5\times9+3\times10}{10}=9.1.$

【设计意图】创设情境让学生回顾初中阶段学习的平均数和加权平均数,为本节课的学习做好铺垫.

2.探究新知,概念形成

问题1:(1)总体中有 N 个个体,它们的变量值分别为 Y_1,Y_2,$\cdots$,Y_N,你能表示出这 N 个个体的平均数吗?

(2)如果总体的 N 个变量值中,不同的值共有 $k(k\leqslant N)$ 个,记为 Y_1,Y_2,$\cdots$,Y_k,其中 Y_i 出现的频数为 $f_i(i=1$,2,$\cdots$,$k)$,你能用加权平均数的形式求出这 N 个个体的平均数吗?

师生活动:学生独立思考完成.

预设答案:(1)$\dfrac{Y_1+Y_2+\cdots+Y_N}{N}$;

(2) $\dfrac{Y_1 f_1 + Y_2 f_2 + \cdots + Y_i f_i}{N}$.

教师总结：一般地，总体中有 N 个个体，它们的变量值分别为 Y_1，Y_2，$\cdots$，Y_N，则称 $\overline{Y} = \dfrac{Y_1 + Y_2 + \cdots + Y_N}{N} = \dfrac{1}{N}\displaystyle\sum_{i=1}^{N} Y_i$ 为总体均值，又称总体平均数.(说明 $\displaystyle\sum$ 为求和符号，$\displaystyle\sum_{i=1}^{n} Y_i = Y_1 + Y_2 + \cdots + Y_n$)

追问1：你能用 $\displaystyle\sum$ 表示出 $\dfrac{Y_1 f_1 + Y_2 f_2 + \cdots + Y_i f_i}{N}$ 吗？

预设答案：$\overline{Y} = \dfrac{1}{N}\displaystyle\sum_{i=1}^{k} f_i Y_i$.

追问2：如果从总体中抽取一个容量为 n 的样本，它们的变量值分别为 y_1，y_2，$\cdots$，y_n，你能求出这个样本的平均数吗？

预设答案：$\overline{Y} = \dfrac{1}{n}\displaystyle\sum_{i=1}^{k} y_i$.

教师总结：如果从总体中抽取一个容量为 n 的样本，它们的变量值分别为 y_1，y_2，$\cdots$，y_n，则称 $\overline{y} = \dfrac{y_1 + y_2 + \cdots + y_n}{n} = \dfrac{1}{n}\displaystyle\sum_{i=1}^{n} y_i$ 为样本均值，又称样本平均数.

【设计意图】根据初中学习的平均数和加权平均数知识，类比得出总体平均数和样本平均数的一般定义.

问题2：一家家具厂要为树人中学高一年级712名学生制作课桌椅，他们事先想了解全体高一年级学生的平均身高，以便设定可调节课桌椅的标准高度.此时通过普查全体学生身高并计算出总体平均数较为繁琐，能否提高家具厂的工作效率呢？

师生活动：学生思考，教师引导学生回忆抽样调查和简单随机抽样的概念，利用抽样调查提升工作效率.

预设答案：通过简单随机抽样得出高一年级学生平均身高.

追问1：简单随机抽样有哪些常用方法？

预设答案：抽签法和随机数法？

追问2：这个问题用哪种方法较好？

预设答案：总体数量较大，用随机数法较好.

下面是用随机数法从树人中学高一年级学生中抽取的一个容量为50的

简单随机样本,他们的身高变量值(单位:cm)如下:

156.0 166.0 157.0 155.0 162.0 168.0 173.0 155.0 157.0 160.0

175.0 177.0 158.0 155.0 161.0 158.0 161.5 166.0 174.0 170.0

162.0 155.0 156.0 158.0 183.0 164.0 173.0 155.5 176.0 171.0

164.5 160.0 149.0 172.0 165.0 176.0 176.0 168.5 171.0 169.0

156.0 171.0 151.0 158.0 156.0 165.0 158.0 175.0 165.0 171.0

由这些样本观测数据,可以计算出样本的平均数为164.3.

问题3:由样本平均数我们可以得到树人中学高一年级学生的平均身高一定是164.3 cm吗?

为什么?

师生活动:学生独立思考.

预设答案:不能,样本平均数值只能估计树人中学高一年级学生的平均身高为164.3 cm,但无法确定.

追问1:另取一个容量为50的简单随机样本,这个样本的样本平均数还是164.3 cm吗?

预设答案:不一定.

追问2:取一个容量为100的简单随机样本,这个样本的样本平均数会发生什么样的改变呢?

预设答案:可能更接近总体的平均数.

问题4:小明想考查一下简单随机抽样的估计效果.他从树人学校医务室得到了高一年级学生身高的所有数据,计算出整个年级学生的平均身高为165.0 cm.然后,小明用简单随机抽样的方法,从这些数据中抽取了样本量为50和100的样本各10个,分别计算出样本平均数,如下表所示.

	抽样序号									
	1	2	3	4	5	6	7	8	9	10
样本量为50的平均数	165.2	162.8	164.4	164.4	165.6	164.8	165.3	164.7	165.7	165.0
样本量为100的平均数	164.4	165.0	164.7	164.9	164.6	164.9	165.1	165.2	165.1	165.2

为了更方便地观察数据,我们把这20次试验的平均数用图形表示出来,如图1所示.

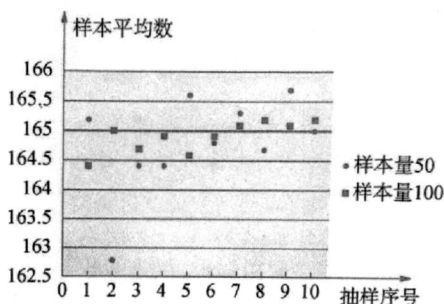

图1

从小明多次抽样得到的结果中,你有什么发现?

师生活动:学生思考并小组交流讨论,教师引导学生分析样本平均数与总体平均数之间的关系、样本量为50的样本平均数与样本量为100的样本平均数之间的关系.讨论完成由学生代表回答,教师对讨论结果归纳梳理.

预设答案:(1)不管样本量为50,还是100,不同样本的平均数往往是不同的;

(2)大部分的样本平均数离总体平均数不远,在总体平均数附近波动;

(3)样本量为100的样本平均数比样本量为50的样本平均数波动更小.

【**设计意图**】让学生更直观感受用简单随机抽取的样本估计总体的效果.理解样本平均数既有随机性,又呈现一定的规律.

3.案例分析,知识运用

总体平均数是总体的一项重要特征,另外,某类个体在总体中所占的比例也是人们关心的一项总体特征,例如全部产品中合格品所占的比例、赞成某项政策的人在整个人群中所占比例等.

问题5:眼睛是心灵的窗口,保护好视力非常重要.树人中学在"全国爱眼日"前,想了解一下全校2 174名学生中视力不低于5.0的学生所占的比例,你觉得该怎么做?

师生活动:学生思考并小组讨论交流,教师引导学生把将"视力不低于5.0"转化成数字特征,用数字来表达,记"视力不低于5.0"为1,"视力低于5.0"为0,使用0~1变换把总体比例问题转化为平均数问题解决.

追问1:全校学生构成调查的总体,每一位学生是个体,学生的视力是考查的变量.记"视力不低于5.0"为1,"视力低于5.0"为0,则第i个($i = 1, 2, \cdots,$

2174)学生的视力 Y_i 如何表示?

预设答案: $Y_i = \begin{cases} 1, & \text{视力不低于0.5,} \\ 0, & \text{视力低于0.5.} \end{cases}$

追问2: 那么在全校学生中, "视力不低于5.0"的人数如何用变量 Y_i 表示?

预设答案: $Y_1 + Y_2 + \cdots + Y_{2\,174}$.

追问3: 在总体中, "视力不低于5.0"的人数所占的比例 P 为多少?

预设答案: $P = \dfrac{Y_1 + Y_2 + \cdots + Y_{2\,174}}{2\,174} = \overline{Y}$.

追问4: 使用简单随机抽样抽取样本, 若抽取容量为 n 的样本, 把它们的视力变量值分别记为 y_1, y_2, $\cdots$, y_n, "视力不低于5.0"的人数所占的比例 p 如何表示?

预设答案: $p = \dfrac{y_1 + y_2 + \cdots + y_n}{n} = \overline{y}$.

这里可以用样本平均数 $\overline{y}$ 估计总体平均数 $\overline{Y}$, 用样本中的比例 p 估计总体中的比例 P.

问题6: 现在, 我们从树人中学所有学生中抽取一个容量为50的简单随机样本, 其视力变量取值如下:

1 1 0 1 0 0 1 0 1 1　1 0 0 0 1 1 0 1 0 0　0 1 1 1 0 1 1 0 1 1

1 1 0 1 1 0 1 0 1 0　0 0 1 0 0 1 1 1 0 0

你能估计一下全校2 174名学生中视力不低于5.0的学生所占的比例吗?

师生活动: 学生独立完成并展示结果, 教师点评指导.

预设答案: $\overline{y} = 0.54$, 估计在树人中学全体学生中, "视力不低于5.0"的比例约为0.54.

【设计意图】使用0~1变换将比例问题转化为平均数问题解决, 提升学生对样本平均数的应用能力.

例1: 为了调查某校高一学生每天午餐消费情况, 从该校高一学生中抽查了20名学生, 通过调查这20名学生每天午餐消费数据如下(单位:元):8,10, 6,6,8,12,15,6,8,6,10,8,8,15,6,8,10,8,8,10,试估计该校高一学生每天午餐的平均费用, 以及午餐费用不低于10元的比例.

解: 样本的平均数为 $\overline{y} = \dfrac{6 \times 5 + 8 \times 8 + 10 \times 4 + 12 \times 1 + 15 \times 2}{20} = 8.8$,

样本中消费不低于10元的比例为 $\dfrac{4+1+2}{20}=0.35$.

所以,估计该校高一全体学生每天午餐的平均费用为8.8元,在全体学生中,午餐费用不低于10元的比例约为0.35.

【设计意图】通过例题教学,让学生进一步巩固样本平均数对总体估计情况的应用.

问题8: 在前面使用简单随机抽样过程中,你遇到了哪些困难? 简单随机抽样有哪些局限性?

师生活动: 学生独立思考并回答,师生共同总结.

预设答案: 当总体很大时,编号等准备工作耗费时间、人工,甚至难以做到;抽中个体较为分散,要找到样本中的个体进行调查会遇到很多困难;简单随机抽样没有其他辅助信息,估计效率不是很高.因此,在规模较大的调查中,直接采用简单随机抽样的并不多,一般是把简单随机抽样和其他抽样方法组合使用.

【设计意图】进一步理解简单随机抽样方法的特点并感受其局限性,为后面其他抽样方法的引入做铺垫.

4.巩固练习,提升能力
完成课本180页练习1,2.

5.梳理小结,形成结构

通过本节课的学习,你有哪些收获? 试从知识、方法、数学思想、经验等方面谈谈.

(1)知识:

①总体均值和样本均值的概念及理解;

②掌握用数字来描绘总体的特征;

③运用样本均值来估计总体比例.

(2)思想方法:抽样思想,用样本估计总体思想.

6.布置作业,应用迁移
完成课本188页习题9.1第3,6题.

第3课时

(一)课时教学内容

分层随机抽样.

(二)课时教学目标

(1)通过实例,了解分层随机抽样的特点和适用范围.

(2)理解分层随机抽样与简单随机抽样的区别.

(3)掌握各层样本量比例分配的方法,掌握分层随机抽样的样本均值.

(三)教学重点与难点

教学重点:分层随机抽样的概念及应用.

教学难点:分层随机抽样的样本均值.

(四)教学设计过程

1.创设情境,引入新课

问题1:在树人中学高一年级的712名学生中,男生有326名、女生有386名.现欲了解全体高一年级学生的平均身高,利用简单随机抽样从中抽取一个容量为50的样本,样本中男生有40人,女生10人.利用这个样本的样本平均数估计总体平均数可行吗?

师生活动:学生独立思考,教师引导学生思考影响身高的因素,性别是其中一个主要因素,高中男生身高普遍高于女生,这个样本绝大多数都是男生,样本比较"极端",样本平均数会大幅度偏离总体平均数.

预设答案:不可行.样本绝大多数都是男生,样本比较"极端",估计会出现较大的误差.

追问:为什么会出现这种"极端"样本?

预设答案:抽样结果的随机性,可能导致出现"极端"样本.

【设计意图】通过情境分析简单随机抽样出现"极端样本"的原因,为引出分层随机抽样方法做铺垫.

2.探究新知,概念形成

问题2:如何改进抽样调查方法,避免这种"极端"样本?

师生活动:学生小组讨论,教师引导学生利用性别和身高的这种关系,把高一年级学生分成男生和女生两个身高有明显差异的群体,对两个群体分别进行简单随机抽样,然后汇总作为总体的样本.

　　预设答案:按性别分成男生和女生两个群体,对两个群体分别进行简单随机抽样,汇总作为总体的样本,可以避免这种"极端"样本.

　　追问1:对男生、女生分别进行简单随机抽样,样本量在男生、女生中应如何分配?

　　预设答案:按男、女生在全体学生中所占的比例进行分配,即

$$男生样本量 = \frac{男生人数}{全体学生数} \times 总样本量,$$

$$女生样本量 = \frac{女生人数}{全体学生数} \times 总样本量.$$

　　追问2:当总样本量为50时,问题1中的男生和女生分别应抽取人数为多少?

　　预设答案:$n_{男} = \frac{326}{712} \times 50 \approx 23, n_{女} = \frac{386}{712} \times 50 \approx 27.$

　　【设计意图】通过案例让学生经历分层抽样的过程,为分层随机抽样概念的形成做好准备.

　　问题3:我们用不同于简单随机抽样的方法抽取了样本,你能归纳出这种抽样方法的操作步骤吗?

　　师生活动:学生小组讨论并汇报,教师引导修正并归纳.

　　预设答案:(1)根据掌握的信息,按变量将总体分成互不相交的层,即 N_1, N_2, $\cdots$, N_L;

　　(2)根据总体中的个体数 N,各层中的个体数 N_1, N_2, $\cdots$, N_L 和样本量 n,计算第 i 层抽取的个体数 $n_i = \frac{N_i}{N} \times n, i = 1$, 2, $\cdots$, L,使得各 n_i 之和为 n;

　　(3)在各层中,用简单随机抽样方法抽取步骤(2)中确定的个体数,合在一起得到容量为 n 的样本.

　　教师总结:一般地,按一个或多个变量把总体划分为若干个子总体,每个个体属于且仅属于一个子总体,在每个子总体中独立地进行简单随机抽样,再把所有子总体中抽取的样本合在一起作为总样本,这样的抽样方法称为分层随机抽样,每一个子总体称为层.

　　在分层随机抽样中,如果每层样本量都与层的大小成比例,那么称这种样本量的分配方式为比例分配.

　　追问:你认为分层随机抽样需要注意什么?

预设答案:(1)通常是根据总体的差异来分层,将同类型的个体归为一层,要求每层的各个个体互不交叉,遵循不重复、不遗漏的原则.

(2)分层抽样在各层中进行简单随机抽样,保证每个个体都可能入样,每层样本数量根据每层个体数量占总体的比例确定.

【设计意图】引导学生分析分层随机抽样的过程,抽象出分层随机抽样的概念,了解分层随机抽样的特点.

3.例题讲解,初步应用

例1:用分层抽样按男女比例在树人中学高一年级抽取一个容量为50的样本,其观测数据(单位:cm)如下:

男生

173.0 174.0 166.0 172.0 170.0 165.0 165.0 168.0 164.0 173.0 172.0
173.0 175.0 168.0 170.0 172.0 176.0 175.0 168.0 173.0 167.0 170.0
175.0

女生

163.0 164.0 161.0 157.0 162.0 165.0 158.0 155.0 164.0 162.5 154.0
154.0 164.0 149.0 159.0 161.0 170.0 171.0 155.0 148.0 172.0 162.5
158.0 155.5 157.0 163.0 172.0

(1)计算男生和女生身高的样本平均数;

(2)估计树人中学高一年级学生的平均身高.

师生活动:学生小组合作计算完成,学生在估计高一年级学生总体平均数中可能会采取不同的计算方式,教师引导学生进行对比观察.

解:(1)经过计算,得出男生和女生身高的样本平均数分别为170.6,160.6.

(2)学生可能采取两种方式:

①运用样本中男、女生身高的平均数和样本量计算总样本平均数

$\dfrac{170.6 \times 23 + 160.6 \times 27}{50} = 165.2$,作为高一年级学生的平均身高的估计.

②运用总体中男、女生身高的平均数和各自总体的人数计算总体平均数

$\dfrac{170.6 \times 326 + 160.6 \times 386}{712} \approx 165.2$,作为高一年级学生的平均身高的估计.

问题4:在分层随机抽样中,我们可以直接用样本平均数估计总体平均

数吗?

师生活动:学生思考并讨论,教师引导学生类比例1两种计算,分析得到:在分层随机抽样中,如果层数分为2层,第1层和第2层包含的个体数分别为 M 和 N,抽取的样本量分别为 m 和 n。用 X_1, X_2, $\cdots$, X_M 表示第1层各个体的变量值,用 x_1, x_2, $\cdots$, x_m 表示第1层样本的各个体的变量值;用 Y_1, Y_2, $\cdots$, Y_N 表示第2层各个体的变量值,用 y_1, y_2, $\cdots$, y_n 表示第2层样本的各个体的变量值,则第1层的总体平均数和样本平均数分别为:

$$\bar{X} = \frac{X_1 + X_2 + \cdots + X_M}{M} = \frac{1}{M}\sum_{i=1}^{M}X_i, \bar{x} = \frac{x_1 + x_2 + \cdots + x_m}{m} = \frac{1}{m}\sum_{i=1}^{m}x_i.$$

第2层的总体平均数和样本平均数分别为:

$$\bar{Y} = \frac{Y_1 + Y_2 + \cdots + Y_N}{N} = \frac{1}{N}\sum_{i=1}^{N}Y_i, \bar{y} = \frac{y_1 + y_2 + \cdots + y_n}{n} = \frac{1}{n}\sum_{i=1}^{n}y_i.$$

总体平均数和样本平均数分别为: $\overline{W} = \dfrac{\sum\limits_{i=1}^{M}X_i + \sum\limits_{i=1}^{N}Y_i}{M+N}$; $\overline{w} = \dfrac{\sum\limits_{i=1}^{m}x_i + \sum\limits_{i=1}^{n}y_i}{m+n}$.

由于用第1层的样本平均数 $\bar{x}$ 可以估算第1层的总体平均数 $\bar{X}$,用第2层的样本平均数 $\bar{y}$ 可以估算第2层的总体平均数 $\bar{Y}$,因而可以用 $\dfrac{M \times \bar{x} + N \times \bar{y}}{M+N} = \dfrac{M}{M+N}\bar{x} + \dfrac{N}{M+N}\bar{y}$ 估计总体平均数 $\bar{w}$.

在比例分配的分层随机抽样中, $\dfrac{m}{M} = \dfrac{n}{N} = \dfrac{m+n}{M+N}$,

可得 $\dfrac{M}{M+N}\bar{x} + \dfrac{N}{M+N}\bar{y} = \dfrac{m}{m+n}\bar{x} + \dfrac{n}{m+n}\bar{y} = \bar{w}$.

预设答案:在比例分配的随机抽样中,我们可以直接用样本平均数 $\bar{w}$ 估计总体平均数 $\overline{W}$.

【设计意图】引导学生理解比例分配的条件下,估计总体平均数的方法与样本平均数估计总平均数方法的关系,体会构造总体均值估计的不同方法.

问题5:与考查简单随机抽样估计效果类似,小明也想通过多次抽样考查分层随机抽样的估计效果.他用比例分配的分层随机抽样方法,从高一年级的学生中抽取了10个样本量为50的样本,计算出样本平均数如下表所示:

	抽样序号									
	1	2	3	4	5	6	7	8	9	10
样本量为50的平均数	165.2	162.8	164.4	164.4	165.6	164.8	165.3	164.7	165.7	165.0
样本量为100的平均数	164.4	165.0	164.7	164.9	164.6	164.9	165.1	165.2	165.1	165.2

我们把分层随机抽样的平均数与上一小节样本量为50的简单随机抽样的平均数用下图进行对比.

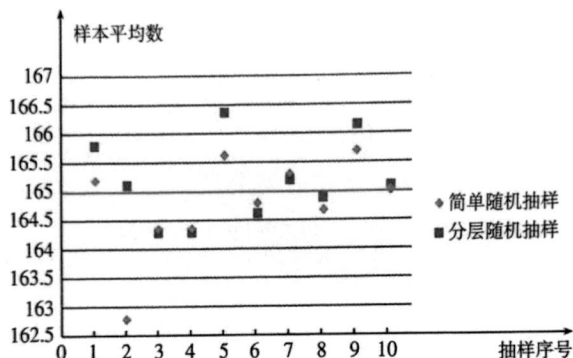

对比简单随机抽样,你有什么发现?

师生活动:学生思考并小组交流讨论,教师引导学生分析简单随机抽样与分层随机抽样之间的关系,讨论完成由学生代表回答,教师对讨论结果归纳梳理.

预设答案:(1)分层随机抽样的样本平均数围绕总体平均数波动,与简单随机抽样的结果比较,分层随机抽样并没有明显优于简单随机抽样.

(2)分层随机抽样的样本平均数波动幅度更均匀,简单随机抽样的样本平均数出现了偏离总体平均数的幅度较大的样本,即出现了比较"极端"的样本,而分层随机抽样没有出现.

追问:在遇到实际统计问题时,我们如何选择简单随机抽样和分层随机抽样?

预设答案:分层随机抽样适合总体规模和样本量都较大、个体差异也较大的情形,只要选取的分层变量合适,使得各层间差异明显、层内差异不大,分层随机抽样的效果一般会好于简单随机抽样,也好于很多其他抽样方法.分层随机抽样的组织实施也比简单随机抽样方便,而且除了能得到总体的估计外,还能得到每层的估计.

【设计意图】引导学生正确认识分层随机抽样和简单随机抽样的特点,在实际问题中,设计合适的抽样方法.

4.巩固练习,深化理解

完成课本184页练习1,2,3题.

5.梳理小结,形成结构

通过本节课的学习,你有哪些收获? 试从知识、方法、数学思想、经验等方面谈谈.

(1)知识:

①分层随机抽样的概念及步骤.

②分层随机抽样中的平均数.

③两种抽样方式的区别与联系.

(2)思想方法:类比,抽样思想,用样本估计总体思想.

6.布置作业,应用迁移

完成课本188~189页习题9.1第7题.

第4课时

(一)课时教学内容

获取数据的途径.

(二)课时教学目标

(1)了解获取数据的途径.

(2)掌握实际调查中数据获取途径的选择方法.

(三)教学重点与难点

教学重点:获取数据的途径.

教学难点:实际问题中数据获取方法的选择与操作.

(四)教学设计过程

1.创设情境,引入新课

引导语:统计学是通过收集数据和分析数据来认识未知现象的,因此,如何收集数据是统计学研究的重要内容.前面,我们已经学习了通过普查和抽样调查两种获取数据方式.但在实践中,获取数据的途径多种多样,像统计报表和年鉴、社会调查、普查和抽样、互联网、实验设计等(图片展示)都是常见的.

问题1：你能举出生活中的一些获取数据的途径吗？

师生活动：学生自由举例，教师把学生举例按照调查、试验、观察、查询进行分类板书，并让学生观察每个类别的特点，总结得到获取数据的一些基本途径.

预设答案：调查、试验、观察、查询.

【设计意图】让学生举出生活中获取数据的方式，激发学生的学习热情，并归纳出获取数据的一些基本途径.

2.探究新知——了解数据获取途径

问题2：哪些问题适用于通过调查获取数据？操作过程中要注意什么？

师生活动：学生思考并小组讨论，教师引导学生回顾前面普查和抽样调查的特点进行归纳，讨论完成由学生代表回答，教师梳理总结.

预设答案：

适用范围：对于有限总体问题，如人口总数、城乡就业状况、农村贫困人口脱贫状况、生态环境改善状况、青少年受教育状况、高中生近视的比例、产品合格率、高中生日平均上网时间等问题.

注意事项：在实际应用中，关键在于是否能充分有效地利用背景信息选择或创建更好的抽样方法，并有效避免抽样过程中的人为错误.

一般通过抽样调查或普查的方法获取数据.针对不同问题的特点，为了有效收集所需数据，除了我们已经学过的简单随机抽样和分层随机抽样，还有系统抽样、整群抽样、不等概率抽样、自适应抽样、两阶段抽样等很多其他的方法.

问题3：通过试验、观察、查询获取数据适用于哪些问题？操作中要注意什么？

师生活动：学生思考讨论，类比问题2进行归纳，教师巡视对有困难的小组进行个别指导.

预设答案：

(1)通过试验获取数据.

适用范围：没有现存的数据可以查询，就需要通过对比试验的方法去获取样本观测数据.例如，要判断研制的新药是否有效，培育的小麦新品种是否具有更高的产量，特种钢、轮胎的配方和产品质量等情况.

注意事项：严格控制试验环境，通过精心的设计安排试验，以提高数据质量,为获得好的分析结果奠定基础.

(2)通过观察获取数据.

适用范围:主要针对不能被人为控制的自然现象,如地震、降水、大气污染、宇宙射线等.

注意事项:对于各个不同的行业,往往需要专业测量设备获取观测数据.

(3)通过查询获取数据

适用范围:众多专家已经研究过的,其收集的资料有所储存.例如,可以从国家统计局的官方网站查询得到各种统计数据.在网络上,也有专门提供数据服务的公司,它们提供政府部门允许公开的各类数据等.

注意事项:数据来源和渠道多样,所以质量会参差不齐,必须根据问题背景知识"清洗"数据,去伪存真.

追问:通过查询获得的数据与通过调查、试验、观察获得的数据有什么不同?

预设答案:通过调查、试验、观察获得数据是直接获取,通过查询获得的数据是间接获取.

教师总结:根据数据是直接获取还是间接获取,数据可以分为一手数据和二手数据,其中获得一手数据的途径主要有调查、试验、观察等,而查询获得的是二手数据.

【设计意图】通过思考、探究学习得到调查、试验、观察和查询四种基本数据获取途径的适用范围和注意事项,为实际问题中根据需要选择获取数据的途径做好准备.

3.案例探究——选择获取数据的途径

例1:(1)为了研究近年我国高等教育发展状况,小明需要获取近年来我国大学生入学人数的相关数据,他获取这些数据的途径最好是( )

A.通过调查获取数据

B.通过试验获取数据

C.通过观察获取数据

D.通过查询获得数据

(2)下列要研究的数据一般通过试验获取的是( )

A.某品牌电视机的市场占有率

B.某电视连续剧在全国的收视率

C.某校七年级一班的男、女同学比例

D.某型号炮弹的射程

（3）"中国天眼"为500米口径球面射电望远镜，是我国具有自主知识产权，世界最大单口径、最灵敏的射电望远镜（如图1）．建造"中国天眼"的目的是（　　）

图1

A.通过调查获取数据　　　B.通过试验获取数据

C.通过观察获取数据　　　D.通过查询获得数据

师生活动：学生独立思考并回答．

解：（1）D　　　（2）D　　　（3）C

例2：为了缓解城市的交通拥堵情况，某市准备出台限制私家车的政策，为此要进行民意调查．某个调查小组调查了一些拥有私家车的市民，你认为这样的调查结果能很好地反映该市市民的意愿吗？

师生活动：学生独立思考并回答，教师点评梳理．

解：（1）一个城市的交通状况的好坏将直接影响着生活在这个城市中的每个人，关系到每个人的利益．为了调查这个问题，在抽样时应当关注到各种人群，既要抽到拥有私家车的市民，也要抽到没有私家车的市民．

（2）调查时，如果只对拥有私家车的市民进行调查，结果一定是片面的，不能代表所有市民的意愿．因此，在调查时要对生活在该城市的所有市民进行随机抽样调查，不能只关注到拥有私家车的市民．

【设计意图】通过案例熟悉获取数据的途径一般有四种：调查、试验、观察和查询，在应用这四种方式获取数据时，要清楚数据的类型，选择适当的获取方式．

4.巩固练习,深化理解

(1)下列问题可以用普查的方式进行调查的是( ).

A.检验一批钢材的抗拉强度　　　　　B.检验海水中微生物的含量

C.调查某小组10名成员的业余爱好　D.检验一批汽车的使用寿命

(2)小明从网上查询得到某贫困地区10户居民家庭年收入(单位:万元)如下表所示:

编号	1	2	3	4	5	6	7	8	9	10
年收入/万元	1.2	1.3	1.8	2.0	4.6	1.7	0.9	2.1	1.0	1.6

根据以上数据,我们认为有一个数据是不准确的,需要剔除,这个数据是

_____.

5.梳理小结,形成结构

通过本节课的学习,你有哪些收获?

(1)知识:获取数据的四条途径.

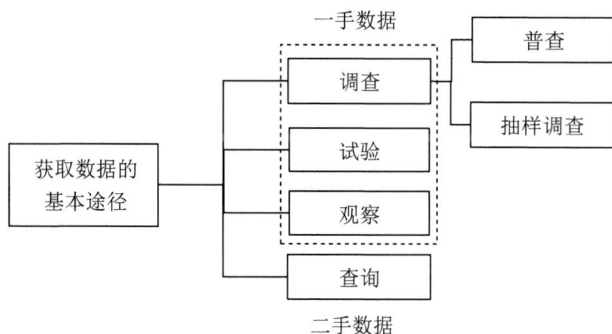

(2)思想方法:抽样思想.

6.布置作业,应用迁移

完成课本189页习题9.1第8,9题

六、教学设计评析

统计与实际生活联系十分紧密,统计概念和方法的产生基本来自解决实际问题的过程,因此教学中需要结合具体案例,用问题驱动统计概念和方法的学习,不仅符合统计的特点,而且可以克服概念和方法抽象的困难.学生在初中已经学习过了一些统计知识,对于统计的一般环节已经有了一定认识,在统计的教学中要结合学生已有的认知突出数据分析的基本过程,不能把目

光盯在某个具体环节和具体知识上,避免把统计过程割裂开来,应结合具体实例在基本过程的框架下体现统计概念和方法学习的必要性和合理性,不断积累数据分析的经验,才能不断提升数学分析的素养.

课例17　随机事件与概率

一、单元内容和内容解析

1.内容

本单元主要学习随机事件与概率,内容包括:有限样本空间与随机事件、事件的关系和运算、古典概型、概率的基本性质.本单元的知识结构如下:

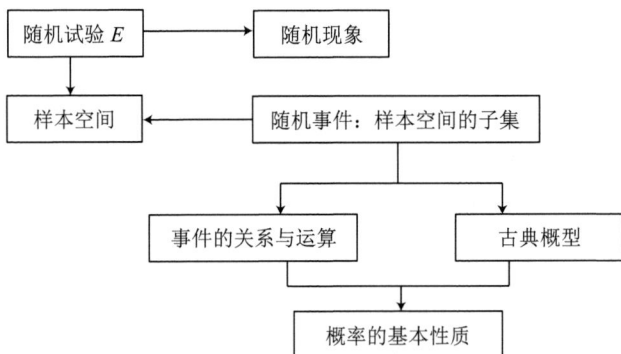

建议用4课时完成教学.第1课时为有限样本空间与随机事件;第2课时为事件的关系和运算;第3课时为古典概型;第4课时为概率的基本性质.

2.内容解析

(1)内容的本质:在认识随机现象与随机试验的基础上,利用集合论的知识,理解随机事件的概念、关系、运算以及基本性质并进行数学刻画.

(2)蕴含的数学思想和方法:通过具体实例,认识随机现象与随机试验的概念,类比集合的关系与运算,引导学生从特殊到一般发现和归纳随机事件的关系、运算以及基本性质,通过古典概型的学习,加深对概率的意义的理解,掌握建立概率模型的一般方法.

(3)知识的上下位关系:在初中学生已经初步认识随机事件、概率描述性定义以及古典概型,本单元将在此基础上进一步理解随机事件的概念,掌握研究随机现象规律性的一般方法,利用建构概率模型来解决实际问题,为后续的概率相关知识的学习提供了基础.

(4)育人价值:本单元通过具体实例,理解随机事件有关概念,会计算古典概型中简单随机事件的概率,并能解决一些简单的实际问题,提升数学抽象、逻辑推理、数据分析、数学建模和数学运算素养.

(5)教学重点:有限样本空间及随机事件的概念,事件的关系与运算,古典概型,概率的基本性质及应用.

二、单元目标和目标解析

1.目标

(1)理解样本点、有限样本空间和随机事件,发展数学抽象素养.

(2)了解随机事件的关系及运算,发展数学运算素养.

(3)理解古典概型,发展数学建模素养.

(4)掌握概率的基本性质及应用,发展数学抽象素养.

2.目标解析

达成上述目标的标志是:

(1)结合具体实例,理解试验的样本点和有限样本空间的概念,并会用符号表示;会用集合语言表示一个随机事件,能利用样本点概念解释事件可能结果的意义以及所包含基本事件的个数.

(2)通过实例,理解随机事件的并、交与互斥、互相对立的含义;会用集合表示事件的关系与运算,能用简单随机事件表示复杂的随机事件.

(3)能结合具体情境,解释古典概型的特征,会计算古典概型中简单随机事件的概率;能根据问题情境建立概率模型,解决实际问题.

(4)结合具体实例,理解概率的有关性质,推导出互斥事件的概率加法公式、互为对立事件概率的关系等运算法则,并能运用概率的基本性质解决简单的实际问题.

三、单元教学问题诊断分析

学生在义务教育阶段已经初步了解了随机事件的概念,并学习了在试验结果等可能的情况下求简单随机事件的概率,但学生对概率的理解还停留在直观描述的阶段.对于概率的研究从直观描述到利用数学语言精细化刻画是

学生学习过程中的难点.在本节的学习过程中,对于样本空间的列举,容易出现重复或遗漏的情况,根据问题情境建立古典概率模型解决问题时,对古典概型等可能性的判断等都是学生可能会感到困难的地方.

因此,教学中在认识随机现象和随机试验特点的基础上,类比集合论的知识,抽象出样本点、样本空间,将随机事件看成样本空间的子集,对随机事件的概念构建了由直观描述到数学精确刻画的过程,以便于学生更好地掌握这一块内容.

基于上述分析,可以确定本节的教学难点:对于不同背景的随机试验,用符号表示试验的可能结果,列举试验的样本空间;计算古典概型相关事件的概率时,样本点等可能性的判断.

四、单元教学支持条件分析

本单元是概率的预备知识和基础,教学中可以类比函数的研究思路来探究概率,结合大量实例,帮助学生分析和掌握随机现象、随机试验、样本空间、随机事件等概念,理解古典概型和概率的基本性质.

五、教学设计过程

第1课时

(一)课时教学内容

有限样本空间与随机事件.

(二)课时教学目标

(1)结合具体实例,理解样本点和有限样本空间的含义.

(2)理解随机事件与样本点的关系.

(3)会用集合语言表示随机事件,理解样本空间与随机事件的关系.

(三)教学重点与难点

教学重点:理解样本空间的概念,会用集合语言表示样本空间与随机事件.

教学难点:样本空间与随机事件的关系.

(四)教学设计过程

1.创设情境,导入新课

情境1:某位同学从家到学校所需时间(精确到分)能事先预知吗? 如果一学期共记录100次所用时间,依据记录的数据绘制直方图(如图1),你能发现什么规律?

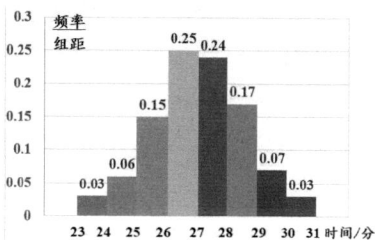

图1

师生活动:学生稍作思考后回答,教师引导学生发现一次观测具有偶然性,大量重复观测后结果具有稳定性.

预设答案:所用时间不能精确预知,具有偶然性.大量重复记录数据,所用的时间分布会趋于稳定.

情境2:抛掷一枚一元硬币,观察面朝上的情况.你能事先预知哪一面朝上吗? 大量重复抛掷并观察其结果,你又发现什么规律?

师生活动:学生思考后回答,让学生类比情境1进一步理解"一次观测具有偶然性,大量重复观测后结果具有稳定性"这一特征.

预设答案:事先不能确定哪一面朝上,一次观测结果具有偶然性.大量重复抛掷并观察,正、反面朝上的概率都会稳定在0.5左右.

问题1:这两个情境有什么共同特点呢?

师生活动:两个情境中的问题让学生稍作思考后回答,教师引导学生归纳在一次观测中具有偶然性,在大量重复观测后具有稳定性.

教师总结:

这类现象的特点:就一次观测的结果而言,出现哪种结果是偶然的,但在大量重复观测下,各个结果出现的概率却具有稳定性.这类现象叫做随机现象,它是概率论的研究对象.概率论是研究随机现象数量规律的数学分支.

问题2:对于概率我们要研究哪些内容呢? 如何研究呢?

师生活动:教师引导学生联系概率和函数,两者都是刻画客观世界规律的,他们的研究方法应该有很多相似之处.类比函数的研究路径:"预备知识—函数概念—基本性质—初等函数"得到概率的研究路径.

预设答案:预备知识—概率的概念—古典概型—基本性质—其他相关知识.

本节课我们来学习概率的预备知识:有限样本空间和随机事件.

【设计意图】通过具体情境归纳概率的研究对象——随机现象的特点,并类比函数研究路径形成概率研究路径,为本单元的学习指明方向.

2.探究新知——有限样本空间

问题3: 根据随机现象的特点我们可以使用什么方法来研究呢?

师生活动: 学生思考并回答,教师给出随机试验的概念.

预设答案: 大量重复试验.

归纳总结: 我们把对随机现象的实现和对它的观察称为随机试验,简称试验,常用字母 E 表示.研究某种随机现象的规律,首先要观察它所有的基本结果.

追问: 观察下列试验各有多少个不同的结果? 事先能否确定出现哪个结果?

(1)将一枚硬币抛掷两次,观察正面和反面出现的情况;

(2)从高一年级随机抽取 5 名学生,观察近视人数;

(3)在一批灯管中任意抽取一只,测试它的寿命.

师生活动: 学生思考并小组讨论,学生代表回答,教师对学生的回答归纳梳理.

预设答案: 试验(1)和(2)的结果是有限的且明确可知,试验(3)的结果是无限的.

师生总结:

随机试验的特点:

(1)试验可以在相同条件下重复进行;(可重复性)

(2)试验的所有可能结果是明确可知的,并且不止一个;(可预知性)

(3)每次试验总是恰好出现这些可能结果中的一个,但事先不能确定出现哪一个结果.(随机性)

【设计意图】通过问题3得到概率的研究方法——随机试验的概念,并通过追问归纳出随机试验的特点.

问题4: 体育彩票摇奖时,将 10 个质地和大小完全相同,分别标号 0,1,2,…,9 的球放入摇奖器中,经过充分搅拌后摇出一个球,观察这个球的号码.这个随机试验共有多少个可能结果? 如何表示?

师生活动: 学生思考后回答,学生一般能说出 10 个可能结果.

预设答案: 共有 10 种可能结果.用数字 m 表示"摇出的球的号码为 m"可

能的结果,表示为0,1,2,3,4,5,6,7,8,9.

追问:随机试验的结果有何特点?你觉得这个随机试验所有可能的结果可以用什么来表示?

预设答案:教师引导学生说出这些结果具有的特征:确定性、无序性、互异性.所有可能的结果可用集合表示为{0,1,2,3,4,5,6,7,8,9}.因为随机试验所有可能的结果符合集合的特征.

教师讲解:我们把随机试验E的每个可能的基本结果称为样本点,全体样本点的集合称为试验E的样本空间.一般地,我们用Ω表示样本空间,用ω表示样本点.

当前,我们只讨论Ω为有限集的情况,如果一个随机试验有n个可能结果ω_1,ω_2,$\omega_3\cdots$,ω_n,则称样本空间$\Omega=\{\omega_1$,ω_2,$\omega_3\cdots$,$\omega_n\}$为有限样本空间.

【设计意图】通过活动让学生掌握随机试验结果的特点,再用集合语言将试验结果数学化,理解样本空间、样本点和有限样本空间的概念.

例1:抛掷一枚硬币,观察它落地时哪一面朝上,写出试验的样本空间.

师生活动:学生独立思考完成,教师引导学生规范符号表示.

解:

方法1:因为落地时只有正面朝上和反面朝上两个可能结果,所以试验的样本空间可以表示为$\Omega=\{$正面朝上,反面朝上$\}$.

方法2:如果用h表示"正面朝上",t表示"反面朝上",则样本空间$\Omega=\{h,\ t\}$.

方法3:如果用1表示"正面朝上",0表示"反面朝上",则样本空间$\Omega=\{1,\ 0\}$.

例2:抛掷一枚骰子,观察它落地时朝上的面的点数,写出试验的样本空间.

师生活动:学生独立思考完成,完成后学生汇报,教师进一步指导规范符号表示.

解:用i表示朝上面的"点数为i",因为落地时朝上面的点数有1,2,3,4,5,6共6个可能的基本结果,所以试验的样本空间可以表示为$\Omega=\{1,2,3,4,5,6\}$.

例3:抛掷两枚硬币,观察它们落地时朝上的面的情况,写出试验的样本

空间.

师生活动:学生独立思考,教师引导学生画树状图帮助计算,并思考与例2的异同.

解:掷两枚硬币,第一枚硬币可能的基本结果用x表示,第二枚硬币可能的基本结果用y表示,那么试验的样本点可用(x,y)表示,于是,试验的样本空间Ω={(正面,正面),(正面,反面),(反面,正面),(反面,反面)}.

如果我们用1表示硬币"正面朝上",用0表示硬币"反面朝上",那么样本空间还可以简单表示为Ω = {(1, 1),(1, 0),(0, 1),(0, 0)}.

如图2所示,画树状图可以帮助我们理解例3的解答过程.

【设计意图】让学生熟悉用集合语言、样本点、样本空间概念描述试验的结果,形成用数学方法研究随机试验的思维方式.

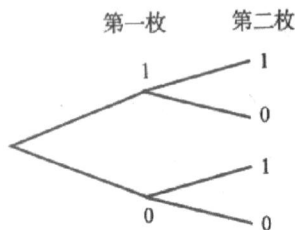

第一枚　　　第二枚

图2

3.探究新知——随机事件

问题5:在体育彩票摇号试验中,摇出"球的号码为奇数"是随机事件吗?如何用集合的语言来表示它们?

师生活动:学生独立思考,教师引导学生用集合语言描述两个随机事件,并把它与样本空间进行对比,理解随机事件是样本空间的子集.

预设答案:摇出"球的号码为奇数"是随机事件,用A表示随机事件摇出"球的号码为奇数",可以表示为A = {1, 3, 5, 7, 9}.

追问1:摇出"球的号码为3的倍数"和摇出"球的号码为8"是随机事件吗? 如何表示?

预设答案:摇出"球的号码为3的倍数"和摇出"球的号码为8"都是随机事件.

用B表示随机事件摇出"球的号码为3的倍数",B = {0, 3, 6, 9}.

用C表示随机事件摇出"球的号码是8",C = {8}.

追问2:这两个集合与我们的样本空间Ω有什么关系?

预设答案:它们都是样本空间Ω的子集.

教师讲解:一般地,随机试验中的每个随机事件都可以用这个试验的样本空间的子集来表示.为了叙述方便,我们将样本空间Ω的子集称为随机事件,简称事件,并把只包含一个样本点的事件称为基本事件.随机事件一般用大写字母$A,B,C,\cdots$表示.在每次试验中,当且仅当A中某个样本点出现时,称为事件A发生.

追问3:必然事件与不可能事件可以用集合语言表示吗?

预设答案:Ω作为自身的子集,包含了所有的样本点,在每次试验中总有一个样本点发生,所以Ω总会发生,我们称Ω为必然事件.而空集不包含任何样本点,在每次试验中都不会发生,我们称为不可能事件.

教师总结:必然事件与不可能事件不具有随机性.为了方便统一处理,将必然事件和不可能事件作为随机事件的两个极端情形.这样,每个事件都是样本空间Ω的一个子集.

【设计意图】通过集合语言帮助学生建构随机事件、必然事件、不可能事件与样本点、样本空间的关系,理解随机事件是样本空间的子集.

例4:如图3,一个电路中有A,B,C三个电器元件,每个元件可能正常,也可能失效.把这个电路是否为通路看成是一个随机现象,观察这个电路中各元件是否正常.

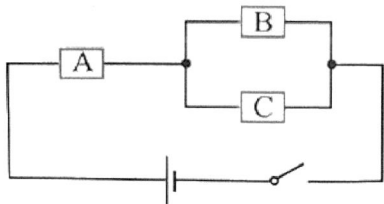

图3

(1)写出试验的样本空间;

(2)用集合表示下列事件:

M="恰好两个元件正常";N="电路是通路";T="电路是断路".

师生活动:学生独立思考,教师引导学生仿照3个硬币的试验,考虑3个元件的所有可能状态,建立样本空间,让学生熟练进行自然语言与集合语言之间的相互解释.

解:(1)分别用x_1,x_2和x_3表示元件A,B和C的可能状态,则这个电路的工作状态可用(x_1, x_2, x_3)表示.进一步地,用1表示元件的"正常"状态,用0表示"失效"状态,则样本空间

$$\Omega = \{(0，0，0),(1，0，0),(0，1，0),(0，0，1),$$
$$(1，1，0),(1，0，1),(0，1，1),(1，1，1)\}.$$

如图4,还可以借助树状图帮助我们列出试验的所有可能结果.

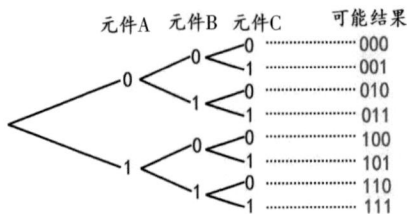

图4

(2)"恰好两个元件正常"等价于$(x_1，x_2，x_3) \in \Omega$,且$x_1，x_2，x_3$中恰有两个为1,所以$M = \{(1，1，0),(1，0，1),(0，1，1)\}$.

"电路是通路"等价于$(x_1，x_2，x_3) \in \Omega,x_1 = 1$,且$x_2，x_3$中至少有一个是1,所以$N = \{(1，1，0),(1，0，1),(1，1，1)\}$.

同理,"电路是断路"等价于$(x_1，x_2，x_3) \in \Omega,x_1 = 0$,或$x_1 = 1,x_2 = x_3 = 0$,所以$T = \{(0，0，0),(0，1，0),(0，0，1),(0，1，1),(1，0，0)\}$.

【设计意图】通过具体问题情景,理解随机事件的意义,初步掌握用样本空间的子集表示事件的方法.

4.巩固练习,深化理解

完成课本229页第1,2,3题.

5.梳理小结,形成结构

通过本节课的学习,你有哪些收获?试从知识、方法、数学思想、经验等方面谈谈.

(1)知识:

(2)思想方法:类比,从特殊到一般.

6.布置作业,应用迁移

课本229页习题10.1第1,2题.

第2课时

(一)课时教学内容

事件的关系和运算.

(二)课时教学目标

(1)结合实际问题,理解随机事件的并、交与互斥、对立的含义,并能识别它们之间的关系.

(2)掌握随机事件的关系与运算的集合表示,能结合实例进行随机事件的并、交运算.

(三)教学重点与难点

教学重点:事件间的相互关系.

教学难点:事件运算关系的应用.

(四)教学设计过程

1.创设情境,导入新课

问题1:在掷骰子的试验中,观察骰子朝上面的点数.

(1)这次试验的样本空间是什么?

(2)你能写出这个试验中的一些随机事件吗?

师生活动:学生独立思考并回答,教师引导学生回顾样本空间和随机事件的概念.

预设答案:(1)$\{1,2,3,4,5,6\}$;

(2)学生回答的结果符合随机事件即可.

我们看到,在一个随机试验中可以定义很多随机事件,这些事件有的简单,有的复杂.我们希望从简单事件的概率推算出复杂事件的概率,所以要研究事件之间的关系和运算.那么事件之间有什么样的关系?又如何进行运算呢?

【设计意图】通过掷骰子的试验,让学生说出试验中的样本空间和随机事件,帮助学生回顾样本空间和随机事件的概念,并引发学生思考事件之间的关系从而引出新课.

2.探究新知,抽象概念

上述试验中有很多的随机事件,例如:

$C_i =$ "点数为 i", $i = 1,2,3,4,5,6$;

$D_1 =$ "点数不大于3", $D_2 =$ "点数大于3";

$E_1 =$ "点数为1或2", $E_2 =$ "点数为2或3";

$F =$ "点数为偶数", $G =$ "点数为奇数"……

问题2: 你能用集合的形式表示这些事件吗?

师生活动: 学生独立思考并完成.

预设答案: $C_1 = \{1\}$; $C_2 = \{2\}$; $C_3 = \{3\}$; $C_4 = \{4\}$; $C_5 = \{5\}$; $C_6 = \{6\}$; $D_1 = \{1, 2, 3\}$; $D_2 = \{4, 5, 6\}$; $E_1 = \{1, 2\}$; $E_2 = \{2, 3\}$; $F = \{2, 4, 6\}$; $G = \{1, 3, 5\}$.

追问: 集合之间有哪些关系和运算呢?

预设答案: 集合间的关系:包含、相等;集合运算:并集、交集、补集.

【设计意图】让学生把随机事件用集合表示并回忆集合的关系和运算,为事件间的关系和运算做好铺垫.

问题3: 观察上述事件,借助集合与集合的关系与运算,你能发现这些事件之间的联系吗?

师生活动: 学生思考并小组交流,教师引导学生从集合的关系及运算角度发现事件间的联系,并学会用文字语言表述这种关系.

预设答案: (1) $C_1 \subseteq G$, 表示事件 C_1 发生, 那么事件 G 一定发生.

(2) $E_1 \bigcup E_2 = D_1$, 表示事件 E_1 和事件 E_2 至少有一个发生, 相当于事件 D_1 发生.

(3) $E_1 \bigcap E_2 = C_2$, 表示事件 E_1 和事件 E_2 同时发生, 相当于事件 C_2 发生.

(4) $F \bigcup G = \Omega$, 表示事件 F 和事件 G 两者只能发生其中之一, 而且必然发生其中之一.

追问: 事件 C_3 和事件 C_4 之间存在什么关系?

预设答案: $C_3 \bigcap C_4 = \varnothing$, 表示事件 C_3 和事件 C_4 不可能同时发生.

教师总结:

(1)包含关系:一般地,若事件 A 发生,则事件 B 一定发生,我们就称事件 B 包含事件 A(或者事件 A 包含于事件 B),记作 $B \supseteq A$(或 $A \subseteq B$).用韦恩图表示如图1.

特别地,如果事件 B 包含事件 A,事件 A 也包含事件 B,即 $B \supseteq A$ 且 $A \supseteq B$,则称事件 A 与事件 B 相等,记作 $A = B$.

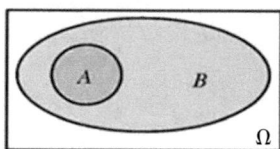 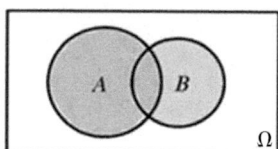

图1　　　　　　　　　　　　　　　　图2

（2）并事件：一般地，事件A与事件B至少有一个发生，这样的一个事件中的样本点或者在事件A中，或者在事件B中，我们称这个事件为事件A与事件B的并事件（或和事件），记作$A \bigcup B$（或$A+B$）.用韦恩图表示如图2.

（3）交事件：一般地，事件A与事件B同时发生，这样的一个事件中的样本点既在事件A中，也在事件B中，我们称这样的一个事件为事件A与事件B的交事件（或积事件），记作$A \bigcap B$（或AB）.用韦恩图表示如图3.

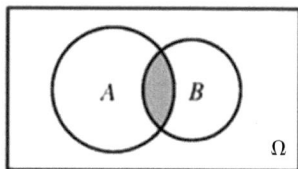

图3

（4）对立事件：一般地，如果事件A和事件B在任何一次试验中有且仅有一个发生，即$A \bigcup B = \Omega$且$A \bigcap B = \varnothing$，那么称事件A与事件B互为对立.事件A的对立事件记为$\overline{A}$.用韦恩图表示如图4.

（5）互斥事件：一般地，如果事件A与事件B不能同时发生，也就是说$A \bigcap B$是一个不可能事件，即$A \bigcap B = \varnothing$，则称事件A与事件B互斥（或互不相容）.用韦恩图表示如图5.

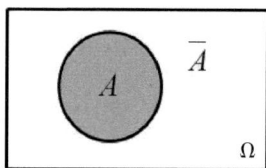 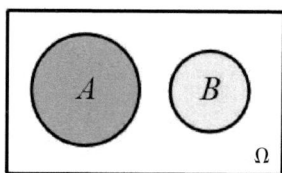

图4　　　　　　　　　　　　　　　　图5

综上所述，事件的关系或运算的含义，以及相应的符号表示如下：

事件的关系或运算	含义	符号表示
包含	A发生导致B发生	$A \subseteq B$
并事件（和事件）	A与B至少一个发生	$A \bigcup B$或$A + B$

事件的关系或运算	含义	符号表示
交事件(积事件)	A与B同时发生	$A \cap B$或AB
互斥(互不相容)	A与B不能同时发生	$A \cap B = \varnothing$
互为对立	A与B有且仅有一个发生	$A \cap B = \varnothing, A \cup B = \Omega$

问题4:对立事件和互斥事件有何异同点?

师生活动:学生独立思考并回答,教师巡视指导.

预设答案:互斥事件和对立事件在一次试验中都不可能同时发生,而事件对立是互斥的特殊情况,即对立必互斥,但互斥不一定对立.

【设计意图】类比集合的关系和运算,理解事件的关系与运算的概念,并形成表格让学生比较记忆,培养学生数学抽象素养.

3.例题讲解,初步运用

例1:如图6,由甲、乙两个元件组成一个并联电路,每个元件可能正常或失效,设事件A="甲元件正常",B="乙元件正常".

(1)写出表示两个元件工作状态的样本空间.

(2)用集合的形式表示事件A,B以及它们的对立事件.

(3)用集合的形式表示事件$A \cup B$和事件$\overline{A} \cap \overline{B}$,并说明它们的含义及关系.

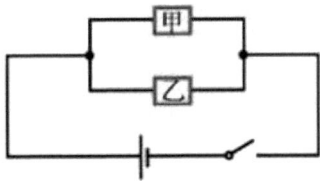

图6

师生活动:学生独立思考,教师引导学生注意试验由甲、乙两个元件组成,不仅要考虑甲元件的状态,还要考虑乙原件的状态,所以可以用数组(x_1, x_2)表示样本点.

解:(1)用x_1,x_2分别表示甲、乙两个元件的状态,则可以用(x_1, x_2)表示这个并联电路的状态.以1表示元件正常,0表示元件失效,则样本空间为$\Omega = \{(0, 0),(0, 1),(1, 0),(1, 1)\}$.

（2）根据题意,可得

$A = \{(1,\ 0),(1,\ 1)\}, \quad B = \{(0,\ 1),(1,\ 1)\}, \quad \overline{A} = \{(0,\ 0),(0,\ 1)\}, \quad \overline{B} = \{(0,\ 0),(1,\ 0)\}.$

（3）$A \bigcup B = \{(0,\ 1),(1,\ 0),(1,\ 1)\}, \overline{A} \bigcap \overline{B} = (0,\ 0)\}.$

$A \bigcup B$ 表示电路工作正常,$\overline{A} \bigcap \overline{B}$ 表示电路工作不正常;$A \bigcup B$ 和 $\overline{A} \bigcap \overline{B}$ 互为对立事件.

例2:一个袋子中有大小和质地相同的4个球,其中有2个红色球(标号为1和2),2个绿色球(标号为3和4),从袋中不放回地依次随机摸出2个球,设事件 R_1 = "第一次摸到红球",R_2 = "第二次摸到红球",R = "两次都摸到红球",G = "两次都摸到绿球",M = "两个球颜色相同",N = "两个球颜色不同".

（1）用集合的形式分别写出试验的样本空间以及上述各事件.

（2）事件 R 与 R_1,R 与 G,M 与 N 之间各有什么关系?

（3）事件 R 与事件 G 的并事件与事件 M 有什么关系? 事件 R_1 与事件 R_2 的交事件与事件 R 有什么关系?

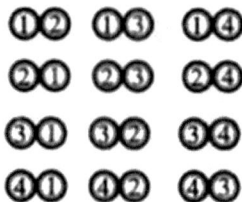
图7

解:（1）所有的试验结果如图7所示.用数组 (x_1, x_2) 表示可能的结果,x_1 是第一次摸到的球的标号,x_2 是第二次摸到的球的标号,则试验的样本空间

$$\Omega = \left\{ \begin{array}{l} (1,\ 2),(1,\ 3),(1,\ 4),(2,\ 1),(2,\ 3),(2,\ 4), \\ (3,\ 1),(3,\ 2),(3,\ 4),(4,\ 1),(4,\ 2),(4,\ 3) \end{array} \right\}.$$

事件 R_1 = "第一次摸到红球",即 $x_1 = 1$ 或 2,于是

$R_1 = \{(1,\ 2),(1,\ 3),(1,\ 4),(2,\ 1),(2,\ 3),(2,\ 4)\};$

事件 R_2 = "第二次摸到红球",即 $x_2 = 1$ 或 2,于是

$R_2 = \{(2,\ 1),(3,\ 1),(4,\ 1),(1,\ 2),(3,\ 2),(4,\ 2)\}.$

同理,有

$R = \{(1,\ 2),(2,\ 1)\}, G = \{(3,\ 4),(4,\ 3)\},$

$M = \{(1,\ 2),(2,\ 1),(3,\ 4),(4,\ 3)\},$

$N = \{(1,\ 3),(1,\ 4),(2,\ 3),(2,\ 4),(3,\ 1),(3,\ 2),(4,\ 1),(4,\ 2)\}.$

（2）因为 $R \subset R_1$,所以事件 R_1 包含事件 R;

因为 $R \bigcap G = \varnothing$,所以事件 R 与事件 G 互斥;

因为 $R \cup N = \Omega, M \cap N = \varnothing$,所以事件 M 与事件 N 互为对立事件.

(3)因为 $R \cup G = M$,所以事件 M 是事件 R 与事件 G 的并事件;

因为 $R_1 \cup R_2 = R$,所以事件 R 是事件 R_1 与事件 R_2 的交事件.

【设计意图】通过例题分析,让学生掌握分析事件关系的方法并加深对概念的理解,提高学生的数学抽象、数学建模及逻辑推理的核心素养.

4.巩固练习,深化理解

完成课本233页练习第1,2题.

5.梳理小结,形成结构

通过本节课的学习,你有哪些收获?试从知识、方法、数学思想、经验等方面谈谈.

(1)知识:

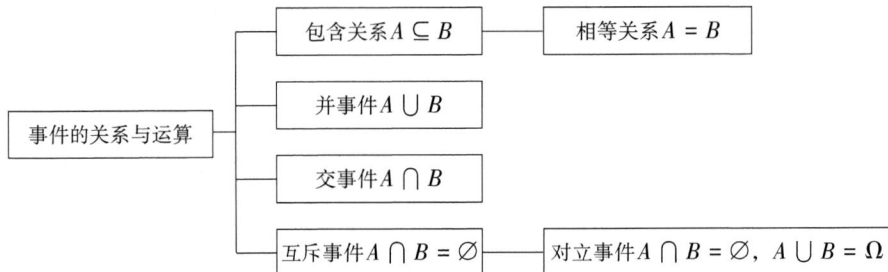

(2)思想方法:类比,从特殊到一般.

6.布置作业,应用迁移

课本243~245页习题10.1第3,4,15题.

第3课时

(一)课时教学内容

古典概型.

(二)课时教学目标

(1)利用实例得出古典概型的概念,会判断相关问题是否是古典概型.

(2)理解古典概型的类型,并会利用列举法求古典概型的概率.

(3)能根据问题情境建立概率模型,解决相应的实际问题.

(三)教学重点与难点

教学重点:理解古典概型的概念,会用古典概型的概率公式求解实际应用中的概率.

教学难点:能够正确判断古典概型,古典概型概率公式推导.

(四)教学设计过程

1.创设问题,导入新课

引导语:研究随机现象,最重要的是知道随机事件发生的可能性大小.对随机事件发生可能性大小的度量(数值)称为事件的概率,事件 A 的概率用 $P(A)$ 表示.

我们知道,通过试验和观察的方法可以得到一些事件的概率估计.但这种方法耗时费力,而且得到的仅是概率的近似值.能否通过建立适当的数学模型,直接计算随机事件的概率呢? 下面我们就来研究最简单的概率模型——古典概型.

【设计意图】通过问题设置,激发学生学习兴趣,让学生了解学习古典概型的必要性.

2.探究新知——古典概型

问题1:(1)抛掷一枚质地均匀的硬币有多少样本点? 哪个样本点的可能性大?

(2)抛掷一枚质地均匀的骰子有多少样本点? 哪个样本点的可能性大?

(3)体育彩票摇奖时,将10个质地和大小完全相同、分别标号0,1,2,…,9的球放入摇奖器中,经过充分搅拌后摇出一个球,观察这个球的号码.这个随机试验共有多少样本点? 哪个样本点的可能性大?

师生活动:学生独立思考并回答.

预设答案:(1)有2种可能结果,可能性一样大;

(2)有6种可能结果,可能性一样大;

(3)有10种可能结果,可能性一样大.

追问:上面试验有哪些共同的特征?

预设答案:发现它们有以下共同特征:

(1)有限性:样本空间的样本点只有有限个;

(2)等可能性:每个样本点发生的可能性相等.

我们将具有以上两个特征的试验称为古典概型试验,其数学模型称为古典概率模型,简称古典概型.

【设计意图】利用问题情境探究得出古典概型的概念,培养学生探索的精神.

问题2:下面的随机试验是不是古典概型?

(1)一个班级中有18名男生、22名女生.采用抽签的方式,从中随机选择一名学生,事件A="抽到男生".

(2)抛掷一枚质地均匀的硬币3次,事件B="恰好一次正面朝上".

(3)如图1,向一个圆面内随机地投射一个点,如果该点落在圆内任意一点都是等可能的.

(4)如图2,某选手向一靶心进行射击,试验的结果有:命中10环、命中9环……命中1环和不中环.

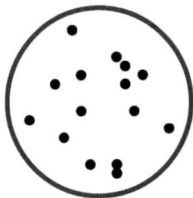

图1　　　　　　　　　　图2

师生活动:学生独立思考,教师引导学生从古典概型的两个特征对随机事件进行分析.

预设答案:(1)班级中共有40名学生,从中选择一名学生,样本空间有40个样本点,即样本点是有限个;因为是随机选取的,所以选到每个学生的可能性都相等,因此这是一个古典概型.

(2)我们用1表示硬币"正面朝上",用0表示硬币"反面朝上",则试验的样本空间$\Omega = \{(1,1,1),(1,1,0),(1,0,1),(1,0,0),(0,1,1),(0,1,0),(1,0,1),(0,0,0)\}$共有8个样本点,且每个样本点是等可能发生的,所以这是一个古典概型.

(3)满足等可能性但不满足有限性,因此不是古典概型.

(4)满足有限性但不满足等可能性,因此不是古典概型.

【设计意图】学生根据古典概型的概念判断随机试验是否为古典概型,帮助学生掌握古典概型的概念.

问题3:问题2中(1)和(2)两个随机事件发生的可能性多大?

师生活动:学生独立思考,教师引导根据古典概型的等可能性的特征,找到样本空间的样本点数量和事件包含的样本点数量即可确定事件发生的可能性.

预设答案:(1)样本空间有40个样本点,事件A="抽到男生"包含18个样本点,因此事件A发生的可能性大小为$\frac{18}{40} = \frac{9}{20}$.

(2)样本空间共有8个样本点,因为$B = \{(1,0,0),(0,1,0),(0,0,1)\}$,所以事件$B$发生的可能性大小为$\frac{3}{8}$.

追问:若事件A为古典概型,如何计算事件A发生的概率?

预设答案:$\frac{事件A包含的样本点个数}{样本空间包含的样本点个数}$.

教师总结:一般地,设试验E是古典概型,样本空间Ω包含n个样本点,事件A包含其中的k个样本点,则定义事件A的概率$P(A) = \frac{k}{n} = \frac{n(A)}{n(\Omega)}$其中,$n(A)$和$n(\Omega)$分别表示事件$A$和样本空间$\Omega$包含的样本点个数.

【设计意图】通过对问题2中随机试验中样本点出现的概率的分析,推导古典概型中概率计算公式.

3.例题讲解,初步应用

例1:单项选择题是标准化考试中常用的题型,一般是从A,B,C,D四个选项中选择一个正确答案.如果考生掌握了考查的内容,他可以选择唯一正确的答案.假设考生有一题不会做,他随机地选择一个答案,答对的概率是多少?

解:试验有选A、选B、选C、选D共四种可能结果,试验的样本空间可以表示为$\Omega = \{A,B,C,D\}$.

考生随机选择一个答案,表明每个样本点发生的可能性相等,所以这是一个古典概型.

设M="选中正确答案",因为正确答案是唯一的,则$n(M) = 1$.

所以,考生随机选择一个答案,答对的概率$P(M) = \frac{1}{4}$.

追问:在标准化考试中也有多选题,多选题是从A,B,C,D四个选项中选出所有正确的答案(四个选项中至少有一个选项是正确的).你认为单选题和

多选题哪种更难选对？为什么？

预设答案：多选题中基本事件为 15 个，(A)，(B)，(C)，(D)，(A,B)，(A,C)，(A,D)，(B,C)，(B,D)，(C,D)，(A,B,C)，(A,B,D)，(A,C,D)，(B,C,D)，(A,B,C,D)，假设该考生不会做，在他答对任何答案是等可能的情况下，他答对的概率是 $\dfrac{1}{15}$，比单选题答对的概率 $\dfrac{1}{4}$ 小得多，所以多选题更难答对.

【设计意图】通过引导学生深刻体会古典概型的两个特征，掌握求此类题目的方法，以及感受概率与身边生活的联系.

例2：抛掷两枚质地均匀的骰子（标记为Ⅰ号和Ⅱ号），观察两枚骰子分别可能出现的基本结果.

(1)写出这个试验的样本空间，并判断这个试验是否为古典概型；

(2)求下列事件的概率：$A =$ "两个点数之和5"；$B =$ "两个点数相等"；$C =$ "Ⅰ号骰子的点数大于Ⅱ号骰子的点数".

师生活动：学生独立思考解答，教师引导学生在应用古典概型公式时正确找出"答对"所包含的样本点数与样本空间中的样本点数.

解：(1)抛掷一枚骰子有6种等可能的结果，Ⅰ号骰子的每一个结果都可与Ⅱ号骰子的任意一个结果配对，组成抛掷两枚骰子试验的一个结果.

用数字 m 表示Ⅰ号骰子出现的点数是 m，数字 n 表示Ⅱ号骰子出现的点数是 n，则数组 (m,n) 表示这个试验的一个样本点.因此该试验的样本空间 $\Omega = \{(m,n)|m,n \in \{1,2,3,4,5,6\}\}$，其中共有36个样本点.由于骰子的质地均匀，所以各个样本点出现的可能性相等，因此这个试验是古典概型.

(2)因为 $A = \{(1,4),(2,3),(3,2),(4,1)\}$，所以 $n(A) = 4$，

从而 $P(A) = \dfrac{n(A)}{n(\Omega)} = \dfrac{4}{36} = \dfrac{1}{9}$；

因为 $B = \{(1,1),(2,2),(3,3),(4,4),(5,5),(6,6)\}$，所以 $n(B) = 6$，

从而 $P(B) = \dfrac{n(B)}{n(\Omega)} = \dfrac{6}{36} = \dfrac{1}{6}$；

因为 $C = \left\{\begin{array}{l}(2,1),(3,1),(3,2),(4,1),(4,2),(4,3),(5,1),(5,2),\\(5,3),(5,4),(6,1),(6,2),(6,3),(6,4),(6,5)\end{array}\right\}$，所

以 $n(C) = 15$，从而 $P(C) = \dfrac{n(C)}{n(\Omega)} = \dfrac{15}{36} = \dfrac{5}{12}$.

教师提示:树状图也可解决本类问题.

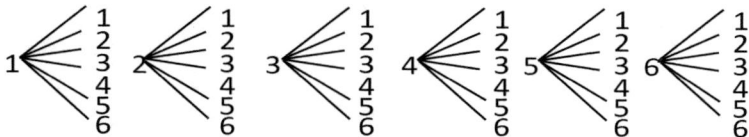

追问1:在例2中,为什么要把两枚骰子标上记号? 如果不给两枚骰子标记号,会出现什么情况? 你能解释其中原因吗?

预设答案:如果不给两枚骰子标记号,则不能区分所抛掷的两个点数分别属于哪枚骰子,如抛出的结果是1点和2点,有可能第一枚骰子的结果是1点,也有可能第二枚骰子的结果是1点.这样,(1,2)和(2,1)的结果将无法区别.

当不给两枚骰子标记号时,试验的样本空间 $\Omega_1 = \{(m, n)|m, n \in \{1, 2, 3, 4, 5, 6\}$, 且 $m \leqslant n\}$,则 $n(\Omega_1) = 21$. 其中,事件 $A =$ "两个点数之和是5"的结果变为 $A = \{(1, 4),(2, 3)\}$,这时 $P(A) = \dfrac{2}{21}$.

追问2:同一个事件的概率,为什么会出现两个不同的结果呢?

预设答案:我们可以发现,36个结果都是等可能的;而合并为21个可能结果时,(1,1),(1,2)发生的可能性大小不等,这不符合古典概型特征,所以不能用古典概型公式计算概率,因此 $P(A) = \dfrac{2}{21}$ 是错误的.

【设计意图】通过例题进一步强调古典概型的两个特征的重要性,通过追问引导学生对古典概型及其概率计算进一步思考、辨析,培养学生逻辑推理素养.

问题4:通过上面两个问题的解决,你能归纳出求解古典概型问题的一般思路吗?

师生活动:学生思考并小组交流,讨论完成后学生代表展示结论,教师指导并总结.

预设答案:(1)明确试验的条件及要观察的结果,用适当的符号(字母、数字、数组等)表示试验的可能结果(借助图表可以帮助我们不重不漏地列出所有的可能结果);

(2)根据实际问题情境判断样本点的等可能性,判断试验是否是古典概型;

(3)计算样本点总个数 $n(\Omega)$ 及事件 A 包含的样本点个数 $n(A)$,求出事件 A 的概率 $P(A) = \dfrac{k}{n} = \dfrac{n(A)}{n(\Omega)}$.

【设计意图】引导学生通过前面的例题,从特殊到一般总结求解古典概型的一般思路.

例3:袋子中有5个大小、质地完全相同的球,其中2个红球、3个黄球,从中不放回地依次摸出2个球,求下列事件的概率:

(1)$A = $“第一次摸到红球”;

(2)$B = $“第二次摸到红球”;

(3)$AB = $“两次都摸到红球”.

师生活动:学生思考并讨论,教师引导学生用数组和表格表示样本点,学生填写表格并利用古典概型的概率计算公式求解.

解:将两个红球编号为 1,2,三个黄球编号为 3,4,5.

第一次摸球时有5种等可能的结果,对应第一次摸球的每个可能结果,第二次摸球时都有4种等可能结果.将两次摸球的结果配对,组成20种等可能结果.用下表表示.

第一次	第二次				
	1	2	3	4	5
1	×	(1,2)	(1,3)	(1,4)	(1,5)
2	(2,1)	×	(2,3)	(2,4)	(2,5)
3	(3,1)	(3,2)	×	(3,4)	(3,5)
4	(4,1)	(4,2)	(4,2)	×	(4,5)
5	(5,1)	(5,2)	(5,3)	(5,4)	×

(1)第一次摸到红球的可能结果有8种(表中第1,2行),即

$A = \{(1,2),(1,3),(1,4),(1,5),(2,1),(2,3),(2,4),(2,5)\}$,

所以 $P(A) = \dfrac{8}{20} = \dfrac{2}{5}$.

(2)第二次摸到红球的可能结果有8种(表中第1,2列),即

$B = \{(2,1),(3,1),(4,1),(5,1),(1,2),(3,2),(4,2),(5,2)\}$,

所以 $P(B) = \dfrac{8}{20} = \dfrac{2}{5}$.

(3)事件 AB 包含2个可能结果,即 $AB = \{(1,2),(2,1)\}$,

所以 $P(AB) = \dfrac{2}{20} = \dfrac{1}{10}$.

【设计意图】让学生探究理解有放回简单随机抽样、不放回简单随机抽样两类古典概型的区别和联系,激发学生的学习兴趣,提高学习效果.

例4:从两名男生(记为 B_1 和 B_2)、两名女生(记为 G_1 和 G_2)中任意抽取两人.

(1)分别写出有放回简单随机抽样、不放回简单随机抽样和按性别等比例分层抽样的样本空间;

(2)在三种抽样方式下,分别计算抽到的两人都是男生的概率.

解:设第一次抽取的人记为 x_1,第二次抽取的人即为 x_2,则可用数组 (x_1, x_2) 表示样本点.

(1)根据相应的抽样方法可知:有放回简单随机抽样的样本空间为:

$\Omega_1 = \{(B_1, B_1),(B_1, B_2),(B_1, G_1),(B_1, G_2),(B_2, B_1),(B_2, B_2),(B_2, G_1),$
$(B_2, G_2),(G_1, B_1),(G_1, B_2),(G_1, G_1),(G_1, G_2),(G_2, B_1),(G_2, B_2),$
$(G_2, G_1),(G_2, G_2)\}$.

不放回简单随机抽样的样本空间为:

$\Omega_2 = \{(B_1, B_2),(B_1, G_1),(B_1, G_2),(B_2, B_1),(B_2, G_1),(B_2, G_2),(G_1, B_1),$
$(G_1, B_2),(G_1, G_2),(G_2, B_1),(G_2, B_2),(G_2, G_1)\}$.

按性别等比例分层抽样,先从男生中抽一人,再从女生中抽一人,其样本空间为:

$\Omega_3 = \{(B_1, G_1),(B_1, G_2),(B_2, G_1),(B_2, G_2)\}$.

(2)设事件 $A =$ "抽到两名男生",则对于有放回简单随机抽样

$A = \{(B_1, B_1),(B_1, B_2),(B_2, B_1),(B_2, B_2)\}$.

因为抽中样本空间 Ω_1 中每一个样本点的可能性都相等,所以这是一个古典概型.因此 $P(A) = \dfrac{4}{16} = \dfrac{1}{4}$.

对于不放回简单随机抽样,$A = \{(B_1, B_2),(B_2, B_1)\}$.

因为抽中样本空间 Ω_2 中每一个样本点的可能性都相等,所以这是一个古典概型.因此 $P(A) = \dfrac{2}{12} = \dfrac{1}{6}$.

因为按性别等比例分层抽样,不可能抽到两名男生,所以 $A = \varnothing$,因此 $P(A) = 0$.

追问:放回抽样和不放回抽样有什么区别?

预设答案:例4表明,同一个事件 $A = $ "抽到两名男生"发生的概率,在按性别等比例分层抽样时最小,在不放回简单随机抽样时次之,在有放回简单随机抽样时最大.因此,抽样方法不同,则样本空间不同,某个事件发生的概率也可能不同.

【设计意图】巩固了古典概型下概率的计算方法,加强统计与概率的联系,让学生体会概率的应用价值.

5.巩固练习,深化应用

完成课本238~239页练习第1,2,3题.

6.梳理小结,形成结构

通过本节课的学习,你有哪些收获?试从知识、方法、数学思想、经验等方面谈谈.

(1)知识:

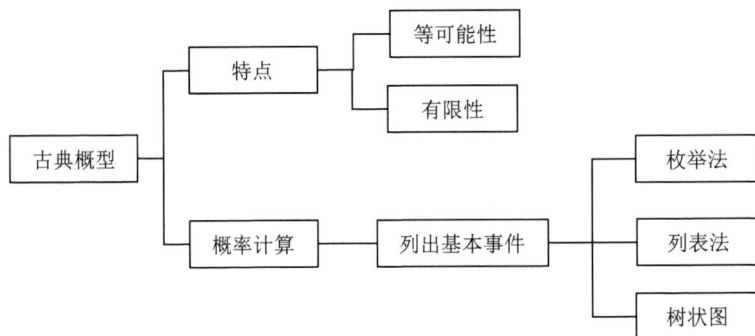

(2)思想方法:特殊到一般,概率思想.

7.布置作业,应用迁移

课本244页习题10.1第7,9,10题.

第4课时

(一)课时教学内容

概率的基本性质.

(二)课时教学目标

(1)结合实例,理解概率的基本性质.

(2)结合实例导出互斥事件的概率加法公式、互为对立事件概率的关系等运算法则.

(3)能灵活运用概率性质解决相关的实际问题.

(三)教学重点与难点

教学重点:概率的运算法则及性质.

教学难点:概率性质的应用.

(四)教学设计过程

1.复习回顾,导入新课

问题1:(1)概率的定义是什么?

(2)前面我们学习了哪些事件的关系和运算?

师生活动:学生思考回忆并回答.

预设答案:(1)对随机事件发生的可能性大小的度量(数值)称为事件的概率.

(2)

事件的关系或运算	含义	符号表示
包含	A发生导致B发生	$A \subseteq B$
并事件(和事件)	A与B至少一个发生	$A \bigcup B$或$A + B$
交事件(积事件)	A与B同时发生	$A \bigcap B$或AB
互斥(互不相容)	A与B不能同时发生	$A \bigcap B = \varnothing$
互为对立	A与B有且仅有一个发生	$A \bigcap B = \varnothing, A \bigcup B = \Omega$

　　一般而言,给出了一个数学对象的定义,就可以从定义出发研究这个数学对象的性质.例如,在给出指数函数的定义后,我们从定义出发研究了指数函数的定义域、值域、单调性、特殊点的函数值等性质,这些性质在解决问题时可以发挥很大的作用.类似地,在给出了概率的定义后,我们来研究概率的基本性质.

　　【设计意图】复习概率的定义,类比函数的学习过程,引出本节课的学习内容——概率的性质.

2.新知探究,性质归纳

问题2:结合概率的定义和前面学习的内容,你认为可以从哪些角度研究概率的性质?

师生活动:引导学生思考讨论,归纳总结出概率性质的研究内容.

预设答案:概率的取值范围;特殊事件的概率;具有特殊关系的事件,它们的概率之间有何关系等.

【设计意图】类比函数性质的学习方法,学生根据概率的定义等已有的知识,思考、讨论概率的性质.

引例(PPT呈现):一个袋子中有大小和质地相同的4个球,其中有2个红色球(标号为1和2),2个绿色球(标号为3和4),从袋中不放回地依次随机摸出2个球,设事件 R_1 = "第一次摸到红球", R_2 = "第二次摸到红球", R = "两次都摸到红球", G = "两次都摸到绿球", M = "两个球颜色相同", N = "两个球颜色不同", X = "两个球标号不同", Y = "两个球标号相同".计算出这些事件的概率.

师生活动:学生思考并小组交流,引导学生结合古典概型的定义计算出上述事件的发生概率.

预设答案: $P(R_1) = \dfrac{6}{12} = \dfrac{1}{2}$; $P(R_2) = \dfrac{6}{12} = \dfrac{1}{2}$; $P(R) = \dfrac{2}{12} = \dfrac{1}{6}$;

$P(G) = \dfrac{2}{12} = \dfrac{1}{6}$; $P(M) = \dfrac{4}{12} = \dfrac{1}{3}$; $P(N) = \dfrac{8}{12} = \dfrac{2}{3}$; $P(X) = \dfrac{12}{12} = 1$;

$P(Y) = 0$.

问题3:观察上面事件,任意事件的概率的取值范围是什么? 对于随机事件的两个极端情况,必然事件和不可能事件它们的概率是定值吗?

师生活动:学生独立思考并得出结论,教师引导学生利用符号语言对结论进行表示,并归纳总结得到性质1和性质2.

预设答案:任何事件的概率都是非负的;在每次试验中,必然事件一定发生,不可能事件一定不会发生.

师生归纳:

性质1. 对任意的事件 A,都有 $P(A) \geqslant 0$.

性质2. 必然事件的概率为1,不可能事件的概率为0. 即 $P(\Omega) = 1$, $P(\varnothing) = 0$.

【设计意图】从概率的定义等知识出发,探究概率的取值范围和特殊事件的概率,得到概率的性质1和性质2.

问题4:引例中具有哪些事件的关系和运算? 它们的概率之间具有怎样的关系? 如何表示?

师生活动:学生思考再小组讨论,容易得到:(1)事件R与G互斥,事件M是事件R与G的和事件,事件M的概率等于事件R与G的概率和;(2)事件M与N是对立事件,它们的概率和为1;(3)事件R包含于事件R_1,事件R包含于事件M.教师引导学生将结论符号化,分小组展示交流,得到相应的互斥事件概率加法公式.

预设答案:(1)事件R与G互斥,$P(M) = P(R \bigcup G) = P(R) + P(G)$;

(2)事件M与N是对立事件,$P(M \bigcup N) = P(M) + P(N) = 1$;

(3)事件R包含于事件R_1,$P(R) \leqslant P(R_1)$.

追问:如果事件A_1, A_2, A_3, $\cdots$, A_m两两互斥,那么事件$A_1 \bigcup A_2 \bigcup A_3 \bigcup \cdots \bigcup A_m$发生的概率如何计算?

预设答案:$P(A_1 \bigcup A_2 \bigcup A_3 \bigcup \cdots \bigcup A_m) = P(A_1) + P(A_2) + \cdots + P(A_m)$.

师生归纳:

性质3.如果事件A与事件B互斥,则有$P(A \bigcup B) = P(A) + P(B)$.

性质4.如果事件A与事件B互为对立事件,那么$P(A) = 1 - P(B)$,$P(B) = 1 - P(A)$.

性质5.如果$A \subseteq B$,那么$P(A) \leqslant P(B)$.

【设计意图】学生通过思考、交流、讨论的方式,调动学生学习积极性,让学生自主探索,由特殊到一般得到概率的基本性质.

问题5:$P(R_1 \bigcup R_2)$和$P(R_1) + P(R_2)$相等吗? 如果不相等,请你说明原因,并思考如何计算$P(R_1 \bigcup R_2)$.

师生活动:学生独立思考,教师引导学生计算$P(R_1 \bigcup R_2)$,并比较两个运算的结果.

预设答案:结果不相等.

$\because n(\Omega) = 12$, $n(R_1) = n(R_2) = 6$, $n(R_1 \bigcup R_2) = 10$,

$\therefore P(R_1) = P(R_2) = \dfrac{6}{12}$, $P(R_1 \bigcup R_2) = \dfrac{10}{12}$,

$\therefore P(R_1 \bigcup R_2) \neq P(R_1) + P(R_2)$,

这是因为 $R_1 \bigcap R_2 = \{(1, 2), (2, 1)\} \neq \varnothing$，所以事件 R_1，R_2 不是互斥的，可以得到 $P(R_1 \bigcup R_2) = P(R_1) + P(R_2) - P(R_1 \bigcap R_2)$. 师生归纳得到性质6.

性质6: 设 A，B 是一个随机试验中的两个事件，我们有 $P(A \bigcup B) = P(A) + P(B) - P(A \bigcap B)$.

追问: 性质3和性质6有什么样的关系?

预设答案: 性质3是性质6的特殊情况.

【设计意图】学生通过思考，厘清事件 A 和事件 B，和事件 $A \bigcup B$ 的概率关系，发展学生逻辑推理核心素养.

3.例题讲解，初步应用

例1: 如图1，从不包含大小王牌的52张扑克牌中随机抽取一张，设事件 A = "抽到红心"，事件 B = "抽到方片"，$P(A) = P(B) = \dfrac{1}{4}$，那么

(1) C = "抽到红花色"，求 $P(C)$；

(2) D = "抽到黑花色"，求 $P(D)$.

图1

师生活动: 学生独立完成，教师巡视，完成后学生展示结果，教师进行评价.

解: (1)因为 $C = A \bigcup B$，且 A 与 B 不会同时发生，所以 A 与 B 是互斥事件. 根据互斥事件的概率加法公式，得 $P(C) = P(A) + P(B) = \dfrac{1}{4} + \dfrac{1}{4} = \dfrac{1}{2}$.

(2)因为 C 与 D 互斥，又因为 $C \bigcup D$ 是必然事件，所以 C 与 D 互为对立事件. 因此 $P(D) = 1 - P(C) = 1 - \dfrac{1}{2} = \dfrac{1}{2}$.

【设计意图】通过例题的分析，帮助学生掌握概率基本性质的应用，提升学生数学运算和逻辑推理素养.

例2: 为了推广一种新饮料，某饮料生产企业开展了有奖促销活动，将6罐这种饮料装一箱，每箱中都放置2罐能够中奖的饮料. 若从一箱中随机抽出2罐，中奖的概率为多少?

师生活动: 学生独立思考，教师引导学生理解"中奖"包括第一罐中奖但第二罐不中奖、第一罐不中奖但第二罐中奖、两罐都中奖三种情况. 如果设 A = "中奖"，A_1 = "第一罐中奖"，A_2 = "第二罐中奖"，通过事件的运算构建相

应事件,就可以利用概率的性质灵活解决问题.

解:

方法1:设事件 A = "中奖",事件 A_1 = "第一罐中奖",事件 A_2 = "第二罐中奖",那么事件 A_1A_2 = "两罐都中奖",$A_1\overline{A_2}$ = "第一罐中奖,第二罐不中奖",$\overline{A_1}A_2$ = "第一罐不中奖,第二罐中奖",且 $A = A_1A_2 \bigcup A_1\overline{A_2} \bigcup \overline{A_1}A_2$.

因为 A_1A_2,$A_1\overline{A_2}$,$\overline{A_1}A_2$ 两两互斥,所以根据互斥事件的概率加法公式,可得 $P(A) = P(A_1A_2) + P(A_1\overline{A_2}) + P(\overline{A_1}A_2)$.

借助树状图来求相应事件的样本点数.(如图2)

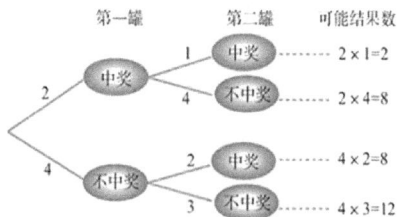

图2

可以得到,样本空间包含的样本点个数为 $n(\Omega) = 6 \times 5 = 30$,且每个样本点都是等可能的.

因为 $n(A_1A_2) = 2$,$n(A_1\overline{A_2}) = 8$,$n(\overline{A_1}A_2) = 8$,所以 $P(A) = \dfrac{2}{30} + \dfrac{8}{30} + \dfrac{8}{30} = \dfrac{18}{30} = \dfrac{3}{5}$.

方法2:事件 A 的对立事件是"不中奖",即"两罐都不中奖",由于 $\overline{A_1}\,\overline{A_2}$ = "两罐都不中奖",而 $n(\overline{A_1}\,\overline{A_2}) = 4 \times 3 = 12$,所以 $P(\overline{A_1}\,\overline{A_2}) = \dfrac{12}{30} = \dfrac{2}{5}$.

因此,$P(A) = 1 - P(\overline{A_1}\,\overline{A_2}) = 1 - \dfrac{2}{5} = \dfrac{3}{5}$.

【设计意图】利用性质求解较复杂的概率问题,帮助学生进一步理解概率的基本性质,并学会灵活运用概率的性质去解决问题,发展学生数学建模素养和逻辑推理素养.

4.巩固练习,深化理解

完成课本242~243页练习第1,2,3题.

5.梳理小结,形成结构

通过本节课的学习,你有哪些收获?试从知识、方法、数学思想、经验等

方面谈谈.

(1)知识:

```
                                    ┌─────────────────────────────┐
                                    │      对任意事件P(A) ⩾ 0      │
                                    └─────────────────────────────┘
                                    ┌─────────────────────────────┐
                                    │    P(Ω) = 1, P(∅) = 0        │
                                    └─────────────────────────────┘
┌────────┐   ┌──────────┐   ┌─────────────────────────────┐   ┌────────┐
│具体实例│───│概率的基本│───│  对立事件:P(A) = 1 - P(B)   │───│性质应用│
└────────┘   │  性质    │   └─────────────────────────────┘   └────────┘
             └──────────┘   ┌─────────────────────────────┐
                            │  如果A ⊆ B,那么P(A) ⩽ P(B)   │
                            └─────────────────────────────┘
                            ┌─────────────────────────────┐
                            │         随机事件             │
                            │ P(A∪B) = P(A) + P(B) - P(A∩B)│
                            └─────────────────────────────┘
```

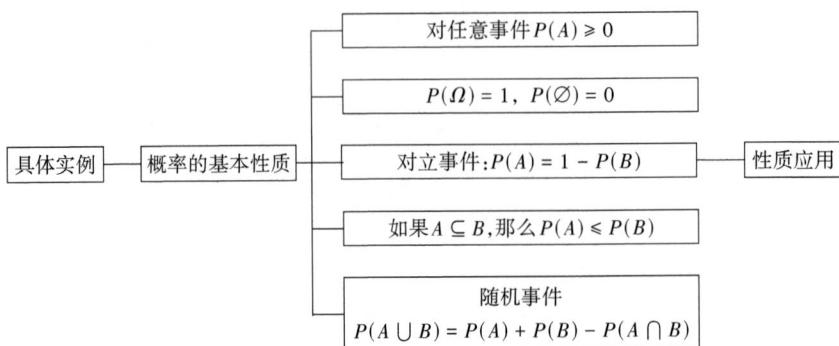

(2)思想方法:特殊到一般,类比.

6.布置作业,应用迁移

课本244~245页习题10.1第13,14题.

六、教学设计评析

概率的研究对象是随机现象,它是刻画客观世界随机现象数量规律的数学分支,需要结合大量具体情境加强理解.对于概率我们要研究哪些内容?按照什么样的路径展开研究? 教学中可以类比函数的研究路径:"预备知识—函数概念—函数性质—初等函数",帮助学生建立概率的研究路径"预备知识—概率的概念—古典概型—概率的基本性质—其他相关知识".本单元是概率的预备知识,主要任务就是类比集合的学习将研究对象数学化,例如用样本点表示实验结果,用集合表示样本空间,用样本空间的子集表示随机事件,通过简单的事件运算表示复杂事件.在研究过程中让学生积累用符号语言进行准确表达的经验,为后续进一步学习概率做好准备.